México lindo
¡Despierta!

México lindo ¡Despierta!

Mary Escamilla

Copyright © 2019 por Mary Escamilla.

Número de Control de la Biblioteca del Congreso de EE. UU.: 2019909660
ISBN: Tapa Dura 978-1-5065-2950-9
Tapa Blanda 978-1-5065-2949-3
Libro Electrónico 978-1-5065-2948-6

Todos los derechos reservados. Ninguna parte de este libro puede ser reproducida o transmitida de cualquier forma o por cualquier medio, electrónico o mecánico, incluyendo fotocopia, grabación, o por cualquier sistema de almacenamiento y recuperación, sin permiso escrito del propietario del copyright.

Información de la imprenta disponible en la última página.

Fecha de revisión: 11/05/2022

Para realizar pedidos de este libro, contacte con:
Palibrio
1663 Liberty Drive
Suite 200
Bloomington, IN 47403
Gratis desde EE. UU. al 877.407.5847
Gratis desde México al 01.800.288.2243
Gratis desde España al 900.866.949
Desde otro país al +1.812.671.9757
Fax: 01.812.355.1576
ventas@palibrio.com
799962

ÍNDICE

Prólogo del libro, México Estamos Unidos:..........................vii

México, creo en ti.. 1

La Gran Tenochtitlan 11

México, un Paraíso... 12

Ciudades y Monumentos Patrimonio de la Humanidad.........14

Climas de México 19

Principales ríos de la República Mexicana...................... 21

Los 31 estados de la República Mexicana son 26

Pueblos Mágicos 28

Estado de Aguascalientes... 34

Estado de Baja California Norte 45

Estado de Baja California Sur.................................... 54

Estado de Campeche 70

Estado de Chiapas... 82

Estado de Chihuahua 101

Estado de Coahuila 112

Estado de Colima 122

Estado de Durango.. 129

Estado de México...137

Estado de Guanajuato 156

Estado de Guerrero 164

Estado de Hidalgo 175

Estado de Jalisco 191

Estado de Michoacán 201

Estado de Morelos...216

Estado de Nayarit 223

Estado de Nuevo León 229

Estado de Oaxaca.. 239

Estado de Puebla 249

Estado de Querétaro...261

Estado de Quintana Roo 279

Estado de San Luis Potosí 300

Estado de Sinaloa...312

Estado de Sonora.. 327

Estado de Tabasco..338

Estado de Tamaulipas 351

Estado de Tlaxcala 364

Estado de Veracruz 375

Estado de Yucatán... 395

Estado de Zacatecas 409

Ciudad de México 420

Guía de excelentes sitios para visitar 438

Epílogo 441

Créditos 445

PRÓLOGO DEL LIBRO, MÉXICO ESTAMOS UNIDOS:

La República Mexicana o Estados Unidos Mexicanos, éste nombre es el oficial desde 1917 en que la Constitución de la nación fue promulgada. México es un país de Latinoamérica situado en la zona meridional de América del Norte y está conformado por 31 estados y su capital, la Ciudad de México, cuyas autonomías y soberanías se mantienen protegidas bajo un régimen de carácter democrático.

Por medio de un decreto de reforma constitucional, el Distrito Federal dejó de serlo el 29 de enero de 2016, adoptando como nombre Ciudad de México, capital del país y sede de los poderes de la unión, pasando a ser la entidad federal 32 (no estado) y quien posee su propia Constitución Política. La Ciudad de México es el centro urbano más grande de la República Mexicana y principal entidad política, social, financiera, empresarial, académica, económica, de comunicaciones, turística, artística, cultural, de moda y del entretenimiento.

Vista en los mapas, la configuración geográfica de México se asemeja a un 'cuerno de la abundancia' y así le han llamado desde hace más de dos siglos. En efecto, México ha sido y sigue siendo ese 'cuerno de la abundancia' rico en toda clase de recursos naturales, tanto así que en la época de Porfirio Díaz como presidente de México se le consideraba una primera potencia mundial. Sin embargo, gobernantes posteriores, al ver tanta riqueza a su alcance sucumbieron y se volvieron corruptos. Algunos tuvieron buenas ideas pero por falta de habilidad política fueron incapaces de servir al pueblo tal como de ellos se esperaba. Por lo tanto, ahora mismo se requiere de un buen gobierno para revertir esa pasada historia y estamos seguros, confiamos plenamente que así será porque estamos unidos y porque un pueblo unido nunca será vencido ni esclavo de nadie.

Con unidad, honestidad, buenas estrategias de comercio, de exportación y de inversiones, México podrá volver a ser una potencia mundial y más ahora que la dependencia de Estados Unidos podría ser menor por los cambios que está implementando su actual mandatario en cuanto a tratados comerciales.

Si el Gobierno mexicano logra resarcirse de la deuda externa y estabiliza su economía, podría invertir e inyectar el dinero necesario para echar andar esa maquinaria un tanto dormida; si su engranaje vuelve a funcionar hábil y correctamente, veremos el despertar de este gigante.

México es de las naciones con más recursos naturales y podría volver a ser potencia mundial, sobre todo si el embalaje político gubernamental se aplica en la educación, que es parte esencial para el desarrollo del país. De igual manera, en lo concerniente a la seguridad pública, si el gobierno consigue devolverle la confianza a la comunidad de todo el país, habrá dado un gran paso para acabar con ese cáncer tan dañino como ha sido hasta ahora la delincuencia organizada. Por supuesto, es menester terminar con la impunidad que ha existido durante muchos sexenios y porque se castigue penalmente a aquellos que hayan infringido la ley, para que asimismo los daños de las víctimas sean reparados.

Para conseguir esto, las dependencias relacionadas con la seguridad de la ciudadanía, tienen que implementar que los servidores públicos; policías uniformados, agentes de tránsito (tráfico vehicular) u otros que, sin uniforme, realicen actividades de investigación, persecución y aprehensión de individuos a los que la ley haya determinado su detención. A estos servidores públicos deben proporcionarles salarios realmente dignos, elevados sustancialmente, para así evitar que éstos, por falta de recursos económicos, se hagan corruptos. Esta práctica deberá aplicarse asimismo a los agentes de los Ministerios Públicos y a las personas que, como jueces, tengan que dar sus veredictos de No Culpable o de Culpable, con total apego a las leyes y a la ética que atañe a los profesionales de la jurisprudencia. En síntesis, acabar con 'La Mordida', el añejo mal que se ha extendido en México por muchos años y que definitivamente está mezclado con la impunidad.

Obviamente que la corrupción también la hay entre los servidores de todas las dependencias gubernamentales en las que el dinero es el principal actor; debe haber vigilancia sobre los receptores de los impuestos de las personas físicas, los que se derivan del salario que éstas reciben por el trabajo que realizan, comisiones y/o hasta obsequios de carácter económico; las del pago predial que corresponde al dueño de una propiedad habitacional o de negocios, etcétera, para que sus 'pagos fiscales' y 'el tiempo que lleva recibir atención (por parte del servidor público)', hacerlo más expedito al momento de realizar su pago. De esta manera se evitará la petición de dádivas ('mordidas') por parte de los servidores públicos... O el ofrecimiento de éstas por parte de los usuarios.

México es un país de grande fe Cristiana, ahora mismo se realizan cruzadas de más de un millón de personas en la explanada del Zócalo de la Ciudad de México y en otras entidades de la República Mexicana. En ellas se predica el Evangelio y la Sana Doctrina, y miles de personas aceptan a Jesucristo como su Único y Suficiente Salvador.

MÉXICO, CREO EN TI...

Hasta agosto de 2017, de acuerdo a lo que informó la Secretaría de Turismo, 35 millones de turistas extranjeros habían visitado México. La cifra ascendió en un 12% más que en 2016. Esto prueba que México es único.

Los mexicanos tenemos esto y mucho más; historia, sociedad, capacidad, potencial, confianza, finalidad, destacamento, participación, solidaridad, poder e igualdad. Porque somos gente buena, inteligente, cariñosa, ordenada, trabajadora y triunfadora.

Paisano mexicano, conoce tu país que es rico y hermoso, que cuenta con los climas de todo el mundo Todo eso lo encuentras en México, absolutamente todo.

México es majestuoso, una gran nación que te espera con los brazos abiertos, no importa de dónde vienes, de dónde eres o si naciste aquí, nosotros te damos la mano. Créelo, aquí si eres paisano ¡triunfa!, así como los grandes, por el hecho de ser mexicanos.

México es un país que siempre ha ayudado a los extranjeros, es tan cosmopolita como cualquier otra nación del mundo. México es el paraíso. ¡Oh, México lindo!

México es la potencia económica más grande de América Latina. México es productor de petróleo, el país con mayor número de tratados de libre comercio. En el año 2005 México exportó productos por 213.700 millones de dólares a Estados Unidos de América. México es rico en mucho tipo de industrias, segundo lugar a nivel mundial y en turismo. México tiene grandes empresas tales como Telmex, Fensa, Televisa, Televisión Azteca, Comex, Cemex, Grupo Modelo, Bimbo, y cantidad de empresas transnacionales como Coca Cola, Pepsi Cola, etcétera.

México es una nación que cuenta con grandes empresas editoriales que imprimen libros, revistas y periódicos, a todo lo largo y ancho del país, en todos y cada uno de sus estados hay cuando menos dos diarios principales. Además, México no se ha rezagado en el uso de las nuevas tecnologías y posee revistas, medios informativos y páginas virtuales en los cuales se vierte una importante fuente de material educativo, histórico, médico, deportivo, artístico, etcétera.

¡México, despierta! Continúa con la educación ciudadana, como esa nueva ordenanza de la triple forma de reciclaje que, si es realizada de la forma debida, contribuirá a mejorar la limpieza en los hogares, a una mayor higiene y mejor salud. De la misma forma generará la apertura de más empleos para aquellas personas encargadas de separar y procesar la basura. Pero también es muy importante que los ciudadanos muestren su educación, que aquellos que tiren basura en la vía pública, sean multados. Como también deben ser multadas las personas que no pagan a tiempo sus impuestos, las placas y tenencias de sus automóviles. Impónganles multas con un trato decente y con medida, sin abusos. Y a los más desvalidos cóbrenles un impuesto justo, de acuerdo a condición y sus necesidades.

Es menester capacitar a los empleados de servicios públicos para que hagan su trabajo con ética y profesionalismo, esa es la manera como se debe tratar a los ciudadanos. No con despotismo e incultura.

A quienes no tengan vocación o no estén capacitados para servir eficazmente al público, no les den un empleo que no merecen. La amabilidad, la cordialidad y la honestidad hacen crecer un país.

¡México, despierta! Ahora mismo, las autoridades están creando empleos para las amas de casa a través de las redes sociales, con centros de cuidado para los niños y ancianos. De esa manera prospera el país pues no descuidan a sus familias y contribuyen con la sociedad pagando impuestos por los salarios que reciben.

En México tienen organismos como el INFONAVIT y el FOVISSSTE, que construyen viviendas de interés social para personas de bajos ingresos, casas dignas de habitar por familias unidas, ya que es un aliciente para sacar de las calles a los jóvenes y que así se alejen de la delincuencia.

En México aplican una ley a los ciudadanos que abusan de los extranjeros o turistas que visitan este hermoso país.

México ayuda a los niños, impulsa la creación de nuevos cursos, capacita mejor a sus maestros y les paga un buen salario. Porque al recibir buena educación, un ser humano tiene el conocimiento para llevar una vida de calidad y aspirar a continuar con su preparación hasta llegar a ser un profesional.

Es menester también que los líderes que estén en el poder sean personas capacitadas y dotadas del conocimiento, para que el cargo que van a desarrollar lo hagan con capacidad intelectual, moral y ética. No se debe alimentar el nepotismo, poniendo al familiar, al compadre, al yerno, al amigo o alguien que les caiga bien o quien esté 'dispuesto a compartir las ganancias que éste obtenga'.

Esos líderes tienen que usar su inteligencia para seleccionar a las personas idóneas, las que cumplan con los requisitos que requiere el puesto que van a desarrollar. Que sean eruditos en el conocimiento que se necesita para desempeñar óptimamente la encomienda que les hayan dado y en el poder que les están otorgando.

Atención, en México hay excelentes médicos y expertos en salud manejando taxis o yéndose a otros países. Así como buenos ingenieros, arquitectos, biólogos, enfermeras, maestros, etc. ¿Por qué no se les da la oportunidad de crecer en este hermoso país de bondades? México eres rico y bendecido, aprovecha todos los recursos materiales que Dios te dio.

Si en México se pusieran a sembrar, a explotar las minas y aprovechar al 100% todos los recursos naturales, faltaría mano de obra, tendrían que emigrar de muchos países para hacer todo el trabajo que hay por realizar, así volvería a ser una potencia mundial. México eres rico, cultiva siempre, expropia, fabrica, exporta, construye, inventa. ¡Pero hazlo ya!

México es un país sin igual, rico, poderoso y bendecido. Una de las naciones más bellas del mundo y cuyos ciudadanos son gente amable, trabajadora, generosa, ingeniosa y cariñosa.

México es un país rico en cultura, en arte, en música y en tradiciones. Cuenta con personalidades como el señor Carlos Slim, quien es una de las personas más ricas del mundo, el cuarto para ser precisos. Pero también ha tenido y tiene famosos muralistas, escultores, escritores e inventores a gran escala. De la misma manera que astronautas, deportistas, artesanos cuyos productos tienen fama a nivel mundial. Tiene profesionales en todas las ramas; ingeniería, arquitectura, arqueología, medicina, leyes, minería, agricultura, educación, comunicaciones, periodismo, informática, computación, con liderazgo en robótica y mecatrónica, etc.

Los turistas saben que en México encuentran seguridad y un cuerpo de profesionales guías de turismo que sirven tanto al visitante local como al extranjero.

En México hay suficiente mano de obra para construir y producir, por su riqueza en recursos naturales como oro, plata, cobre, cinc y muchos materiales minerales con los que se comercia con muchas naciones del orbe. Por supuesto que también cuenta con piedras preciosas.

La República Mexicana tiene los mejores climas del mundo, desde templado hasta tropical y frío. Los mexicanos tenemos todo para ser una potencia mundial, como ya lo fuimos y seguiremos siéndolo. ¡Porque estamos unidos!

México Lindo, ¡Despierta! Es un orgullo ser mexicano. Tierra tan bella, cuna de grandes artistas, pueblo escogido de Dios que un soldado en cada hijo Él dio, y un guerrero para luchar por su gente y pararse en brecha y decir: 'Mexicano por herencia soy yo'.

Ya basta que personas sin escrúpulos vengan a insultar a esta gran nación, la cual siempre está en pie de lucha y como un roble o un bambú, permanece fuerte porque la lucha es de todos. México Lindo, ¡Despierta! Mira, aquí estoy yo.

Amados mexicanos, si cada uno de nosotros ponemos un granito de arena y tenemos la misma visión y todos estamos unidos por el corazón, hagamos más poderosa esta gran nación que nos vio nacer, en donde desde una mañana hasta un bello anochecer todos los mexicanos tenemos el gran privilegio de ser libres. Ésta es la tierra bella de la cual hablo, donde brotan las semillas que, al ser cosechadas, dan muchos frutos para toda la nación y también para exportar.

Aunque pongan un muro, por muy alto que éste sea construido no podrá alcanzar el cielo. Nosotros tenemos alas para volar y muchas ganas de escarbar. Siempre habrá una entrada y una salida, porque México es el paraíso, la tierra que Dios escogió.

México Lindo, ¡Despierta! Entre tus fronteras tienes mares, playas, bahías, lagos, ríos, cataratas, bosques, montañas nevadas, desiertos, dunas y selvas. Todo eso tiene México y más. Donde quiera que vayas tus ojos verán esos mares tan azules o de color turquesa, lila o gris, porque es una excelente policromía que tú podrás admirar. Esas aguas deliciosas de los mares que disfrutas, esas cálidas aguas que en tu cuerpo se deslizan.

Yo, que he recorrido gran parte del mundo, en andado, visto bellezas y admirado, pero siempre vuelvo a mi tierra enamorado porque aquí encuentro todo lo que en el mundo he buscado, todo lo tiene mi México, mi bello país.

México Lindo, ¡Despierta! Mira que yo estoy dispuesto a levantar bien alto mis manos y decir que soy un soldado que en México ha nacido y que me siento muy afortunado de ser de este pueblo escogido por Dios, quien nos da la fortaleza para seguirlo amando.

País rico en todo y por si fuera poco es poderoso y bendecido con todo lo que tenemos aquí. No tenemos que vagar por el mundo porque aquí todo lo encuentro, porque quiero estar alegre, porque éste es el mejor lugar del mundo.

Espectaculares bellezas que encuentras en México y debes visitar, porque a los turistas nacionales y extranjeros los tratamos con calidez, honradez y buen servicio.

Nuestra deliciosa gastronomía, esa comida que es Patrimonio de la Humanidad, es exquisita y variada. En todos y cada uno de los estados que visites, encontrarás maravillas culinarias. Asimismo, en todo México hallarás magníficos hoteles 5 Estrellas, cabañas, etc.

México tiene una excelente cultura, desde la prehispánica hasta la moderna.

La calidez que encuentras en su gente es única, es verdadera, es de amor. Porque Estamos Unidos.

NOS SOBRA CAPACIDAD

Casi a diario, alumnos de la Universidad Nacional Autónoma de México, del Instituto Politécnico Nacional, de la Escuela Superior de Agricultura Chapingo, lo mismo que de cualquiera otra universidad estatal o escuela politécnica de la República Mexicana, dan a conocer sus propios inventos porque su creatividad no tiene límites. La mayoría de éstos tiene relación con el bienestar de las personas con capacidades especiales, nuevos adelantos en las tecnologías y un cúmulo de novedades.

Por ejemplo, en la NASA estudian la teoría del físico mexicano Miguel Alcubierre en la que expuso 'cómo viajar más rápido que la luz... sin superar la velocidad de la luz', teóricamente es posible distorsionar el espacio y conseguir que éste se contraiga delante de un objeto y se expanda detrás de él, según Alcubierre. O bien, ese objeto puede ser propulsado por el propio espacio-tiempo y desplazarse de un punto a otro más rápido que la luz, sin contradecir a la teoría de Albert Einstein.

O este otro, que es una cirugía que están llevado a cabo en un hospital de Huixquilucan, Estado de México, llamada cirugía lesional, que consiste en la introducción de un electrodo para quemar el núcleo o las fibras que son los blancos (objetivos) para mejorar los síntomas del paciente. Además, prosiguen sus estudios en un panorama muy prometedor en el desarrollo de las células madre en la terapéutica de la enfermedad. Quienes realizan esta cirugía son los doctores Enrique Chávez León, coordinador de Psicología de la Universidad Anáhuac México Norte. Asociación Psiquiátrica Mexicana. Colegio Mexicano de Neuropsicofarmocología. Martha Patricia Ontiveros-Uribe, subdirectora de Hospitalización y Urgencias del Instituto Nacional de Psiquiatría, Ramón de la Fuente Muñiz, y José Damián Carrillo-Ruiz, coordinador del Área de Fisiología de la Escuela de Psicología de la Universidad Anáhuac México Norte; Unidad de Neurocirugía Funcional, Estereutaxia y Radiocirugía del Hospital General de México.

El estudiante mexicano Daniel Alonso Rodríguez, fue nominado para obtener el Premio Nobel de la Paz 2017 por su trabajo como difusor y propositor de una reforma social.

Alonso Rodríguez estudia actualmente la licenciatura de Derecho y Ciencias Políticas en el Instituto Tecnológico de Estudios Superiores de Monterrey (ITESM) en la entidad hidalguense. La inclusión social y la defensa de los derechos humanos de los niños, adolescentes y jóvenes son sus principales ejes de acción del estudiante del ITESM.

Pero Daniel Alonso no es el único mexicano en la lista de aspirantes a obtener el Premio Nobel de la Paz 2017, el pasado 10 de marzo el Comité Noruego del Nobel aceptó la postulación del sacerdote Alejandro Solalinde Guerra. La postulación del clérigo fue presentada por la Universidad Autónoma del Estado de México (UAEM) ante los noruegos, quienes recibieron las nominaciones hasta septiembre pasado, cuando el sacerdote presentó el libro El Reino de Dios.

México, creo en ti

México, creo en ti,
En el vuelo sutil de tus canciones
Que nacen porque sí, en la plegaria
Que yo aprendí para llamarte Patria,
Algo que es mío en mí como tu sombra
Que se tiende con vida sobre el mapa.

Párrafo del poema de Ricardo López Méndez, 'México, creo en ti', también llamado 'El Credo'. López Méndez fue poeta, escritor, locutor y publicista, nacido el 7 de febrero de 1903 en Izamal, Yucatán.

LA GRAN TENOCHTITLAN

Según la mitología mexica, el dios Huitzilopochtli les ordenó a los mexicas que fundaran su reino en donde hallaran 'un águila parada sobre un nopal y devorando una serpiente' (símbolo que está impreso en la bandera mexicana), hecho que la mitología ubica el 13 de marzo de 1325, por lo que se considera a ésta como la fecha de su fundación. Y en efecto, tras el hallazgo de haber encontrado lo ordenado por el dios Huitzilopochtli, los mexicas fundaron la ciudad sobre los islotes principales de Tenochtitlan y Tlatelolco, así como los menores de Mixiuhca, Tultenco, Zoquiapan, Temascaltitlan e Iliaca, que quedaron finalmente unidos artificialmente por medio de ampliaciones y obras sucesivas en el curso de los siglos XV y XVI. Debe destacarse que desde la fundación, el islote norte de México-Tlaltelolco fue habitado por los mexicas-tlaltelolcas, un grupo étnico separado de los mexicas-tenochcas, que permaneció independiente hasta 1473, fecha en que fue sometido por éstos y convertido en un área más de la ciudad de México-Tenochtitlan. En una primera etapa, los mexicas colonizaron dos islotes abandonados llenos de tulares, carrizales, sapos, ranas, culebras e insectos, en condiciones precarias. En este entorno agreste lacustre (lago de Texcoco) iniciaron la construcción de extensiones artificiales de los islotes mediante 'chinampas' (canoas construidas con tablones de madera que, conformadas en una sola pieza, pudieran flotar por sí solas).

MÉXICO, UN PARAÍSO

La República Mexicana tiene riquezas en varios rubros, entre ellos, el del sector turístico resalta por la cantidad de hermosas playas, arenas y colores de sus aguas, infinidad de balnearios que se hallan en al menos la mitad de los estados mexicanos. A lo largo y ancho del territorio mexicano los visitantes encuentran paisajes que no envidian en nada a bosques, selvas, montañas, cascadas, lagunas, desiertos, volcanes y campiñas, de cualquier otra nación del mundo.

Sin embargo, lo que más identifica a los mexicanos en cuanto a la recepción de los turistas nacionales o extranjeros, es que en cualquiera de los casos ambos se encontrarán con muy buenas personas; buenos ciudadanos, inteligentes y creativos, los cuales arropan al visitante con sobrada atención, calidez y generosidad; en especial en ese último renglón, los mexicanos son sociables y les gusta ser magníficos anfitriones, invitan a las personas a comer y más si éstas son extranjeras pues como están orgullosos de su gastronomía, quieren compartirla con sus invitados.

Por la época en que fueron fundadas, la mayoría de las entidades mexicanas muestran una rica arquitectura colonial mezclada con la moderna, en pequeños pueblos, ciudades medianas, así como en las grandes urbes.

De la misma manera, hay diversión en teatros, cines, conciertos, centros nocturnos, casinos en algunas ciudades, encuentros deportivos de toda índole, corridas de toros y, por supuesto, espacios culturales en museos dedicados a diferentes especialidades y un sinnúmero de diversas exhibiciones del arte moderno, contemporáneo y antiguo.

Como Patrimonio de la Humanidad, de México están considerados su gastronomía, algunos destinos turísticos, su arquitectura colonial, monumentos históricos y muchas otras cosas más. A continuación una lista de éstos que hasta el año 2016 eran 34:

CIUDADES Y MONUMENTOS PATRIMONIO DE LA HUMANIDAD

1-. Centro Histórico de México y Xochimilco, Ciudad de México (1987)
2-. Centro Histórico de Oaxaca y zona arqueológica de Monte Albán, Oaxaca (1987)
3-. Centro Histórico de Puebla, Puebla (1987)
4-. Ciudad prehispánica de Teotihuacan, Estado de México (1987)
5-. Ciudad prehispánica y parque nacional de Palenque, Chiapas (1987)
6-. Ciudad histórica de Guanajuato y minas adyacentes, Guanajuato (1988)
7-. Ciudad prehispánica de Chichén Itzá, Yucatán (1988)
8-. Centro Histórico de Morelia, Michoacán (1991)
9-. Ciudad prehispánica de El Tajín, Veracruz (1992)
10-. Centro Histórico de Zacatecas, Zacatecas (1993)
11-. Pinturas rupestres de la Sierra de San Francisco, Baja California Sur (1993)
12-. Primeros monasterios del siglo XVI en las laderas del volcán Popocatépetl (1994)
13-. Ciudad prehispánica de Uxmal, Yucatán (1996)
14-. Zona de monumentos históricos de Querétaro, Querétaro (1996)
15-. Hospicio Cabañas de Guadalajara, Jalisco (1997)

16-. Zona arqueológica de Paquimé (Casas Grandes), Chihuahua (1998)

17-. Zona de monumentos históricos de Tlacotalpan, Veracruz (1998)

18-. Ciudad histórica fortificada de Campeche, Campeche (1999)

19-. Zona de monumentos arqueológicos de Xochicalco, Morelos (1999)

20-. Misiones franciscanas de la Sierra Gorda de Querétaro (2003)

21-. Casa-Taller de Luis Barragán, Ciudad de México (2004)

22-. Paisaje de agaves y antiguas instalaciones industriales de Tequila, Jalisco (2006)

23-. Campus central de la Ciudad Universitaria de la UNAM, Ciudad de México (2007)

24-. Villa protectora de San Miguel El Grande y Santuario de Jesús Nazareno de Atotonilco, Guanajuato (2008)

25-. Camino Real de Tierra Adentro (2010) (*)

26-. Cuevas prehistóricas de Yagul y Mitla en los Valles Centrales de Oaxaca (2010)

27-. Sistema hidráulico del acueducto del padre Tembleque, Edomex/ Hidalgo (2015)

Escenarios naturales Patrimonio

28-. Sian ka'an, Quintana Roo (1987)

29-. Santuario de ballenas de El Vizcaíno, BCS (1993)

30-. Islas y áreas protegidas del Golfo de California (2005)

31-. Reserva de la biósfera de la Mariposa Monarca, Michoacán/ Estado de México (2008)

32-. Reserva de la biósfera El Pinacate y Gran Desierto de Altar, Sonora (2013)

33-. Archipiélago de Revillagigedo (2016)

Patrimonio mixto (cultural-natural)

34-. Antigua ciudad maya y bosques tropicales protegidos de Calakmul, Campeche (2002/ 2014)

Patrimonios Culturales Inmateriales

-Las fiestas indígenas dedicadas a los muertos (2008)

-La ceremonia ritual de los Voladores de Papantla (2009, nombramiento. 2011, confirmación)

-Lugares de memoria y tradiciones vivas de los otomí-chichimecas de Tolimán: la Peña de Bernal, guardiana de un territorio sagrado (2009)

-La cocina tradicional mexicana, cultura comunitaria, ancestral y viva, El paradigma de Michoacán (2010)

-La Pirekua, canto tradicional de los purépechas (2010)

-El Mariachi, música de cuerdas, canto y trompeta (2011)

-Los Parachicos en la fiesta tradicional de enero de Chiapa de Corzo, Chiapas (2015)

(*)El Camino Real de Tierra Adentro, también conocido como el Camino a Santa Fe, era una ruta comercial de 2560 kilómetros de longitud que iba desde la Ciudad de México hasta la ciudad de Santa Fe, Nuevo México, EE. UU. de forma activa desde mediados del siglo XVI hasta el siglo XIX. En su porción central, se encontraban importantes yacimientos de plata, a esta porción del camino que comunicaba la Ciudad de México con estos yacimientos en Zacatecas se le llamó la Ruta de la Plata, o el Camino de la Plata; aunque con frecuencia se le llama así a todo el Camino Real de Tierra Adentro, pues la ruta completa tenía acceso a múltiples zonas y ciudades mineras de la Nueva España, productoras de plata y otros minerales, como lo eran además de Zacatecas, Pachuca, Querétaro, Guanajuato, Fresnillo, San Luis Potosí, Mineral del Monte, Chihuahua, Santa Bárbara y Parral, entre otras.

La ruta completa comprende a la Ciudad de México y al actual Estado de México, Hidalgo, Querétaro, Guanajuato, Jalisco, San Luis Potosí, Aguascalientes, Zacatecas, Durango y Chihuahua, en el país de México, y a los actuales estados de Texas y Nuevo México en EE. UU. Partía de la Ciudad de México, capital de la Nueva España, y pasaba por ciudades importantes como Querétaro, Guanajuato, Aguascalientes, San Luis Potosí, Zacatecas, Durango, Chihuahua, Ciudad Juárez y El Paso en Texas (ambas llamadas inicialmente 'El Paso del Norte', o bajo el apodo que ahora solo le corresponde de manera oficial a la ciudad estadounidense: 'El Paso'), y Las Cruces y Albuquerque en Nuevo México, antes de llegar a Santa Fe.

Este camino servía para transportar la plata extraída de las minas de Zacatecas, Guanajuato y San Luis Potosí, así como el mercurio importado de Europa. En la Colonia permitió el desarrollo de diferentes poblaciones a partir de presidios, hospederías, mesones y haciendas que servían como puntos de apoyo para todo el camino, donde se proveían los viajeros que iban hasta allá, movidos por el descubrimiento de los minerales y después por el comercio. Además, los procesos que se desarrollaron durante tres siglos legaron un patrimonio cultural de gran valor que incluye archivos, obras de arte religioso y civil, manifestaciones musicales y festividades, cultura gastronómica y tradiciones orales. (Fuente Wikipedia).

CLIMAS DE MÉXICO

México cuenta con once ecosistemas

De acuerdo al CECADESU (Centro de Educación y Capacitación para el Desarrollo Sustentable), México cuenta con los siguientes tipos de ecosistemas: 1. selva alta perennifolia o bosque tropical perennifolio; 2. selva mediana o bosque tropical subcaducifolio; 3. selva baja o bosque tropical caducifolio; 4. el bosque espinoso; 5. el matorral xerófilo; 6. el pastizal; 7. la sabana; 8. la pradera de alta montaña; 9. el bosque de encino; 10. el bosque de coníferas; 11. el bosque mesófilo de montaña o bosque de niebla; 11. los humedales.

México posee con cinco climas

Climas tropicales

Éstos se distinguen porque su promedio de temperatura anual supera 18° C y su promedio de lluvia fluctúa entre 800 mm (en el clima Aw) hasta 4.000 mm (en el clima Af). Los climas tropicales se distribuyen en las llanuras costeras y en parte de los estados de Jalisco, Colima, Michoacán, Guerrero, Oaxaca, Chiapas, Morelos, Puebla, Veracruz, Tabasco y la mayor parte de la superficie de la península de Yucatán.

Clima templado

Se caracteriza por poseer una temperatura media anual superior a 12° C, pero inferior a 18° C; al tiempo que su precipitación oscila entre 600 y 1.500 mm anuales. En México este tipo de clima se presenta en las zonas montañosas y la parte sur de la Mesa Central.

Climas secos

En ellos existe una gran variación de la temperatura entre la noche y el día (en el desierto de Altar, en Sonora, esta fluctuación puede ser de 0° C a 40° C), su cantidad de lluvia varía entre 300 y 500 mm, aunque existen zonas, como el desierto de Vizcaíno en Baja California, donde la precipitación apenas llega a 100 mm. En México, los climas secos se distribuyen en una amplia porción del norte del país en los estados de Baja California, Sonora, Sinaloa, Chihuahua, Durango, Coahuila, San Luis Potosí, Nuevo León, Zacatecas y Tamaulipas; aunque en los estados de Yucatán, Puebla, Tlaxcala e Hidalgo existen porciones que presentan este clima.

Clima frío de altura y el muy frío de altura

Sólo se presentan en las mayores elevaciones del país, como el Popocatépetl y el Nevado de Toluca, cuyas cumbres siempre se encuentran nevadas.

Hidrografía de Aguascalientes

El Río San Pedro, o Aguascalientes, es el afluente más importante de la entidad y es usado para el riego, en la Sierra de Barranca Milpillas, atraviesa el territorio de norte a sur y pasa al occidente de la capital para unirse al Río Verde, afluente del Santiago.

PRINCIPALES RÍOS DE LA REPÚBLICA MEXICANA

En el territorio mexicano los ríos se encuentran en tres vertientes: Occidental o del Pacífico, Oriental o del Atlántico (Golfo de México y Mar Caribe) e Interior, en la que los ríos no tienen salida al mar.

La vertiente Oriental o del Golfo, está constituida por 46 ríos importantes, entre los que destacan los ríos Usumacinta, Papaloapan, Grijalva, Coatzacoalcos y Pánuco.

Río Bravo.- Tiene una longitud de 2,001 km, nace en las Montañas Rocallosas y tiene la mayor parte de su recorrido en Estados Unidos. A la mitad de su curso forma parte de la frontera entre México y ese país; desemboca en el Golfo de México. En Estados Unidos le llaman Río Grande.

Río Pánuco.- Su longitud es de 600 km, nace con el nombre de Moctezuma en la cuenca oriental de la Meseta de Anáhuac y desemboca en el Golfo, en el puerto de Tampico.

Río Papaloapan.- Su nombre significa "río de las mariposas"; tiene una longitud de 900 km. Nace de la unión del río Tehuacán, que baja de las sierras de Puebla, y del Quiotepec que baja de la Sierra de Ixtlán; pasa por la Sierra Madre Oriental y recibe varios afluentes. Desagua en el Golfo de México a la altura del puerto de Alvarado.

Coatzacoalcos.- También se le llama Río del Istmo. Es un río muy caudaloso que se nutre con las aguas provenientes de las montañas del Istmo de Tehuantepec. Nace en la Sierra Atravesada y desemboca en el puerto de Coatzacoalcos.

Río Tonalá.- Es el límite natural entre los estados de Veracruz y Tabasco, tiene 325 km de longitud.

Grijalva y Usumacinta.- El primero nace en Tabasco y el otro en Guatemala. Los dos riegan las llanuras de Tabasco, que son las más bajas del país, juntos tienen una longitud de 600 km. En su cauce se han construido las plantas hidroeléctricas más importantes del país. El Usumacinta se divide en tres corrientes al desembocar, pero conserva su nombre; también sirve de frontera en su curso medio entre México y Guatemala.

En la vertiente Occidental o del Pacífico existen alrededor de 100 ríos, entre los que destacan, por su caudal, los ríos Balsas, Lerma-Santiago y Verde.

Río Balsas.- Tiene una longitud de 771 km. En este río se encuentran importantes plantas generadoras de electricidad como la central de Infiernillo. Su cuenca forma una depresión, del mismo nombre, y desemboca en el Oceáno Pacífico con el nombre de río Zacalutla.

Río Lerma.- Es el río más largo de México con 965 km de longitud. Se origina al pie del Nevado de Toluca y en su cuenca se ubica la porción más poblada del país. Sus aguas sirven para el riego y la generación de electricidad. Desagua en el Lago de Chapala, donde se origina el río Santiago que desemboca en el Océano Pacífico, cerca del puerto de San Blas.

Río Mayo.- Se forma con las corrientes que se desplazan por barrancas hasta las sierras profundas del estado de Chihuahua donde recibe el nombre de Moris, y desciende hacia Sonora, donde se le une el río Cedros, cuyas aguas alimentan la presa Mocúzari, antes de bajar al valle. A un lado del río está la ciudad de Álamos, conocida por sus famosas minas de plata. El Mayo desemboca en el golfo de California, cerca de Tabaré.

Río Yaqui.- Cuenta con 554 km de longitud, baja de la Sierra Madre Occidental y serpentea hasta desembocar cerca del puerto de Guaymas. Este río se aprovecha para regar extensos terrenos que forman el valle del Yaqui, de 450 mil hectáreas.

Río Colorado.- Nace en las Rocallosas y la mayor parte de su recorrido es en los Estados Unidos, cuenta con 2,730 km de longitud. En su curso bajo sirve como límite fronterizo entre los dos países. En territorio nacional, pasa por los estados de Baja California y Sonora para desembocar en el Golfo de California.

La vertiente Interior está formada por grandes cuencas cerradas. El sistema más importante es el del río Nazas-Aguanaval.

Río Nazas.- Se localiza en el estado de Durango y su caudal se aprovecha en su totalidad. Para mejorar el sistema de riego se construyeron dos presas que almacenan sus aguas; Lázaro Cárdenas y Francisco Zarco. Este río tiene 560 km de longitud y desemboca en la laguna de Mayrán.

Río Aguanaval.- Es el río más importante de la cuenca interior o endorreica. Lo forman tres vertientes que son los ríos Chico, Lazos y Trujillo. Este río cruza por la zona semidesértica hasta penetrar en Durango y, finalmente, deposita sus aguas en la laguna de Viesca, en Coahuila. Cuenta con 500 km de longitud.

Río del Carmen.- En su nacimiento es conocido como Santa Clara. Antes desembocaba en la laguna de patos, pero fue represado junto con otros ríos. Su longitud es de 250 kilómetros.

La riqueza petrolera de México ocupa el lugar número 12 entre los principales países extractores del hidrocarburo a nivel mundial, ya que su explotación está en pleno auge por los múltiples yacimientos que han ido descubriendo.

Por otra parte, aún se encuentran en exploración los enormes yacimientos de gas natural, cuyas reservas se ignoran en tanto continúen los trabajos de exploración y los posteriores de extracción.

LOS 31 ESTADOS DE LA REPÚBLICA MEXICANA SON

Aguascalientes
Baja California Norte
Baja California Sur
Campeche
Chiapas
Chihuahua
Coahuila
Colima
Durango
Estado de México
Guanajuato
Guerrero
Hidalgo
Jalisco
Michoacán
Morelos
Nayarit
Nuevo León
Oaxaca
Puebla
Querétaro
Quintana Roo
San Luis Potosí
Sinaloa

Sonora
Tabasco
Tamaulipas
Tlaxcala
Veracruz
Yucatán
Zacatecas

Ciudad de México, capital del país

PUEBLOS MÁGICOS

Se conoce como Pueblo Mágico a un lugar que posee atributos simbólicos, leyendas, historia, hechos trascendentes y magia, que surge en cada una de sus manifestaciones sociales y culturales, que significan una gran oportunidad para el aprovechamiento turístico. El Programa Pueblos Mágicos contribuye a revalorar poblaciones del país que siempre han estado en el imaginario colectivo de la nación en su conjunto, pero que representan alternativas frescas y diferentes para los visitantes nacionales y extranjeros.

Pueblos Mágicos:

Álamos, Sonora
Arteaga, Coahuila
Bacalar, Quintana Roo
Batopilas, Chihuahua
Bernal, Querétaro
Cadereyta de Montes, Querétaro
Calvillo, Aguascalientes
Capulálpam de Méndez, Oaxaca
Chiapa de Corzo, Chiapas
Chignahuapan, Puebla
Cholula, Puebla
Coatepec, Veracruz
Comala, Colima

Comitán, Chiapas
Cosalá, Sinaloa
Creel, Chihuahua
Cuatro Ciénegas, Coahuila
Cuetzalan del Progreso, Puebla
Cuitzeo, Michoacán
Dolores Hidalgo, Guanajuato
El Oro, Estado de México
El Rosario, Sinaloa
El Fuerte, Sinaloa
Huamantla, Tlaxcala
Huasca de Ocampo, Hidalgo
Huichapan, Hidalgo
Izamal, Yucatán
Jala, Nayarit
Jalpa, Guanajuato
Jalpan de Serra, Querétaro
Jerez de García Salinas, Zacatecas
Jiquilpan, Michoacán
Loreto, Baja California Sur
Lagos de Moreno, Jalisco
Magdalena de Kino, Sonora
Malinalco, Estado de México
Mapimí, Durango
Mazamitla, Jalisco
Metepec, Estado de México
Mier, Tamaulipas
Mineral de Angangueo, Michoacán
Mineral de Pozos, Guanajuato
Mineral del Chico, Hidalgo
Nochistlán, Zacatecas

Pahuatlán, Puebla
Palizada, Campeche
Papantla, Veracruz
Parras de la Fuente, Coahuila
Pátzcuaro, Michoacán
Pino, Zacatecas
Real de Asientos, Aguascalientes
Real de Catorce, San Luis Potosí
Real de Monte, Hidalgo
Salvatierra, Guanajuato
San Cristóbal de las Casas, Chiapas
San Sebastián del Oeste, Jalisco
Santa Clara del Cobre, Michoacán
Santiago, Nuevo León
Sombrerete, Zacatecas
Tacámbaro, Michoacán
Tapalpa, Jalisco
Tapijulapa, Tabasco
Taxco, Guerrero
Tecate, Baja California
Tepotzotlán, Eatado de México
Tepoztlán, Morelos
Tequila, Jalisco
Tequisquiapan, Querétaro
Teúl de González Ortega, Zacatecas
Tlatlauquitepec, Puebla
Tlayacapan, Morelos
Tlalpujahua, Michoacán
Todos Santos, Baja California Sur
Tula, Tamaulipas
Tulum, Quintana Roo

Tzintzuntzan, Michoacán
Valladolid, Yucatán
Valle de Bravo, Estado de México
Viesca, Coahuila
Xico, Veracruz
Xicotepec, Puebla
Xilitla, San Luis Potosí
Yuriria, Guanajuato
Zacatlán, Puebla
Aculco, Estado de México
Atlixco, Puebla
Candela, Coahuila
Casas Grandes, Chihuahua
Coscomatepec, Veracruz
Guerrero, en Coahuila
Huauchinango, Puebla
Huautla de Jiménez, Oaxaca
Isla Mujeres, Quintana Roo
Ixtapan de la Sal, Estado de México
Linares, Nuevo León
Mascota, Jalisco
Mazunte, Oaxaca
Mocorito, Sinaloa
Orizaba, Veracruz
Palenque, Chiapas
San Joaquín, Querétaro
San José de Gracia, Aguascalientes
San Juan Teotihuacán y San Martín de las Pirámides, Estado
de México
San Pablo Villa Mitla, Oaxaca
San Pedro y San Pablo Teposcolula, Oaxaca

Sayulita, Nayarit
Talpa de Allende, Jalisco
Tecozautla, Hidalgo
Tlaxco, Tlaxcala
Tulum, Quintana Roo
Villa del Carbón, Estado de México
Zozocolco, Veracruz

NOTA: Si algún lector que en este momento no esté de acuerdo con las bendiciones y maravillas habidas en México, o porque haya tenido la mala experiencia de encontrarse con personas deshonestas o "mexicanos refugiados", sin educación ni cultura, esos que no deberían llamarse mexicanos, lo sentimos mucho.

Pero si usted ha sido víctima de algunas de estas personas, denúncielas ante las autoridades correspondientes y así tendrán su justo castigo, porque México les brinda seguridad a todos.

ESTADO DE AGUASCALIENTES

El estado de Aguascalientes es uno de los 31 estados y 32 entidades federativas de los Estados Unidos Mexicanos. Aguascalientes está ubicado en la macro región de El Bajío, en el Bajío Occidente o Centro Occidente. Colinda con dos estados, al Norte, con Zacatecas; y al Sur, con Jalisco. Su extensión territorial ocupa el 0,3% de la superficie del país. Sin embargo, pese a que es de los estados más pequeños, sobresale por su floreciente actividad industrial, comercial y ganadera.

Su nombre se refiere a las aguas termales que los primeros pobladores europeos descubrieron en la zona. El lema de Aguascalientes es: 'Bona Terra, Bona Gens, Aqua Clara, Clarum Coelum' (Tierra Buena, Gente Buena, Agua Clara, Cielo Claro). Su capital es la ciudad de Aguascalientes y esta entidad se divide en 11 municipios que son: Asientos, Calvillo, Cosío, Jesús María, Pabellón de Arteaga, Rincón de Romos, San José de Gracia, Tepezalá, San Francisco de los Romo y El Llano,

Este estado tiene una actividad comercial de gran tradición que se remonta a generaciones enteras que mantienen un singular estilo de elaboración de distintos utensilios, con los cuales ha ganado fama a nivel internacional. Y hablando de tradiciones, las ferias y las corridas de toros que hay en Aguascalientes son realmente memorables.

Y es entre abril y mayo de cada año que la capital de Aguascalientes se viste de gala con la 'Feria de Ferias' que abre las puertas a los lugareños, turistas nacionales y extranjeros. Es la 'Feria de San Marcos', misma que ofrece una magnífica gama de diversión, educación y comercio a todo el que la visite.

En los últimos días de octubre y los primeros de noviembre se realiza el 'Festival de las Calaveras' para homenajear al creador de una de las imágenes más representativas del folclor mexicano, 'La Catrina'. Ese esqueleto de mujer, elegantemente vestido, nació del artista José Guadalupe Posada, orgullosamente oriundo de estas tierras, cuyos personajes tienen reconocimiento mundial.

Las festividades para celebrar la fundación de la ciudad tienen lugar en el mes de octubre. La patrona de Aguascalientes es la Virgen de la Asunción, quien tiene su festejo en la primera quincena de agosto, para terminar el día 15 cuando se realiza una gran romería.

TURISMO

El Museo José Guadalupe Posada. Rindiendo homenaje al famoso grabadista mexicano José Guadalupe Posada, oriundo de Aguascalientes, antes fue la casa cural y este edificio colonial fue inaugurado en 1972 siendo el primer museo de arte del Estado, que es muy moderno en su interior. Allí se exhibe una gran colección permanente de su obra en una sala especial. También hay obras de autores como José Fors, Rufino Tamayo, Mimo Paladino, entre otros, y es sede del Concurso Nacional de Grabado. No olvide tomarse la foto o 'selfie' con La Catrina, el grabado original en metal que data del año1912.

El Museo de Aguascalientes. Construido en 1903, el edificio que es sede de este museo tiene un estilo neoclásico. Quien lo visite gozará no sólo de las exposiciones, sino también de sus dos patios, jardines y fuentes. Como parte de las exposiciones permanentes, podrán encontrar grabados de Francisco Díaz de León, pinturas de Gabriel Fernández Ledesma y grabados de Saturnino Herrán. Y no dejen de buscar las sorpresas de las exposiciones temporales.

El Palacio de Gobierno. Construido en 1685, es el único edificio del siglo XVII que aún sigue en pie en la ciudad. Antes una gran mansión, tras la fachada de tezontle rojo y los balcones tallados en cantera rosa, encontrarán dos patios adornados con los famosos murales del pintor chileno Oswaldo Barra Cunningham. Es, a través de estos famosos Murales del Palacio, que se cuenta una parte de la historia de Aguascalientes, otro motivo por el cual vale la pena visitarlo.

La Plaza de las Tres Centurias. Al construirse los tres edificios emblemáticos en tres diferentes siglos: XIX, XX y XXI, fue que se bautizó como Plaza de las Tres Centurias. Creada como homenaje a la tradición ferrocarrilera de la ciudad de finales del siglo XIX, ahora es una importante zona turística y recreativa. Disfrute de sus principales atractivos: la locomotora a vapor conocida como La Hidrocálida, la Fuente de Aguas Danzarinas, el Reloj Monumental y el Asta y Bandera Monumentales.

La Bordalesa (Vitivinícola Leal) Si visita Aguascalientes, no olvide reservar el tour a esta vitivinícola situada en el kilómetro 8 del Antiguo Camino a Zacatecas. Con su tradición familiar de más de tres décadas, podrán disfrutar de sus vinos, brandys y jugos concentrados de uva. En este clima caliente y seco adecuado para la maduración de la uva y con una altura de

1.830 metros, es a finales del verano y principios del otoño que se lleva a cabo la vendimia.

El Parque Aventura Boca de Túnel. Para los amantes del ecoturismo y la aventura que conlleva, no pueden perderse este parque que entre sus formaciones rocosas y la enorme laguna, cuenta con 13 puentes colgantes, el más largo de ellos de 105 metros de extensión a una altura de 15 metros. Además, encontrarán actividades como la tirolesa, vías ferratas, paseos a caballo o un paseo en los 11 kilómetros de la pista para bicicletas.

La Isla San Marcos. Dentro de sus 44 hectáreas podrán realizar varias actividades; como pasear en lancha en su lago artificial, visitar el reloj mecánico más grande de Latinoamérica o ir a la Megavelaria, sede de la Feria Nacional de San Marcos. Si la visitan durante la feria y les gustan las emociones extremas, aproveche y móntese a la montaña rusa más grande de Latinoamérica de 120 metros de longitud, 36 de altura y cuatro rizos (ésta está sólo disponible durante la feria).

Los Barrios Antiguos de Aguascalientes. Fueron 4 los barrios que se establecieron alrededor de la Plaza de la Patria: Guadalupe, San Marcos, El Encino y La Salud. En un recorrido a pie disfruten de su belleza arquitectónica, empápense de la cultura local y aprendan las expresiones populares de la localidad. Entre ellos, también podrán gozar de sus templos, jardines, museos y otro tipo de monumentos, algunos datando de principios del siglo XVII.

El Cristo Roto. Ubicado en el municipio de San José de Gracia, el Cristo Roto es un reflejo del sufrimiento de los pueblos indígenas durante la Época Colonial. Con 28 metros de altura incluyendo su base, es la quinta estatua más grande del país. A

38 Mary Escamilla

ella podrán acceder sólo por lancha. También podrán disfrutar de un agradable paseo, deportes acuáticos y otros servicios turísticos que han desarrollado en la localidad.

El Templo de San Antonio. En el mismo corazón de Aguascalientes, se encuentra esta obra maestra diseñada por el arquitecto autodidacta Refugio Reyes Rivas. Iniciando en 1895, la construcción concluyó en 1908 e incluye varios estilos arquitectónicos: gótico, neoclásico, barroco, árabe y ruso. Dentro podrán disfrutar los frescos con temas evangelistas, su cúpula de doble tambor y las capillas dedicadas a Santa Rita de Casia y al Santo Sepulcro.

El Museo Nacional de la Muerte. También conocido como MUMU, su objetivo es mostrar la iconografía de la muerte y el arte funerario de diferentes periodos históricos del país. Para ello muestra a través de sus múltiples salas, las diferentes manifestaciones culturales relacionadas con la muerte en México a lo largo de su historia. También cuenta con exposiciones temporales en donde, a través de diferentes expresiones artísticas, igual tienen como temática central a la muerte.

Xocolatl Mexica. Como lo adivinarán por su nombre, este lugar es ideal para los amantes del chocolate. Ahí podrán degustar 40 variedades de Xocolatl en bebida. Seis de los siete sabores con flores o especias que se fabrican son de origen ancestral mexicano: Magnolia, chile, vainilla, pimienta, cacao solo, hierbabuena (yerbabuena). No dejen de llevar alguno de estos siete chocolates listos para ser tomados, que podrán preparar en la comodidad de sus casas.

El Museo Ferrocarrilero. Este museo abrió sus puertas en el año de 2003 en lo que era la vieja Estación que fue inaugurada en 1911. En su interior podrán ver una serie de documentos, equipos, herramientas, maquinarias y más, relacionados con los ferrocarriles en México. Conservando la fachada original, es uno de los tres edificios emblemáticos de la Plaza de las Tres Centurias, el construido en el siglo XIX, y sin duda el que guarda más anécdotas.

'El Ocote'. Se encuentra enclavado entre peñascos y matorrales, es el principal sitio ancestral que resguarda pinturas rupestres de antiguas tribus que habitaron el lugar. Dentro de la zona se pueden practicar deportes como el excursionismo o el alpinismo, rappel, ciclismo, paseos ecuestres, caminatas e incluso practicar pesca deportiva en la presa Tolimique. Y también existe una zona para acampar.

El Jardín de San Marcos. Construido en 1847 y ubicado en el antiguo Barrio de San Marcos, es uno de los jardines más emblemáticos en gran parte porque desde 1848 ahí, y en las instalaciones cercanas, es en donde se lleva a cabo la famosa Feria de San Marcos. Su puerta, fuentes, balaustres y kiosco son realmente hermosos, y las bancas les invitan a sentarse a la sombra de un árbol. Una leyenda cuenta que un fantasma se aparece todas las noches y va a rezar a las puertas de la iglesia.

UN POCO DE HISTORIA

Por esta región pasaba La Ruta de la Plata, camino por el cual se transportaba ese metal precioso obtenido de las minas zacatecanas y cuyo destino final era la capital de la Nueva España, es decir, la actual Ciudad de México. Alrededor de La Ruta se establecieron prestadores de servicios, agricultores y comerciantes. Para dar asilo a quienes recorrían la ruta, debido a los constantes ataques Chichimecas, el 22 de octubre de 1575 se fundó la Antigua Villa de Nuestra Señora de la Asunción de las Aguas Calientes, que debe su nombre a la abundancia de aguas termales en la zona. Durante la época de la Colonia, las actividades principales se desarrollaron en torno a la construcción de templos, conventos y misiones; además se impulsó la agricultura y ganadería, actividades básicas para la subsistencia de los pueblos aledaños. Durante esta etapa Aguascalientes formó parte de la Nueva Galicia, sin embargo, fue en el siglo XX que verdaderamente se impulsó su crecimiento propiciando el auge de los talleres ferroviarios, la Gran Fundición Central Mexicana, la instalación de diversas fábricas de harinas, almidón, textiles y otros. Este crecimiento propició los primeros movimientos obreristas inconformados con el funcionamiento del sistema político, económico y social del país, los que desembocaron en el estallido revolucionario de 1910.

A pesar de ser uno de los Estados más pequeños de la República Mexicana, Aguascalientes sorprende gratamente porque ofrece una gran variedad de originales y riquísimos platillos de exquisito sabor. Es necesario retornar a las recetas preparadas por sus ancestros y que eran inspiradas principalmente por el ir y venir de visitantes que dejaban a su paso la influencia regional de alimentos como las enchiladas, el pozole, el mole, el lechón y la birria. Sin embargo y gracias a su 'tierra buena', los vastos sembradíos ofrecían productos como el chile, ajo, frijol, vid, durazno y guayaba, elementos que provocaron que su gastronomía fuera adquiriendo la originalidad que hoy degustan los locales y sus visitantes.

Los inicios de esta originalidad fueron impulsados por la familia Andrea, conocedora del arte culinario y precursora de recetas que se distinguen en el ámbito nacional. Además, cuenta con una variedad de comidas internacionales que van desde la oriental, italiana, española, francesa y argentina, entre otras.

Entre la gastronomía preparada por los 'hidrocálidos', se encuentran el chile Aguascalientes, la salsa de guayaba, costillar de cerdo, pastel de elote, sopa campesina, pollo a la Valentina, agua de ensalada, tacos de nata, tamal de queso y mantequilla, 'picadas', conejo enchilado, lomo de la abuela, sopa de fideo a los cuatro chiles, chocolatina, etcétera.

Si hablamos de postres, entre éstos hay 'pay' (pie) de guayaba, pastel de elote, buñuelos inflados, postre frío de limón, gelatina de rompope, palanquetas, trufas navideñas, pastel de plátano y nueces, gelatina de vino y churros.

Por supuesto que también hay dulces. La principal característica para la elaboración de esos dulces típicos su elemento es la cristalización de las frutas y vegetales. Éstos son elaborados a base de piloncillo, los jamoncillos, las trompadas, las charrascas, las charamuscas, las cajetas de leche, las gorditas de cuajada; así como los ates o cajetas de membrillo y de guayaba.

Los generosos viñedos de Aguascalientes, permiten que se produzcan brandy, aguardientes y dulce uvate, pero también licores con extractos de frutas. Mientras que de sus magueyes se conciben el aguamiel, el pulque y el calanche.

La artesanía básica de Aguascalientes gira en torno a la industria del vestido, esencialmente a los bordados y los deshilados que han alcanzado fama mundial y que ya forman parte del Patrimonio Cultural de los aguascalentenses o hidrocálidos, que son los gentilicios con que se les conoce. Esta bella tradición se ha transmitido de generación en generación por lo que tiene un valor incalculable, puesto que cada prenda elaborada tiene esencia e historia propias. Blusas, manteles, servilletas, rebozos, cortinas y otros artículos de uso cotidiano, son los hermosos objetos que las artesanas hidrocálidas tienen para ustedes.

No podemos dejar de lado la manufactura de los tradicionales molcajetes y metates (hechos de piedra), la talabartería, herrería artística, vitrales, cerámica y joyería. También destacan, la producción de sombreros y trajes de charro, así como objetos de decoración hechos a base de la piedra de ónix.

Igual, realizan una joyería con una piedra preciosa oriunda de la Sierra Fría, al centro de Aguascalientes, llamada Ágata de Fuego. Esta piedra poco conocida en México, es vendida en algunas ciudades de Estados Unidos, así como en Aguascalientes y Guadalajara.

Asimismo, los artesanos elaboran huaraches y sandalias, cobertores en forma de sarapes o 'jorongos', ayates, y mantas bordados con símbolos que representan la vida misma.

Para los niños, los visitantes encontrarán juguetes realizados con madera como baleros, yoyos, carritos, trompos, entre muchos artículos más, que aún conservan la esencia de los juguetes de antaño.

'La Feria de San Marcos' es el pretexto perfecto para conocer más sobre la vasta gastronomía del estado. Chascas, chiqueadas, jicaletas, picadas y chamucos, términos extraños ¿verdad?, sin embargo, son los nombres de algunos de los platillos que podrán degustar en su próxima visita a Aguascalientes.

Siendo que la comida típica de la capital del Estado es rica y variada, la sirven en restaurantes, merenderos y cenadurías, éste es el punto ideal para comenzar su recorrido gastronómico. Uno de los lugares más populares para los hidrocálidos es el Mercado Juárez, donde el olor a especias invadirá sus sentidos. Pida un plato de birria, que es un guisado de carne de borrego preparado en salsa de varias especias y chiles. En otros estados, como el de Jalisco, la birria es elaborada con carne de chivo; mientras que en otras entidades la preparan con carne de res. 'Las gorditas', tortillas de maíz rellenas con diversos ingredientes, son 'el platillo estrella', las más solicitadas son las de queso, chicharrón verde o rojo y de carne deshebrada. A estas gorditas las nombran 'chiquiadas' o 'chiqueadas', pero sea con el nombre que les llamen, son deliciosas. Para los paladares exigentes se les aconseja degustar un lechón. Imagine la fusión de sabores que disfrutará al aderezarlo con guacamole, o acompañándolo con pico de gallo y bolillo dorado. La torta de lechón con chiles serranos en vinagre, es la favorita de los comensales.

Los 'tacos mezclados', de carne maciza con cuerito, son simplemente deliciosos. Pida un plato de menudo y descubra la suavidad de su ingrediente principal que no es otra cosa sino el estómago de la res. Si le agrega chiles de árbol dorados en aceite, cilantro y cebolla picadas, más unas gotitas de limón, será una verdadera fiesta de sabores. ¿Y qué hay de postre? Pues bien, disfrute de una tarde en el jardín de San Marcos y consiéntase con una tradicional 'jicaleta' que es una rebanada de jícama en forma de paleta cubierta con 'chamoy' líquido o en polvo. Siga los gritos de los comensales del '¡Sí hay!' para saborear una deliciosa 'chasca', platillo elaborado con granos de elote cocido o asado, al que se añaden mayonesa y queso. Siga la tradición de este lugar gritando '¡Sí hay!' y si un conductor toca el claxon de su auto al pasar por allí, celébrelo con él. Una recomendación, no deje pasar la oportunidad de probar el famoso chile Aguascalientes preparado con crema molida, plátano macho, nueces, almendras y un baño de salsa de guayaba.

DEPORTES

Aguascalientes tiene un equipo de fútbol, el Club Necaxa, miembro activo de la Primera División profesional de México. En lo referente al béisbol, en la Liga Mexicana de Béisbol militan sus Rieleros de Aguascalientes.

MÚSICA / DANZAS

En Aguascalientes el tema 'Pelea de Gallos' acompañado por el mariachi, es como un himno local, sobre todo cuando lo tocan en el palenque. Entre sus principales bailables están; el 'Jarabe de Aguascalientes', el 'Jarabe de las Palomas', la 'Danza de Bordadoras', la 'Danza de los Matachines' y el 'Baile de Ferrocarrileros', entre otros.

ESTADO DE BAJA CALIFORNIA NORTE

El estado de Baja California Norte es una de las 32 entidades federativas de la República Mexicana. Está ubicado en el extremo Noroeste del país, limitando al Norte con Estados Unidos de Norteamérica, al Este con Sonora y cuenta con dos litorales, el Mar de Cortés o Golfo de California, al Sur con Baja California (Sur) y al Oeste con el Océano Pacífico. Fue fundado el 16 de enero de 1952. Su capital es Mexicali y en este Estado, además de los recorridos únicos que se pueden realizar, lo que destaca sin duda alguna, es su gente en sí, cálida y atenta, como son todos los bajacalifornianos. A los oriundos de la capital se les llama 'cachanillas' y ese término se refiere a una planta silvestre de la región que utilizaban las personas para construir sus casas en la antigüedad.

Además, Baja California posee una geografía muy diversa pues tiene sierras, playas, valles fértiles y hasta una playa con dunas. Sus ciudades más importantes son Mexicali y Tijuana, ambas con mucha actividad industrial. Mientras que Ensenada es un puerto pesquero y comercial, donde obviamente su comida del mar se sirve en muchos y famosos restaurantes. Tecate, es una ciudad con reconocida producción de cervezas y, Rosarito, cuyas playas son famosas entre la población estadounidense principalmente, pero también es destino para los paseantes nacionales. Un atractivo extra es la vista del paisaje desértico junto al mar, lo que se aprecia magníficamente en una de las carreteras más hermosas del país, el corredor turístico Tijuana-Rosarito-Ensenada.

De manera que el armonioso, bello y pujante estado de Baja California Norte además de su labor industrial, por su vecindad con Estados Unidos de Norteamérica y por su posición geográfica, resulta un imán para el turismo nacional y extranjero. ¡Conozcamos algunos de estos sitios!

TURISMO

Mexicali

Entre los atractivos de esta ciudad se encuentran el Museo Sol del Niño, un centro interactivo de ciencia, tecnología, arte y medio ambiente, es el lugar ideal para pasar un día familiar. Dentro de sus exhibiciones permanentes se encuentra la Ciencia Mágica, el Complejo Casa Sustentable, Plaza del Sol y el Agua, y Sala Naturaleza. Todas ofreciendo una experiencia didáctica para diversión de los más pequeños. También cuenta con salas IMAX, en donde podrán disfrutar de interesantes documentales en la pantalla gigante.

El Museo Universitario, que pertenece a la Universidad Autónoma de Baja California, fue inaugurado en 1977. En sus salas permanentes podrán ver fósiles, piezas artísticas, utensilios, fotografías y representaciones gráficas de diferentes épocas y momentos históricos. Investiguen cuáles son las exhibiciones temporales y los eventos, ya que cambian cada determinado tiempo.

El Centro Estatal de las Artes, es un espacio creado para poder transmitir, mediante programas académicos, la calidad artística y difusión de alto nivel por parte de creadores y especialistas. Este Centro se ha convertido en icónico y representativo de las artes en la ciudad; actualmente alberga la galería de exposiciones más grande de Mexicali. Así que es una muy buena opción para que la familia disfrute de los mejores eventos culturales de la ciudad.

Pero no crean ustedes que todo son espacios cerrados, Mexicali tiene el bosque y zoológico de la ciudad, un centro recreativo para todos. El bosque y zoológico cuentan con diferentes atractivos para pasar el día en familia. Podrán disfrutar del Museo de Historia Natural, del paseo de las Culturas Prehispánicas, su jardín botánico, sus áreas verdes y el lago. Como parte del zoológico encontrarán 25 especies diferentes de mamíferos, uno de los más grandes aviarios del noroeste del país, un cocodrilario y serpentario.

El Cañón de Guadalupe. En este cañón, ubicado en la sierra Cucapah, hay muchas actividades para satisfacer los espíritus aventureros. Escalada, senderismo, observación de flora y fauna, ciclismo de montaña, visitas a zonas arqueológicas, exploración de pinturas rupestres, nado en aguas termales, todo eso ofrece este oasis en medio del desierto. Hay zonas para acampar con los servicios básicos cubiertos y, si les es posible, opten por ir entre el otoño y la primavera.

El Río Hardy, que fue descubierto en 1826 por un teniente de la Marina Inglesa, Sir William Hale Hardy, es el único río navegable en el estado de Baja California, haciéndolo ideal para practicar deportes acuáticos como ski, waveboard y kayak. En la zona también podrán practicar la cacería de especies como pato, ganso, faisán, huilota, codorniz y conejo; o pescar bagres, mojarras y/o tilapias.

Otros atractivos turísticos son el Cañón de Mexicali, otro oasis en medio del desierto, donde hay aguas termales. Ideal para acampar. También está la Laguna Salada que es una enorme extensión desértica donde pueden explorar en vehículos todo terreno, o realizar actividades de campismo. Por lo regular mantiene un clima extremo, se recomienda precaución en su visita. Y también está la Geotérmica de Cerro Prieto, una planta de generación de energía, con pozos que hierven en el piso de manera natural.

Rosarito

No obstante que Rosarito es una ciudad pequeña, su expansión es constante porque con su crecimiento turístico han tenido que sumar a su infraestructura más hoteles, restaurantes, centros nocturnos y tiendas en general.

En cuanto a sus playas, éstas son únicas para realizar largas caminatas porque sus arenas son sencillamente, deliciosas. Su limpieza las hace el lugar ideal para caminar o hacer actividades al aire libre. Asimismo, pueden realizar una cabalgata junto al mar. También son famosas por haber sido el escenario para la filmación de populares películas como 'Titanic', 'Pearl Harbor' y 'Piratas del Caribe'.

Puerto Nuevo es un pueblo de pescadores que se convirtió en destino restaurantero, gracias a su deliciosa receta de langosta con arroz y frijoles, acompañada de enormes tortillas de harina. Hay un gran número de restaurantes que ofrecen la tradicional receta de langosta. En octubre, como en casi toda la región, celebran el Festival de la Langosta. Otro platillo popular en el área, es el de la carne de venado.

Tijuana

En esta ciudad se encuentra el Centro Cultural Tijuana, el cual es el más importante del Noroeste y que fue fundado el 20 de octubre del 1982, en él sobresale 'la Bola' su domo IMAX donde proyectan películas documentales. Alberga también el Museo de las Californias y el Museo de Exposiciones Internacionales 'El Cubo'.

De la misma manera en Tijuana hay galerías. El desarrollo de la plástica en la frontera es significativo, con artistas reconocidos más allá de las fronteras, por tal motivo se han incrementado las galerías donde se exponen interesantes trabajos. A pesar de estar repartidas por toda la ciudad, se puede organizar un tour para visitar centros culturales, pasajes de artistas y galerías de exposición.

Ensenada

Un extra para quienes gozan degustar bebidas espirituosas es La Ruta del Vino, ésta es una de las nuevas y más populares Rutas Turísticas de México. Abarca los Valles de Guadalupe, Valle de Las Palmas, Valle de Santo Tomás, Ojos Negros, San Vicente, entre otros más, donde sus productivos viñedos son dignos de visitarse para ser admirados y degustar una copa de vino.

De igual forma allí se encuentra La Bufadora, un fenómeno de la naturaleza donde el choque de las olas contra una cueva en la costa, forma un chorro de agua que se eleva hasta 30 metros bufando y deleitando a los visitantes con su brisa marina.

Y qué decir de Cataviña, que es un lugar mágico en donde los grupos indígenas sobrevivieron en medio del desierto y quienes dejaron entre formaciones de rocas sus legados a través de pinturas rupestres. Cataviña se ubica en el 'Valle de los Cirios', un área natural protegida y única en el mundo.

En Ensenada está también la Bahía de los Ángeles, un pueblo de pescadores en donde se puede practicar la pesca deportiva. Lugar idóneo para descansar y realizar actividades acuáticas, donde también se puede admirar los contrastes de colores de los amaneceres y atardeceres.

No olvidemos que desde La Bufadora o desde Ensenada, se pueden embarcar para visitar la Isla Todos Santos (Baja California Sur), un sitio paradisíaco donde se puede apreciar su flora y su fauna, así como practicar buceo, surf y/o pesca deportiva.

Tecate

En esta entidad se halla 'La Rumorosa', que es un increíble escenario de rocas gigantes con impresionantes miradores. Allí se encuentra el Sitio Arqueológico de Vallecitos, donde hay pinturas rupestres. Y muy cerca de allí está el museo comunitario de Campo Alaska.

Los Spas de la ciudad. El clima y tranquilidad de Tecate son ideales para la relajación por lo que algunos de los mejores spas del mundo se encuentran allí, ofreciendo privacidad para descansar, tratamientos para la salud y la belleza humana, los tradicionales temascales, tratamientos por medio de barro, masajes terapéuticos, etcétera.

¿Qué les parece darse un tour por la Cervecería Cuauhtémoc–Moctezuma? Conozcan el proceso de elaboración de diferentes tipos de cervezas y degusten alguna de éstas, si ustedes lo desean, en un jardín donde además se ofrecen exposiciones.

GASTRONOMÍA

El sello gastronómico del Estado lo ponen los frutos del Pacífico. En la ciudad de Rosarito, en Puerto Nuevo, comer langosta es una tradición desde los años 50, cuando los hombres de mar y sus esposas ofrecían este delicioso manjar a los turistas norteamericanos, entre ellos muchos artistas hollywoodenses, este platillo, como explicamos antes, era acompañado con arroz, frijoles, una salsa picante única y enormes tortillas de harina. La demanda es tan grande en la ciudad, que anualmente se sirven cerca de 100,000 langostas y en octubre se celebra un festival en honor a este crustáceo.

Los tacos de pescado de Ensenada se preparan con la tradicional tortilla de maíz y la salsa mexicana. Además, en toda la zona es popular el pan dulce de la ciudad de Tecate. Esos panes se preparan en hornos hechos con ladrillos y alimentados por leña, siguiendo técnicas y procedimientos antiguos que les dan un saborcito muy especial a estos manjares.

En del panorama gastronómico actual, son notorias las innovaciones surgidas por la influencia foránea, las mismas que empezaron a gestarse en los años 20 del siglo pasado, cuando experimentados chef del 'Viejo Continente' arribaron a Tijuana para satisfacer las exigencias culinarias de los clientes de los casinos. El chef Livo Santini creó la famosa 'Ensalada César', en el hotel del mismo nombre, propiedad de César Cardini. Eso ocurrió una noche de 1940, cuando un grupo de aviadores pidió algo de cenar, justo en el momento que la cocina había cerrado. Ante la insistencia de los huéspedes, Santini decidió preparar algo rápido para salir del apuro. Fue así que nació el famoso potaje, bautizado aquella noche como 'ensalada de aviadores'. En el siglo XIX, Mexicali recibió a numerosos inmigrantes chinos que trajeron los secretos de su milenaria gastronomía. En la actualidad existen más de 100 restaurantes de comida oriental.

ARTESANÍAS

Aquí encontrarán ustedes bellas y delicadas artesanías, frutos de la inspiración de hombres y mujeres que mantienen vivas sus viejas tradiciones. Por ejemplo, la Artesanía Pai Pai, que es elaborada en la comunidad Santa Catarina. Las mujeres pai pai utilizan técnicas ancestrales para moldear vasijas de cerámica, mientras que los hombres se dedican al tallado de objetos de madera, como arcos, flechas, mazos y palos de cestería. En la Artesanía Kumiai, las mujeres y niños de este grupo étnico son hábiles tejedores del junco. Sus productos se comercializan en la comunidad San José de la Zorra. En la Artesanía Cucapá (o Cucapah) se elaboran preciosos objetos a base de conchas; cintos, bolsas y collares de chaquira. Ellos están asentados en el valle de Mexicali. La Artesanía Mixtecos que conlleva antiquísimos telares de cintura, se fabrican incomparables rebozos (mantas) y huipiles (blusas decoradas). Los mixtecos son un grupo emigrante que está asentado en el valle de Maneadero.

DEPORTES

El equipo de fútbol de la Primera División profesional, 'Xolos' de Tijuana, es un atractivo para los vecinos de San Diego y el sur de California. Los visitantes llegan para ver un buen platillo futbolístico. En cuanto al béisbol, Baja California Norte tiene a Las Águilas de Mexicali en la Liga Mexicana del Pacífico. A los Toros de Tijuana en la Liga Mexicana de Béisbol, y a tres equipos en la Liga Norte de México, filial de esta Liga; Centinelas de Mexicali, Marineros de Ensenada y Freseros de San Quintín. En varias partes de Baja California Norte se han hecho famosas sus funciones de box, que son de gran interés para los aficionados.

MÚSICA / DANZAS

En este Estado predomina la música de Banda y la Norteña. Un tema musical muy popular de Mexicali es 'El Corrido del Cachanilla' y, para bailar, en todo este Estado hay que lucirse en 'El Calabaceado' y en el 'Kuri-Kuri' (vueltas y vueltas) infaltable durante El Carnaval. Mientras que en Tecate, 'Las Cuadrillas' están siempre presentes.

ESTADO DE BAJA CALIFORNIA SUR

El estado de Baja California Sur es una de las 32 entidades federativas de la República Mexicana y su capital es La Paz. Está situado al Norte y su territorio está rodeado por el Mar de Cortés y el Océano Pacífico. Los múltiples e inimaginables atractivos de Baja California Sur han permitido que la industria turística haya crecido durante las últimas décadas del siglo XX, principios de éste y se mantenga floreciente y en plan ascendente viendo hacia el futuro.

Cuenta con infraestructura y servicios de primer nivel. En esta entidad podrán encontrar lugares que han marcado la historia mundial, desde las pinturas rupestres de hace miles de años hasta el famoso 'Hotel California', título de la canción del grupo 'The Eagles'.

Sus costas de más de 1,200 kilómetros están llenas de maravillas naturales, como el Santuario de la Ballena Gris, las que acuden cada año, justo a la Laguna de San Ignacio y los esteros de la Soledad y Ojo de Liebre, para tener a sus críos.

Éste es un destino romántico, exactamente lo que se requiere para una 'Luna de Miel perfecta'. El Corredor Turístico de San José del Cabo a Cabo San Lucas ofrece los desarrollos más exclusivos de todo el país.

TURISMO

Parque Nacional Cabo Pulmo. Una de las pocas áreas de arrecifes en el Pacífico Este y la única del Golfo de California y Mar de Cortés, en 1995 fue decretada como Área Natural Protegida. Al ser una zona de transición, encontrarán una gran diversidad y abundancia de especies ya que ahí convergen las aguas tropicales templadas con las frías. Podrán tomar cursos de buceo o snorkel; o si prefieren mantenerse sobre la superficie del agua, practicar pesca deportiva, canotaje, remo y kayak. Vivan la experiencia de conocer la biodiversidad que compone el único ecosistema de arrecifes de coral en el lado occidental de América, con más de 350 especies marinas. La mejor temporada para realizar la actividad del buceo es octubre y noviembre, cuando la visibilidad puede alcanzar 100 pies o más. Innumerables personas se dan cita durante la temporada de noviembre a marzo en la Baja. El viento constante y el agua caliente en el Mar de Cortés ofrecen una gran escapada para aquellos que buscan practicar 'kiteboarding', quienes desean que haya un buen oleaje para lucirse y también para aquellos principiantes que desean aprender más. Dos destinos populares dentro de Cabo del Este son La Ventana y Los Barriles. Exploren áreas remotas de la Baja a bordo de un vehículo todo terreno para conocer Boca de Álamo, o El Coro, donde hacen hamacas a mano. El arroyo, las cascadas o tomar el sinuoso camino de tierra a lo largo del mar para ir a Punta Pescadero.

Guerrero Negro. La ballena gris viaja kilómetros desde Alaska y el mar de Bering buscando aguas cálidas en donde aparearse y parir a sus crías. Si están de visita en cualquier parte de la península durante los tres primeros meses del año, aprovechen para tomar un tour y disfrutar de estos majestuosos cetáceos. En la Laguna Ojo de Liebre pasarán cientos de ballenas grises entre los meses de diciembre a marzo para dar luz a sus ballenatos. De igual manera realizar el tour a las pinturas rupestres es obligado. Una experiencia única para apreciar uno de los sitios con las galerías de arte rupestre más impactantes del mundo ¡con una antigüedad de más de 10,000 años! Se encuentran ubicadas dentro de la Sierra de San Francisco y Santa Martha, ambos sitios ofrecen galerías, petrograbados, y paisajes únicos en excelente estado de conservación. Los tours van por niveles, el más popular es para visitar las cuevas, para lo cual se requiere contratar un guía y un animal de carga. En el sitio web encontrarán más información, también se les sugiere contratar los servicios de un operador en la ciudad.

Creada a mediados del siglo XX, la salinera de Guerrero Negro es reconocida mundialmente como la productora líder de sal, llegando a exportar al año 7 millones de toneladas, y representa la actividad económica más importante de la región. En las visitas guiadas, aprenderán todas las etapas del proceso y disfrutarán de las increíbles vistas de los depósitos de sal natural. Paisaje típico de la península, en las Dunas de la Soledad podrán ver cómo las dunas se conectan con el mar ya sea por lancha, o caminando entre ellas. Su paisaje cambiará constantemente, ya que el viento hace que las dunas se muevan ofreciendo prácticamente un nuevo panorama cada día. No olviden llevar su cámara, sobre todo si su visita es al amanecer o anochecer, ya que serán testigos de un espectáculo digno de plasmar en fotografía.

Isla Espíritu Santo. Protegida por la UNESCO, esta isla cuenta con uno de los ecosistemas mejores conservados en la península de La Paz, Baja California Sur. Se han encontrado evidencias de hombres que la habitaron hace 40 mil años, pero ahora es hogar de leones marinos, mantarrayas, delfines, tortugas y, durante temporada, pasan por ella ballenas grises y tiburones grises.

Santuario de los Cactus. Si bien La Paz es conocida por sus hermosas playas, también es zona desértica que ofrece otro tipo de paisajes que valen la pena aprovechar. En el jardín botánico Santuario de los Cactus, verán una de las colecciones más importantes y numerosas de cactáceas. Dentro del ejido El Rosario, se encontrarán con 50 hectáreas de la flora típica de la localidad con paneles informativos. ¡Ah! Pero no olviden el intenso calor durante el día y las noches frías.

Playa Balandra. Por su temperatura de 30°C, poca profundidad, arenas blancas y aguas transparentes, es menester visitar esta playa. Más parecida a una laguna por la falta de grandes mareas y oleaje, ustedes se pueden adentrar hasta 500 metros para contemplar los tonos entre verde y turquesa de sus aguas, o los peces que nadan a su alrededor. También está la réplica del 'Hongo de Balandra', una roca que adoptó esa forma debido a la erosión. La original fue derribada por unos turistas.

Museo de la Ballena. Este museo será el complemento ideal a su experiencia de observar a las ballenas, con información relacionada con la teoría de su evolución, orden, clasificación, historia de la cacería, alimentación, distribución, apareamientos y su influencia en el arte rupestre. A lo largo del año hay tres exhibiciones temporales, de manera tal que ustedes pueden escoger cuál es la mejor para realizar su visita.

El Serpentario. Este centro, regenteado por una organización sin fines de lucro, les mostrará una selección de fauna típica de la región, alguna incluso en peligro de extinción. En ella encontrarán una gran variedad de serpientes, reptiles, peces, tortugas y arañas, además cuenta con un área de rehabilitación para animales. Si les interesa, incluso pueden adoptar alguno y su contribución monetaria ayudará para mantener el centro.

Parque Nacional Bahía de Loreto. En julio de 1996 fue decretado como área natural protegida, se ubica en el Golfo de California, frente a las costas del municipio de Loreto. Su extensión territorial incluye las Islas Coronado o Coronados, la del Carmen, la Danzante, la Montserrat y la Santa Catalina (o Catalana) y diversos islotes. Podrán desde realizar un tour en lancha para visitar sus islas, hasta practicar varias actividades como bucear, snorkelear, tomar un paseo en kayak o realizar el avistamiento de ballenas, durante la temporada. Posee una gran variedad de fauna por lo que Jaques Cousteau, el genial aventurero, le llamó 'el acuario del mundo'.

Tour marino a la Isla Coronado. Ubicada a 8 kilómetros de distancia, en un paseo en panga, la diversión está garantizada. Ideal para pasar el día, cuenta con su propia playa privada y tiene mucha vida marítima, por lo que también vale la pena el snorkel o buceo. Con su espectacular formación rocosa y siendo santuario de lobos marinos, el senderismo es también una actividad recomendable. Pero no olviden llevar agua y comida.

Las Misiones. La Misión de Loreto, fundada en 1697, fue la primera en establecerse en Baja California, de ahí que sea conocida como la 'Cabeza y Madre de las Misiones de la Baja y Alta California'. Su fachada tiene un estilo barroco, en su interior hay una capilla dedicada a la Virgen de los Dolores y aún se conservan varias pinturas barrocas mandadas a hacer por los jesuitas en el siglo XVIII. Misión San Javier. Fue fundada en 1699 primero como capilla y en 1744 la terminaron de construir como está el edificio actualmente, fue la segunda misión en establecerse de forma permanente en la península de Baja California. Se considera la misión que mejor mantiene el aspecto original y una de las mejor conservadas de la península. Conocida como 'la joya de las misiones de Baja California', su estilo es barroco y al interior encontrarán óleos y esculturas de primera calidad. Museo de las Misiones de Baja California. Está situado a un lado de la Misión de Loreto Conchó, este museo cuenta con 6 salas de exposición. En ellas encontrarán todo lo relacionado con el asentamiento de las 18 misiones en Baja California, así como de los pueblos que habitaban la localidad al llegar los colonizadores. Allí encontrarán todo tipo de armas y herramientas utilizadas por los californianos, así como arte religioso de los siglos XVI, XVII y XVIII.

Isla Danzante. Con sólo cuatro kilómetros cuadrados de extensión, esta pequeña isla tiene acantilados de hasta 150 metros que evitan las embarcaciones. Por este motivo, se ha convertido en paraíso virgen para leones marinos, una gran variedad de peces y aves acuáticas. Es un gran lugar para practicar buceo y pasear en kayak, ambos servicios que fácilmente podrán conseguir desde Loreto.

Los Cabos. Playa del Amor y el Arco. El lugar más famoso de Baja California Sur, su arco aparece en una gran cantidad de fotografías. Justo en donde termina la península, se encuentra el tan visto paisaje y sólo podrán acceder a la Playa del Amor en panga y cada 4 años, al bajar la marea. No olviden llevar a la mano su cámara ya que se encontrarán con una gran cantidad de fauna marina, y para que tomen su propia foto o selfie de 'El fin de la tierra', como también se conoce el arco. Estero San

José. Muy cerca de San José del Cabo, se encuentra este estero que es área natural protegida y en donde hay una gran cantidad de variedades de flora y fauna. Dentro de sus 50 hectáreas de reserva natural, la vegetación es abundante, ya que al mezclarse el río San José con el océano se revuelven el agua dulce con la salada y se originan ricos nutrientes. Centro de Artesanías. Tan sólo a una calle de la plaza principal de San José, que tiene como corazón la iglesia del mismo nombre, encontrarán este centro en donde se congregan los artesanos de la región. Principalmente son expresiones del arte huichol, adornos típicos mexicanos y pinturas. Ya sea que prefieran comprar sus 'souvenirs' iniciando su viaje o ya por partir, o simplemente quieran admirar la artesanía, este lugar es el indicado. Nado con delfines. Aunque la península de Baja California es famosa por el paso de ballenas, no hay que olvidar que al juntarse las aguas del Océano Pacífico con el Mar de Cortés, es el hábitat ideal para todo tipo de fauna marina. Si quieren otro tipo de experiencia o no van en temporada de ballenas, siempre podrán disfrutar de un inolvidable nado con delfines. Aprovechando los paisajes desérticos en la Baja, tomen un tour a camello para disfrutar de los espectaculares paisajes. Con guías profesionales que les explicarán todo lo relacionado con la región, pasarán por la playa de Rancho San Cristóbal y, si están en los primeros meses del año, podrán incluso ver ballenas. Pueden comer en Casa Típica, un lugar con lo más tradicional de la comida mexicana y cerrar el paseo bebiendo 'un caballito' de tequila con limón y sal. Playa Costa Azul. Con su arena blanca y oleaje tranquilo, esta playa es ideal para practicar wind surf o simplemente pasar un día relajado. En esta playa todo lo tienen a la mano; palapas para rentar, restaurantes e incluso una tienda con los básicos playeros. Si les llama mucho la atención el surf, pero nunca han practicado el deporte, allí encontrarán instructores que les enseñarán los básicos. El Faro de Cabo Falso. Este faro que fue construido en 1890 y aunque ahora está abandonado, es uno de los atractivos más visitados en Los Cabos. Rodeado de dunas, sólo podrán acceder a él a caballo o en vehículos 4x4. Si les gustan los deportes extremos, aprovechen las dunas que están a su alrededor para subir a una cuatrimoto y practicar 'derrapones'. Playa Santa María. Con su forma de herradura y arena rosada con textura de arroz, es un destino común de los operadores de tour que salen desde la marina de Cabo San Lucas. El lugar es ideal para aprovechar estos tours y practicar un poco de buceo o snorkel. Si van en familia, también es un lugar idóneo para relajarse y que los más pequeños jueguen. Hay pocas sombras y pocos servicios, así que lleven lo que consideren necesario. Wild Canyon. Una de las grandes ventajas de Los Cabos, es que sus actividades no están limitadas a sus playas. En Wild Canyon hay 8 líneas de tirolesa para que admiren desde arriba sus grandes cañones, también un 'bungee' cuyo cable se extiende más de 48 metros, hay paseos en cuatrimotos o camello, un columpio gigante y mucho más. Ideal para pasar un día lleno de aventuras con la familia completa y disfrutando de las maravillas naturales de la región. Wirikuta. A sólo cinco minutos del centro de San José se encuentra Puerto Los Cabos y su jardín botánico Wirikuta. Dejando a un lado las playas de la localidad, en este ambiente totalmente desértico podrán disfrutar de más de 1,500 variedades de cactáceas del mundo, a pie o sobre una bicicleta. También es un lugar para disfrutar de las esculturas de Leonora Carrington y Manuel Felguérez, o de las tres pirámides emulando el centro ceremonial huichol. Art Walk. En las noches de los jueves entre el primero de noviembre y 30 de junio, las calles del distrito histórico de San José del Cabo se convierten en una inmensa exposición de arte. Para observar o comprar, es una gran oportunidad para pasear al caer el sol y al mismo tiempo admirar lo que las variadas galerías del pueblo tienen que ofrecer. Para mayor deleite hay música en vivo en las calles y algunas galerías ofrecen vino y aperitivos de cortesía.

Mulegé. La Misión de Santa Rosalía es una de las varias misiones en Baja California, ésta fue fundada en 1705 por el jesuita Juan Basaldúa. Situada en la ladera de una sierra alta, a orillas de un arroyo grande, desde su mirador podrán observar por un lado el desierto y por el otro las palmas datileras. Adentro encontrarán un altar con la estatua original de Santa Rosalía que data del siglo XVIII. Bahía Concepción. Bañadas por el Mar de Cortés, las playas de esta Bahía son unas de las más impactantes de la República Mexicana debido al inmenso archipiélago de islas rocosas, refugio de todo tipo de aves. Podrán escoger entre varias playas para nadar en sus tibias aguas o practicar deportes acuáticos. Las más visitadas son: Santispac, Playa Arena, Playa Concepción, Playa El Burro, Playa Los Cocos y Playa Coyote. Museo Regional. Dos son los atractivos de este museo; por un lado, las piezas arqueológicas, fósiles, instrumentos de los antiguos pobladores y testimonios del pasado de la región. Por el otro, el hecho de saber que su edificio antes era la cárcel de Cananea, la única sin rejas que haya existido en Baja California Sur.

Puerto San Carlos. Este Puerto ha cobrado fama por ser uno de los sitios predilectos de la ballena gris, la cual se convierte en todo un espectáculo durante los meses de enero a marzo. Para éste y otros recorridos guiados, operan distintos organizadores que prestan sus servicios, quienes también ofrecen ver delfines y aves. El tiempo aproximado del tour es de 6 horas.

San Ignacio. A 55 kilómetros de la población de San Ignacio está ubicada la laguna del mismo nombre, es el lugar ideal para acampar y llevar a cabo diversas actividades como caminatas, paseos en cuatrimoto, paseos en kayak, surfing, buceo, entre otras. Siendo también un santuario de la ballena gris, si están entre los meses de febrero y marzo no olviden tener a la mano la cámara fotográfica o de video para captar el momento justo del paso de estas cetáceas. Misión de San Ignacio. Fundada en 1728 por el jesuita Juan Bautista Luyando, llegó a ser la más floreciente de la península. También es considerada una de las más bonitas misiones de la región con su fachada en piedra labrada, igual las pilastras que enmarcan la puerta y su arco mixtilíneo. En su interior se sigue conservando el retablo principal que es dedicado a San Ignacio de Loyola, fundador de la orden de los jesuitas. Museo de Pinturas Rupestres. El lugar que alberga el museo es un monumento histórico del siglo XVIII conocido como 'El Teatro'. Dentro del museo podrán encontrar la reproducción de una de las cuevas, así como varios fotomurales de las pinturas rupestres de la zona. Si prefieren ir directo a las cuevas, también deben dirigirse al museo, ya que allí encontrarán guías oficiales para visitar las pinturas ubicadas en San Francisco de la Sierra.

Reserva de la Biosfera El Vizcaíno. Ésta alberga una importante diversidad faunística y florística, incluidas algunas especies endémicas y otras que se encuentran en peligro de extinción. Dentro de su gran extensión se encuentran la Laguna de San Ignacio y la Laguna Ojo de Liebre, donde se puede visitar, durante la temporada, a la Ballena Gris, estas lagunas son un sitio ideal para su apareamiento y la reproducción. Los humedales de las inmediaciones, rodeados de vegetación árida, constituyen de los más importantes de América del Norte, conforman un rico hábitat para aves residentes y migratorias, como gansos de collar, pelícano gris y blanco, garza azul y águila pescadora.

Santa Rosalía. Iglesia de Santa Bárbara. La iglesia fue presuntamente diseñada por Gustav Eiffel (el mismo que hizo la Torre Eiffel de París) y expuesta en la Exposición Universal de París de 1889. La empresa minera francesa El Boleo, la adquirió y mandó instalar en Santa Rosalía, en donde hasta la fecha es templo católico. Llena de vitrales de colores e imágenes religiosas que vale la pena admirar, es uno de los orgullos de la localidad. Museo de la Historia de la Minería. Santa Rosalía surge a finales del siglo XIX, cuando la empresa francesa El Boleo adquiere el derecho a explotar las vetas de cobre. De ahí que el encantador pueblo tenga una marcada huella francesa. En este museo se rescata todo lo relacionado con la etapa floreciente del pueblo. Además de mobiliario, equipo y piezas de inicio del siglo XX; allí podrán encontrar El Trenecito, una locomotora utilizada en las minas. Panadería El Boleo. Más que una panadería, es parte de la historia del pueblo. Bautizada con el mismo nombre que la empresa francesa que explotó los yacimientos de cobre en la región, desde 1901 sus mismos hornos han trabajado para ofrecer un exquisito pan francés. Bolillo, conchitas, empanadas, teleras, virotes, en fin, ya sea que opten por dulce, salado o ambos, la regla es que si están en Santa Rosalía tienen que deleitarse comiendo pan de El Boleo.

Todos Santos. Playa Los Cerritos. Junto a la comunidad agrícola de El Pescadero, se encuentra esta playa en donde podrán escoger un espacio y acomodarse para pasar el día. También es un buen lugar para aprender a surfear y encontrarán instructores dispuestos a servirle. Igual es ideal para juntar conchitas y los varios kilómetros de playas abiertas son adecuados para nadar. Claro, por las corrientes típicas del Océano Pacífico, háganlo siempre con precaución. Hotel California. Fundado por Antonio Wong Tabasco y Trinidad Castillo, fue inaugurado en 1950 tras de 3 años de construcción volviéndolo icónico de la entonces poco conocida localidad. Años después, surgió el rumor que la canción con el mismo nombre del grupo musical 'The Eagles' fue inspirada en este edificio. Al parecer, un agente inmobiliario en los 80's comenzó el rumor para darle popularidad al pueblo. Sea cual sea la verdad, vale la pena visitar el monumento. Tortugueros Las Playitas. La ciudad de Todos Santos es considerada un sitio ideal para apreciar la liberación de la tortuga golfina, una de las 5 especies que se encuentran en el Océano Pacífico. Tortugueros Las Playitas, se dedica a la protección, cuidado y liberación de las tortugas marinas, misma que es supervisada por expertos. Vivan esa experiencia y participen así en la conservación de esta especie durante la temporada del 15 de noviembre al 15 enero. Centro Histórico. Considerado 'Pueblo Mágico', es un oasis en medio del desierto debido a las filtraciones subterráneas de agua. Si les gusta el surf, sus hermosas playas son ideales para practicarlo. Si prefieren más el arte, allí se ha formado una fuerte comunidad artística. O si sólo quieren pasar un día relajado y agradable, podrán recorrer sus calles y descubrir las maravillosas construcciones coloniales. Se recomienda tomar una 4 x 4 ya que no hay taxis y las calles son de granito. Centro Cultural Profesor Néstor Agúndez. Lleva el nombre del promotor cultural más importante de Todos Santos, quien durante toda su vida luchó para promover la cultura en su pueblo. El lugar ahora alberga múltiples piezas documentales, artesanales, pictóricas y más, que están ligadas estrechamente con la historia de la localidad. Es sede de la Fototeca Cleotilde

Villanueva, la Pinacoteca Ignacio Tirch, el Museo de Historia Regional, la Casa del Ranchero Sudcaliforniano y la Biblioteca.

Reserva de la Biosfera Archipiélago de Revillagigedo. Este Archipiélago posee una rica diversidad de flora y fauna que genera un conjunto único de procesos biológicos y ecológicos. La conectividad entre estas islas es crucial para muchas especies de tiburones y también para las mantarrayas gigantes. Las ballenas jorobadas visitan las aguas alrededor de las islas en los meses de invierno. El sitio está conformado por Islas Socorro, Clarión, San Benedicto y el Islote Roca Partida. Se localiza en el Océano Pacífico a 400 km al sur de Cabo San Lucas. El buceo se practica para observar tiburones ballena, pero también para ver a los tiburones martillo que se encuentren en la Isla Roca Partida entre mayo y agosto. Por desgracia, aunque ésta es un área protegida y aparece en la lista del Patrimonio Mundial Natural de la Organización de las Naciones Unidas para la Educación, la Ciencia y la Cultura (UNESCO), los gobiernos estatal y federal de México necesitan vigilar mucho más lejos de la costa, como lo han hecho hasta ahora, ya que hay muchos 'cazadores y pescadores clandestinos' que están matando o atrapando a muchas especies en peligro de extinción.

GASTRONOMÍA

Aquí la comida se basa en los productos marinos que tanto abundan en la región. Algunos de los platillos más destacados son la langosta, la almeja chocolata, la machaca de mantarraya y el filete imperial (una rueda de camarones prensados, rodeados de tocino y preparados a la plancha), sin olvidar la carne de cerdo en salsa de tamarindo. Algunas personas para acompañar estos alimentos frecuentemente utilizan una bebida como el 'Clamato' (jugo de tomate y almeja sazonada), o una

'Damiana' en las rocas, que se elabora a partir de la planta silvestre del mismo nombre, cuyas propiedades saludables son muy celebradas y populares.

Sus diversos ceviches o cebiches: de pescado, pescado y camarones, pescado y pulpo, camarones y ostiones (campechanas), o sus famosos 'vuelve a la vida' que contienen un poco de todo lo anterior.

ARTESANÍAS

Famosas en esta área son las esculturas de vitrofusión. Su elaboración corresponde a un procedimiento de Fusión y Termoformado de Vidrio con cobre forjado y patinado al ácido, soportado al muro con bronce y enmarcado en madera.

Otra artesanía muy reconocida es la llamada Tortuga Marina. Para ésta, el procedimiento se realiza en la fundición de vidrio en molde hecho a mano, con aplicaciones de hoja de Oro de 24 quilates en el vidrio, decorado a mano con técnica de Grisalla y horneado a más de 1,400 grados Farenheit. Finalmente, estos artículos los confeccionan con concha de cobre forjado y patinado al ácido hasta lograr el color deseado y finalmente estabilizado. Incluye soportes de acero al muro.

En la comunidad de El Triunfo se aprovecha la gran cantidad de palma que hay en el lugar, para tejer sombreros, bolsas, cajas, abanicos y floreros. En San Pedro de La Presa se elaboran cuchillos, espuelas, machetes, dagas y cintos. Otros materiales que también se trabajan son la concha, el cuerno de vaca, el carey y la vaqueta; por último, se trabaja en forma mínima la alfarería, así como la talabartería.

Pero actualmente, algunos artesanos reciclan el material de autos viejos que utilizan para forjar cuchillos de gran belleza y calidad. Inclusive en algunos talleres aún usan las antiguas fraguas con que atizan el fuego para adecuar el metal que luego convierten en verdaderas joyas artesanales.

DEPORTES

Desde el año 2014 Baja California Sur está luchando por tener un equipo de béisbol profesional en la Liga Mexicana del Pacífico. Tiene un estadio para este deporte, el Arturo C. Nahl, en el cual incluso han dado clónica a niños con la asistencia de expeloteros de las Grandes Ligas. Pero también hay el deseo de construir un estadio nuevo.

MÚSICA / DANZAS

Igual que en Baja California Norte, la música de Banda y Norteña son las consentidas. Y por supuesto, para bailar, está 'El Calabaceado'. Siempre atrayente es la 'Danza de los Matachines'.

Las principales culturas de la época prehispánica en México fueron las de los aztecas (mexicas), mayas, olmecas, zapotecas, totonacas, toltecas, teotihuacanos, mixtecos, chichimecas, tlaxcaltecas y purépechas o tarascos.

Sin embargo, hasta hoy perduran 38 más: los yaquis, tarahumaras, pimas, seris, mayos, huicholes, tepehuanos, coras, chatinos, mazahuas, chontales, amuzgos, mixes, tlapanecos, triquis, ixcatecos, ojitecos, huaves, tepehuas, huaxtecos, otomíes, nahuas, jonas, mazatecos, cuicatecos, mames, matlazincas, popolocas, lacandones, zoques, tzeltales, choles, tzotziles, quichés, polomanes, lencas, pipiles y nicaraos.

No obstante, suponen que en la actualidad deben existir más de 60 etnias indígenas en la República Mexicana.

ESTADO DE CAMPECHE

El estado de Campeche es una de las 32 entidades federativas de la República Mexicana. Está ubicado en el tercio occidental de la Península de Yucatán, abarca 56 mil 800 kilómetros cuadrados y, al igual que sus estados vecinos de Yucatán y Quintana Roo, es casi totalmente plano. Aquí, en la frontera oriental del Estado, se asienta la Reserva de la Biosfera de Calakmul, el área natural protegida más extensa de México. Mientras que sus apacibles playas otean al Golfo de México.

Campeche atrae a visitantes que buscan escapar de las multitudes turísticas. Su capital posee un encantador puerto colonial, varios centros ceremoniales mayas y reservas naturales. El Estado cuenta pocos habitantes y, puesto que 40 por ciento de su territorio está ocupado por selva, es una opción ideal para los vacacionistas que desean vivir la experiencia de los 'caminos secundarios' de México.

La capital del Estado es la ciudad costera y colonial San Francisco de Campeche. A tan sólo dos horas y media al sur de Mérida, Campeche es un cautivador puerto lleno de historia naval, arquitectura española barroca y añeja.

TURISMO

Campeche, Ciudad Patrimonio. San Francisco de Campeche fue reconocida por la UNESCO en diciembre de 1999 como 'Ciudad histórica fortificada de Campeche'. Fue nombrada Patrimonio Cultural de la Humanidad gracias a sus construcciones representativas de la arquitectura militar de los siglos XVII y XVIII; sus viviendas tradicionales con influencia andaluza y caribeña, y su modelo de urbanización de ciudad colonial barroca. El Fuerte de San Miguel es único en México, fue construido hacia finales del siglo XVIII por temor a ser atacados por piratas. El edificio cuadrangular cuenta con más de 500 metros de muralla, dos puertas, dos fuertes y ocho 'baluartes', que son construcciones defensivas salientes en forma circular o pentagonal en los ángulos de las fortificaciones. Recorran el centro de la ciudad y observen la colorida decoración de sus casonas y calles llenas de leyendas e historias.

Campeche es un lugar histórico, que guarda secretos entre sus muros de piedra. A la llegada de los españoles, Campeche desempeñó un papel fundamental en el comercio con Europa, ya que era un importante puerto de entrada a la Nueva España. Por lo mismo fue un sitio consentido por los piratas, pues sabían que aquí arribaban navíos provenientes de Francia, Holanda e Inglaterra entre los siglos XVI y XVIII. En toda esta época el puerto fue un próspero centro económico, ganadero y agrícola. Las riquezas naturales de la región no pasaron desapercibidas para nadie, así que se dedicaron a explotarlas; por ejemplo, la sal del mar y la rica madera de sus bosques.

Entre 1610 y 1704 levantaron una fortaleza con grandes murallas, que en realidad terminó de construirse hasta 1769. Se supone que la finalidad de esta fortificación era impedir la llegada de los piratas; pero no cumplió con su función en ese entonces, más bien fue hasta después de la Guerra de Independencia, en el siglo XVIII, cuando Campeche tuvo varias amenazas de ser sitiada por algunos grupos mayas durante de la denominada 'Guerra de Castas'.

Actualmente el Estado tiene mucho que ofrecer. Además, su cercanía con otros lugares le dan un sitio privilegiado para los turistas que buscan conocer esta zona de México.

Su Famoso Carnaval. El carnaval más antiguo de México comienza con el paseo fúnebre y el entierro del 'mal humor'. Éste es representado por un muñeco de trapo (tela) vestido como pirata, el cual es paseado por las calles y el malecón de la ciudad para luego ser colocado en un ataúd y prendido en fuego. Cuando el 'mal humor' se ha ido comienza el festival de las flores, un desfile de carros alegóricos adornados con flores de papel, y se da inicio a bailes populares que duran día y noche (como El Baile del Sombrero y La Guaranducha). En el 'lunes de mojadera', los niños campechanos se arrojan globos llenos de agua. El 'martes de pintadera', los vecinos se reúnen y se pintan entre sí. Estos días son previos al 'miércoles de ceniza' con el cual da inicio la celebración de la Semana Santa.

Durante el carnaval tiene lugar una tradición muy singular llamada el 'baile de la cabeza de cochino'. Esta danza es protagonizada por hombres y mujeres ataviados con trajes típicos; uno de ellos carga sobre la cabeza una charola donde se asienta la cabeza de un cerdo. De la charola, adornada con banderas de papel picado y flores, cuelgan listones de colores.

Centro Histórico. Campeche es un modelo urbano barroco hispanoamericano, por eso su centro histórico ha sido declarado Patrimonio de la Humanidad. Caminando por sus calles y con sólo voltear la vista verás hermosas fachadas, impactantes portones y majestuosos ventanales. Entre los monumentos a visitar están: La Casa 6, Mansión Carvajal, el Teatro Francisco de Paula Toro, el Palacio Municipal, la Catedral y varios más, sin olvidar su plaza del siglo XVI.

Fuerte de San José El Alto. Construcción del siglo XVIII, el cual es un ejemplo de la arquitectura militar desarrollada en América para fortificar las colonias españolas. Actualmente en su interior alberga el Museo de Barcos y Armas, el cual muestra una diversidad de piezas relacionadas con el comercio, la milicia y la religión durante el periodo Virreinal en Campeche, así como una colección de barcos utilizados por la Armada de México a mediados del siglo XX.

Puerta de Tierra. La antigua entrada principal a Campeche, se construyó en 1732 como protección de los múltiples ataques recibidos en la ciudad por parte de los corsarios. Todavía íntegras están sus almenas, casamatas y almacenes, así como su defensa. Ahora se lleva a cabo un espectáculo de luz y sonido llamado 'El lugar del sol', que es la recreación de aquellas batallas en donde los campechanos lucharon para defenderse de los ataques.

Casa de las Artesanías Tukulná. El significado de Tukulná es 'la casa del pensamiento' y es aquí en donde podrán encontrar todo tipo de artesanías típicas de la región. Desde sus hamacas conocidas a nivel mundial, vestidos típicos llamados hipiles, el sombrero de jipi, accesorios de hueso y cuerno de toro, entre muchos más. Además, se ubica en una construcción que data del siglo XVIII reconstruyéndose en 1993.

Museo de la Arquitectura Maya / Baluarte de la Soledad. Albergado en el Baluarte de la Soledad que representa la arquitectura típica militar de Campeche, fue construido a finales del siglo XVII, convirtiéndose en museo desde 1958. El espacio, la colección y el mobiliario museográfico se han ido enriqueciendo para finalmente en 2005 reinaugurarse con su nombre actual. Dentro encontrarán elementos arquitectónicos de cuatro regiones mayas: Petén Norte, Río Bec, Chenes y Puuc.

Reserva de la Biosfera Los Petenes. Los Petenes son complejos hábitats de islas de vegetación variada que han hecho de esta Reserva un lugar único dentro del territorio mexicano por su gran diversidad notable en la flora y fauna. Forma parte de una ecorregión que involucra a la Reserva de la Biosfera Ría Celestún y al Área Natural Protegida Estatal El Palmar, en el estado de Yucatán. Se pueden realizar diversas actividades recreativas como paseos en lancha o kayak, campismo, educación ambiental, pesca deportiva, visitas a exhaciendas, templos e iglesias y recorridos artesanales.

Calle 59. Esta calle es una de las más bonitas de la ciudad, y también de las más famosas e importantes. En ella se encuentran algunos de los edificios más representativos, como la Casa del Teniente Rey o la Iglesia San Francisquito. Además, encontrarán tiendas, restaurantes y cafeterías con terraza y galerías de arte.

Zona Arqueológica El Tigre. Se ha identificado por varios autores como el Itzamkanac, cuyo significado era 'lugar de las canoas'. Formado por 6 grupos arquitectónicos, su ocupación fue muy amplia pues comenzó alrededor del año 600 a.C. hasta el 1557 de nuestra era, quizá el hecho histórico más sobresaliente es que, al parecer, fue ahí en donde Hernán Cortés asesinó a Cuauhtémoc. También pueden llegar al lugar por lancha sobre el río Candelaria. Se los recomendamos.

Cenotes Miguel Colorado. Localizados a una hora de Champotón, cercano al poblado Miguel Colorado se encuentran los Cenotes

Miguel Colorado, conformado por tres: el cenote azul, el de los patos y el del K41. Este fantástico lugar es impresionante a la vista, le permitirá experimentar la adrenalina de las dos tirolesas que atraviesan los cenotes, practicar kayak, nadar, saltar al vacío desde una altura de 10 metros o simplemente realizar alguna caminata por el área.

Hacienda San José Carpizo. Fundada en 1871, fue una hacienda ganadera y henequenera convirtiéndose en una de las más importantes de la península. Aunque ahora se encuentra abandonada, el conjunto aún conserva la casa principal, la capilla, el cuarto de máquinas, así como su herrería y carpintería. Su estilo neoclásico es típico de las construcciones en este tipo de lugares y tiene decoraciones peculiares en su fachada, donde se emplean mosaicos importados de color azul.

Iglesia de Nuestra Señora del Carmen. En sus inicios una pequeña capilla que servía como centro de reunión para la comunidad católica de Carmen durante el siglo XVIII, se incendió en 1850. En 1856 se concluyó la construcción de la iglesia como se encuentra en la actualidad; hecha de madera, piedra y sascab, bajo la idea original del oficial de marina Mateo Perry. En su interior podrán apreciar bellos vitrales, retablos labrados en madera y pinturas al óleo.

Laguna de Términos. El mayor estuario del país con 705,000 hectáreas, es una muy rica reserva de manglares y diversos tipos de selva original. Declarada área de protección de flora y fauna, el manglar es un reservorio de especies, y un lugar ideal para la anidación de aves y reptiles. Si la pesca es lo suyo, es buen lugar para pescar camarón, robalo, mojarra, cazón, ostión y tortugas. También pueden visitar Playa Caracol y pasar un día tranquilo.

Museo Victoriano Nieves Céspedes. En un magnífico edificio porfiriano, desde principios del siglo XIX y hasta 1960, el edificio sede de este museo funcionó como hospital, sobreviviendo varias crisis (la más dura durante la década de los cuarenta). En 1998 abrió sus puertas como museo en donde ahora se exponen piezas prehispánicas de la región y de los piratas, y cuenta con una sala para exposiciones fotográficas, pictóricas y escultóricas.

Playa Norte. Con sus 3 kilómetros de arena blanca, es uno de los lugares preferidos para pasar el día en la zona. Además de contar con todos los servicios para una cómoda estadía; palapas, restaurantes, vestidores, salvavidas y médico. Si van durante los meses con más afluencia turística, también podrán rentar motos acuáticas, veleros, bananas. En fin, tendrán todo a la mano para un día agradable solo o en familia.

Puente El Zacatal. Es el puente más largo en América Latina, mide 3,860 kilómetros de largo, más extenso que el puente de La Unidad. Fue inaugurado en 1994 y comunica a la Ciudad del Carmen con Villahermosa. Se presenta un show de luz y sonido iluminando el puente.

Zona Arqueológica de Santa Rosa Xtampak. La ciudad llegó a tener una población de 10,000 habitantes haciéndola muy grande para la época y se cree que fue la capital de los Chenes. Incluso contaba con 10 centros ceremoniales, altares, estelas esculpidas con fechas de eventos y un gran palacio, que es su construcción más sobresaliente. El edificio cuenta con 44 cuartos divididos en 3 niveles y se considera uno de los mejores diseñados en toda la zona maya.

Zona Arqueológica Hochob. Éste no es su nombre prehispánico pues lo recibió cuando fue descubierto a finales del siglo XIX, aunque se sabe que significa 'mazorcas de maíz'. Empezando con unas casas, la ciudad fue creciendo con edificios públicos y religiosos construyéndose alrededor. Los que se conservan, fueron construidos entre los años 600 y 900 de nuestra era. Rodeado de abundante vegetación, el lugar aunque no muy grande, es sumamente bonito.

Zona Arqueológica Dzibilnocac. El nombre de origen maya significa 'bóveda pintada' haciendo alusión a las decoraciones que formaron parte de algún cuarto. Aunque se descubre desde mediados del siglo XIX, la labor de arqueólogos fue larga extendiéndose incluso hasta 2013 cuando se expone la majestuosidad del Edificio A1, que es el más sobresaliente. Este templo les maravillará con su plataforma de 76 metros de largo y 30 de ancho. No dejen de visitarlo.

Grutas Xtacumbilxunaan. Su nombre significa 'lugar de la mujer escondida' y fue un espacio sagrado para los mayas. Las grutas, con una extensión de 200 metros, tienen formaciones impresionantes de estalagmitas y estalactitas. Desde 'El balcón de la bruja' se puede apreciar una bóveda con un agujero por donde entra la luz. Vale la pena que asistan al espectáculo de luz y sonido.

Zona Arqueológica de Tabasqueño. Hacia finales del siglo XX, cuando se hacen los primeros descubrimientos, muy cerca del sitio vivía una persona procedente de Tabasco, de ahí que se le conozca al lugar como el Tabasqueño. El sitio se encuentra dividido en tres grupos y tiene un marcado estilo chenes. El templo-palacio, o la Estructura I, es sin duda lo más sobresaliente del lugar y al verlo con sus 8 aposentos y amplia escalinata central les quedará claro el motivo.

Zona Arqueológica de Edzná. Casa de los Itzaes, es una de las ciudades mayas más interesantes por los adelantos tecnológicos que exhibe. Cuenta con numerosos edificios religiosos, administrativos y habitacionales, los cuales muestran rasgos arquitectónicos de los estilos Puuc y Chenes.

Reserva de la Biosfera de Calakmul. Es Calakmul una región de selva tropical más grande de México, posee ecosistemas de gran importancia y fragilidad entre los que predominan la selva baja, la selva mediana subperennifolia, las selvas altas así como pequeñas praderas, áreas abiertas de acahuales y áreas forestales de bajo manejo. Pueden realizar senderismo a través de la reserva, tomar un tour a las ruinas de la Zona Arqueológica de Calakmul o a las ruinas de Oxpemul.

Zona Arqueológica Calakmul. Ubicado en el sureste del estado, este asentamiento prehispánico llegó a ser la capital del estado maya y enemiga de Tikal. En el sitio hay un total de 117 estelas y muchas tumbas funerarias de donde se han recuperado vasijas e indumentaria de los funcionarios. Ubicada en medio de la selva, no sólo les impresionarán sus monumentales construcciones, sino también la gran diversidad de flora y fauna que la rodean.

Zona Arqueológica Chicanná. En maya significa 'la casa de la boca de la serpiente' y es considerada por algunos como un centro elitista de la región Río Bec debido al ornamento en sus construcciones. Pueden visitar más de una docena de construcciones, varias situadas alrededor de la Plaza Principal. La más notable es la Estructura II, con Itzamná, dios creador de todas las cosas, representado en la fachada central.

Zona Arqueológica de Balamkú. Descubierto en 1990, esta pequeña zona arqueológica consta de 3 grupos arquitectónicos siendo la pieza sobresaliente un gran friso de estuco policromado. Sus dimensiones son espectaculares, ya que mide 16.8m de largo y tiene una altura de 1.75m. Es por este monumento que recibe su nombre que en maya significa 'Templo del Jaguar'. Ubicada entre la espesa vegetación selvática de la zona, llegar a ella también es parte de la aventura.

Zona Arqueológica Xpuhil. Descubierta en la década de 1930, se han excavado 17 grupos constructivos del estilo del Río Bec. Sin embargo, hay una estructura, el Edificio 1, que sobresale del conjunto ya que cuenta con un estilo diferente que básicamente consiste en que tiene 3 torres en lugar de las típicas 2. Uno de los 24 asentamientos del municipio de Xpuhil, el lugar es realmente hermoso debido también a la impresionante vegetación de la zona.

Zona Arqueológica de Becán. Su nombre en maya significa 'camino o cavidad dejada por el correr del agua' haciendo alusión al gran foso que rodea los principales conjuntos arquitectónicos del lugar. Este foso artificial es evidencia de la actividad bélica entre éste y otros sitios circundantes. Aunque sus edificios en general son muy imponentes, no dejen de observar las torres laterales de la Estructura I o la Estructura IX con sus 32 metros de altura.

Jardín Botánico Xmuch Haltun. El nombre significa en maya 'agua que brota de la tierra', y se encuentra adentro del Baluarte de Santiago. La vegetación es subtropical, de la cual hay más de 200 especies de las más comunes a las más raras. No dejes de admirar las ceibas, que era el árbol sagrado de los mayas.

GASTRONOMÍA

El estado de Campeche tiene una personalidad gastronómica muy definida. La variada alimentación de los mayas se enriqueció aún más con la llegada de los españoles. Pero las innovaciones no terminaron ahí; más tarde, los piratas aportaron a la gastronomía local nuevos componentes y formas de preparación. El resultado está a la vista, en todo el territorio se come espléndidamente y cada platillo, más que la suma de varios ingredientes, es toda una creación. Y para completar este deleite de los sentidos, el campechano, tradicionalmente hospitalario, brinda a todo aquel que lo visita la alegría de su amistad.

La capital campechana tiene costumbres muy singulares. Cantando, casi a gritos, los vendedores proclaman sus mercancías por las calles, son auténticos pregoneros: 'Éste es Campeche, señores, la tierra del pregonero/ Pan marchante, pan caliente, saramucha, pan batido, hojaldras de a tres por veinte/ Guayabas dulces, guayabas frescas acabadas de bajar ¿Quién me las quiere comprar?'. De esa manera van vendiendo sus ricos antojitos, tortillas, aguas frescas y helados. Los simpáticos aguadores aún recorren la ciudad vendiendo agua fresca para el calor. Otras costumbres son que cada día de la semana se prepara el mismo platillo en todas las casas. Los lunes hacen puchero; los jueves bistec de cazuela y los días viernes pescado fresco. El sábado en la noche se come el chocolomo (guiso de carnes y riñones). El chile habanero es común para salsas, pero también se utilizan otros para hacer adobos; el achiote es muy apreciado así como las especias y las hierbas de olor.

Algunos platos más característicos de Campeche son el cazón con el que se hacen panuchos, empanadas, tamales, tacos y pan de cazón, el pámpano en escabeche, camarones al coco, en paté, en coctel y en platillos calientes. El chile x'catic se prepara con relleno de cazón y capeado. De los cangrejos, se comen las patas en frío, con distintos y deliciosos aderezos. Único en sabor es el papaché o 'papaché picudo' (Randia echinocarpa), una planta original de México que se cría en los manglares, de ella se utilizan sus hojas, tallos y pulpa. La usan también de forma medicinal, para curar enfermedades renales.

ARTESANÍAS

Famosa es su vestimenta con bordados, esta tradición sigue viva gracias al esfuerzo de las mujeres indígenas, que con técnicas como el punto de cruz, y su muy particular gusto en la combinación de colores, crean exquisitos bordados que adornarán huipiles, vestidos y blusas, otras prendas de vestir y artículos para la casa. En las comunidades de los municipios de Tenabo, Hecelchakán y Calkiní se producen bordados a máquina, mientras que en las comunidades del municipio de Hopelchén se elaboran principalmente a mano.

Hay artesanías en madera en Champotón y Córcega. Sus piezas de cerámica son famosas, lo mismo que sus hamacas, así como los coloridos diseños hechos con la Palma de Jipi.

DEPORTES

Aunque la Liga Mexicana de Béisbol ha tenido altas y bajas, los Piratas de Campeche aún son o fueron parte de ésta.

MÚSICA / DANZAS

La jarana es un baile típico de la Península de Yucatán que comprende los Estados de Campeche, Quintana Roo y Yucatán. Existen 2 formas de métrica de este tipo de baile; el zapateado y el valseado. Temas populares; 'Lolita', 'Chancletitas', 'Guaranducha', 'El Pichito Amoroso' y 'El Jarabe Criollo', entre otros.

ESTADO DE CHIAPAS

El estado de Chiapas es una de las 32 entidades federativas de los Estados Unidos Mexicanos. Está ubicado en el extremo Suroeste del país y en las regiones Suroeste e Istmo de Tehuantepec. Limita al Norte con Tabasco, al Este con Guatemala, al Sur con el Océano Atlántico, al Oeste con Oaxaca y al Noroeste con Veracruz. Su capital y ciudad más poblada es Tuxtla Gutiérrez. La fecha de su fundación fue el 20 de septiembre de 1786.

El nombre de Chiapas proviene de la palabra Chiapan o Tepechiapan, forma en que se designaba a la antigua población indígena de los chiapanecas, y cuyo significado es 'Cerro de la Chía' o 'Agua debajo del cerro'. Los conquistadores, al fundar dos ciudades en la región, Chiapa de los Indios y Chiapa de los Españoles, adoptaron para ambas el nombre de Provincia de las Chiapas.

El traje de 'chiapaneca' es una blusa de satín negra con un escote semicircular. Lleva un vuelo de tul en la parte de arriba con bordado floreado de hilos de seda de muchos colores. La falda es de satín, larga y muy amplia, también lleva flores bordadas, lo que lo hace muy vistoso. El negro representa la selva y lo colorido de sus flores la riqueza natural de Chiapas. De hecho, este traje pasó de ser de uso cotidiano a un traje de gala. Es reconocido a nivel nacional e internacional por su majestuosidad.

TURISMO

Actualmente, la industria del turismo ha cobrado fuerza. Algunos de los sitios arqueológicos más impresionantes del mundo maya están en Chiapas lo que lo ha convertido en un lugar prioritario paro lo gente que viaja por el área.

Muy cierto, los paisajes más espectaculares de este lado del mundo están en Chiapas, la que posee varios de los destinos turísticos más importantes de México, como la zona arqueológica de Palenque, que atrae a una cantidad muy importante de turistas cada año. Más arqueología se encuentra en Bonampak, Yaxchilán e Izapa. Y otro tipo de espectáculos naturales en las Cascadas de Agua Azul. Magníficas cascadas, lagos de variadas tonalidades y caudalosos ríos, adornan el campo. La hidroelectricidad es una gran fuente de ingresos en Chiapas.

Algunas presas gigantescas aprovechan el potencial del Río Grijalva, que fluye en el centro del Estado. También se dice que esta entidad tiene la concentración de especies de animales más alto de Norteamérica, muchos de los cuales pueden ser vistos en el zoológico de Tuxtla Gutiérrez.

Las principales industrias de Chiapas son la minería y la agricultura. Por el volumen de su producción agrícola, ocupa un sitio destacado en México, sobre todo por la producción de café, maíz, mango, plátano y el coco, que son los productos que más se cosechan en la fértil llanura de Soconusco. El maíz también se cultiva casi en todas partes.

El territorio chiapaneco presenta una morfología muy compleja, formada por extensas zonas montañosas; la Sierra Madre de Chiapas que conecta con Oaxaca al Norte y con Guatemala al

Sur, El Bloque o Macizo Central que se dirige hacia Veracruz y Tabasco al Norte y hacia Guatemala al Sur. De igual forma se encuentra determinada por grandes Valles: la depresión central. Así como grandes llanuras: la Llanura Costera del Pacífico y las Llanuras Aluviales del Norte. Por este motivo, Chiapas presenta una gran diversidad climática y biológica. Algunas zonas de su territorio han sido declaradas reservas de la biosfera por albergar a varias especies animales y vegetales, muchas de ellas son endémicas del lugar.

Con varias ciudades importantes, el estado de Chiapas brinda una enorme gama de posibilidades para el viajero en búsqueda de bellezas naturales y arquitectónicas. Debido a su ubicación, es uno de los estados más grandes de México y ofrece prácticamente de todo para todos: ecoturismo, sitios arqueológicos, costas tranquilas, espacio para eventos empresariales, y hasta una de las entradas más importantes al país por el Sur, la ciudad fronteriza de Tapachula.

Su rica historia y la mezcla de pueblos que habitan por todos los rincones de la región hacen que sus ciudades coloniales y su exuberante y magnífica vegetación encanten a todos. La Selva Lacandona, las lagunas de Montebello, el río y las Cascadas de Agua Azul, el Cañón del Sumidero, el río Usumacinta, la laguna de Miramar, el puerto Boca del Cielo, la cascada 'Velo de novia', el Volcán Tacaná, San Cristóbal de las Casas, Comitán, Chiapa de Corzo, Palenque, Toniná, Bonampak, Yaxchilán, Chinkultic, Tenam Puente e Izapa. No se asusten si no entienden lo que sus habitantes dicen, tal vez los chiapanecos hablen una de las lenguas que prevalecen en la región; Tzotzil, Tzeltal o Lacandón.

Tuxtla Gutiérrez

Cañón del Sumidero. A pocos kilómetros de Tuxtla Gutiérrez, esta falla geológica formada hace millones de años es una de las obras más espectaculares de la naturaleza. Sus paredes alcanzan casi los mil metros de altura, y en ellas hay cuevas y cascadas. También abundan monos, aves e incluso podrán ver cocodrilos. Pueden recorrer el cañón por lancha o, si prefieren piso sólido, hay varios miradores con instalaciones para acampar o pasar un día de campo. O si les gusta la práctica de rappel pueden contratar los servicios de un operador, para descender por las paredes del cañón.

Zoológico Miguel Álvarez del Toro. Con objetivo de estudiar y conservar la fauna local, se abren las puertas de este zoológico. También conocido como ZooMAT o Casa Nocturna, podrán tomar un tour de dos horas y media para ver especies que, la mayoría en peligro de extinción, son exclusivamente de Chiapas. Otra particularidad es que pueden disfrutar del mismo tour durante la noche observando especies que salen más una vez que se ha metido el sol.

Parque de la Marimba. Durante todo el año a las 6 de la tarde, en este parque podrán escuchar al instrumento emblemático de Chiapas: la marimba. La gente se reúne alrededor de su kiosco para disfrutar de la música ya sea sentado en una banca, caminando en sus hermosos jardines o acompañando la música con un baile. Alrededor encontrarán antojitos chiapanecos, golosinas, café de la región y varios establecimientos donde disfrutar.

Sima de las Cotorras. En Cintalapa, entre las formaciones geológicas se presentan los sótanos, como éste. Se trata de una estructura que los geólogos llaman dolinos de colapso, con un hundimiento de la tierra de una profundidad de 140 m y un diámetro de 160 m. en el que habitan un sinnúmero de cotorras. Se trata de presenciar el increíble espectáculo del despertar de cientos de cotorras. Al descender en el interior de la sima se encuentran vestigios de la cultura zoque con pinturas rupestres, algunas de la cuales se cree que tienen desde 10,000 a 1,000 años de antigüedad, con dibujos abstractos de difícil interpretación y huellas de manos pintadas de color rojo y negro. Este lugar es ideal para la práctica de senderismo, espeleología, escalada en roca, rappel y observación de flora y fauna.

Chiapa de Corzo

Cascada El Chorreadero. El Chorreadero, es un río subterráneo que emerge de una gruta formando una caída de agua de 20 metros, al caer, forma varias albercas naturales. Además de nadar, podrán realizar algunas actividades como senderismo, escalada y descenso en rocas, exploración de río subterráneo y safari fotográfico, consulten al operador que les puede llevar a vivir esta experiencia.

Zona Arqueológica de Chiapa de Corzo. Conocida como Soctón Nandalumí, que significa 'agua que corre debajo del cerro', es uno de los asentamientos humanos más antiguos de la región. Abierto para el público en 2009, pueden visitar los montículos 1, 5 y 7 a través de andadores que les facilitarán el recorrido. El primero es una estructura piramidal con restos en la parte superior de los muros de un templo. El montículo 5 parece haber tenido funciones residenciales.

La Pila. Considerado uno de los monumentos más importantes de América, es el único de estilo mudéjar realizado de ladrillo en todo el Estado. Fue construido en el siglo XVI por los españoles con el objetivo que la gente se congregara en un lugar para abastecerse de agua. Esta fuente monumental, parece ser única en toda América Latina. La Pila reúne arte musulmán, una cúpula de inspiración renacentista y una estructura gótica.

Comitán

Lagunas de Montebello. Este Parque Nacional comprende más de 50 pequeños lagos, rodeados de bosques de pinos y robles. Las tonalidades de sus aguas son espectaculares y se debe a los minerales, la vegetación y la forma en la que entra el sol. Pueden recorrerlo a través de dos caminos que les llevarán a lagos diferentes y a los alrededores encontrarán los servicios necesarios para disfrutar el día; o cabañas y zonas para acampar si optan por pasar la noche.

Casa Museo Dr. Belisario Domínguez. La casa en donde nació este ilustre chiapaneco en 1863, es ahora un museo en donde son exhibidos objetos de su uso personal, instrumental médico, muebles e incluso correspondencia personal, a lo largo de sus 10 salas. Fueron 50 los años que vivió ahí este benefactor de los pobres, y a pesar de sus restauraciones, se sigue conservando la arquitectura original y típica de la época tanto al interior, como en los jardines.

Cascadas El Chiflón. Este centro que funciona como cooperativa entre los ejidatarios de la localidad, comprende a la perfección el significado de ecoturismo y su objetivo principal es que disfruten de este hermoso paisaje natural con 8 caídas de agua que chiflan cuando corre el viento. Además, tiene un museo explicando la flora, fauna e historia de la región, un área para nadar, tirolesa y podrán observar iguanas. El recorrido dura aproximadamente 1 hora y media.

Zona Arqueológica de Chinkultic. Su nombre significaría 'caverna con descensos' o 'nuestro pequeño monte' y precisamente su estilo arquitectónico sobresale al adaptarse a las características especiales del terreno. Desde conjuntos elevados conocidos como El Mirador, hasta la Plaza Hundida, les llamará la atención los bloques constructivos que son los más grandes de Mesoamérica. No desaprovechen la oportunidad de admirar el paisaje que se les presentará desde lo más alto.

Zona Arqueológica de Tenam Puente. Con una jerarquía menor a otras ciudades mayas y quizá por ese motivo, Tenam Puente sobrevivió más tiempo que otros asentamientos de la región. También fue una importante ruta comercial ya que comunica los Altos de Chiapas y Guatemala con las Tierras Bajas mayas. Construida sobre una montaña que domina toda la planicie comiteca, la vista panorámica desde ahí es sencillamente espectacular.

La Trinitaria

Convento de San José Coneta. Una de las cinco iglesias más antiguas de Chiapas, fue fundada en 1500 cerca de la ahora frontera con Guatemala. Despoblándose la localidad hacia 1800, la iglesia está en un estado de semi-abandono e incluso, para 1839, al visitarla John Stephens, ya había perdido su techo. Sin embargo, su fachada es típica del arte colonial mexicano y centroamericano, y cuenta con muchos diseños exclusivos haciendo que valga la pena visitarla.

Zona Arqueológica El Lagartero. Entre México y Guatemala, fue un lugar de paso de aspectos culturales e ideológicos entre el año 300 y 1400 d.C. Alrededor de la plaza principal conocida como El Limonal por los árboles de limón en las orillas, encontrarán 4 pirámides, la más grande con 10.5 metros de altura. También encontrarán 7 basamentos habitacionales, el Juego de la Pelota y la Acrópolis, entre otros monumentos que vale la pena explorar.

Lacanjá

Zona Arqueológica Bonampak. Ubicada en la Selva Lacandona, su nombre significa 'muros pintados' y es precisamente esto lo que la distingue de otros lugares. Descubiertos en 1946, los murales albergados en el Templo de las Pinturas que a su vez está en la Acrópolis, datan del año 790 d.C. También está abierta al público la Gran Plaza, que muestra a Chaan Muan II celebrando su quinto año de gobierno.

Montes Azules

Reserva de la Biosfera Montes Azules. Se encuentra ubicada en el extremo oriental del estado de Chiapas, la región central de la zona se conoce como la Selva Lacandona, la parte oeste y norte es una región montañosa cárstica que incluye algunas cañadas y valles. Considerada la región más rica en especies de animales y plantas en el país, algunas de las cuales están en peligro de extinción, representativas de nuestra cultura y hábitat, como el jaguar, la guacamaya roja, el águila harpía o el tapir. Las actividades que pueden desarrollar son kayak, nado en río, rafting, campismo, paseos en lancha, senderismo y observación de flora y fauna; se recomienda realizar estas actividades con el apoyo de un guía u operador de la región.

Ocosingo

Zona Arqueológica Toniná. El nombre procede del tzeltal y significa 'la casa de piedra' y está constituida de 7 plataformas que forman una montaña artificial. Llegó a ser una importante potencia militar y su gobernante más importante fue Tzots Choj, 'murciélago-tigre'. Sus edificaciones sobresalientes son el Palacio del Inframundo, el Juego de Pelota, el Templo de las Grecas y el Altar de los Sacrificios.

Zona Arqueológica Plan de Ayutla. Es una antigua ciudad maya, con un estilo arquitectónico idéntico al de Palenque. Posee 3 grandes acrópolis, cuyos edificios aún yacen enterrados. Según los expertos, este sitio pudiera tratarse de la ciudad de Sak Tzi, que se traduce como 'Perro Blanco'. Actualmente el ingreso a la zona está restringido al público, así que para poder accesar será necesario acudir al comisariado ejidal de Plan de Ayutla, para obtener un permiso y que un guía dirija el recorrido.

Palenque

Zona Arqueológica de Palenque. Su nombre original, Lakamha', significa 'el lugar de las grandes aguas' debido a los grandes arroyos que cruzan la urbe y desembocan en el arroyo Michol, o quizá también a que es zona de precipitaciones pluviales. Perdida entre la selva durante varios siglos, a finales del siglo XVIII esta zona resurge ante nosotros. Está compuesta por más de 200 estructuras arquitectónicas que no deben perderse si están en la región, ya sea con o sin guía.

Aluxes Ecoparque. Éste es un centro de rescate de vida silvestre, para el cuidado y rehabilitación de fauna silvestre decomisada por las autoridades. Ofrece un novedoso y atractivo concepto de parque ecológico inspirado en la cultura Maya y diseñado para la recreación familiar y la educación ambiental en total convivencia con la naturaleza. Además de observar a los animales, podrán también interactuar con ellos alimentándolos.

Cascada de Misol Ha. Con aproximadamente 30 metros de altura, el agua cae a una poza en donde se puede nadar con precaución. En medio de una zona paradisiaca, es ideal para que su sentido aventurero explore lo que está a su alrededor ya sea solo o en tour. El parque, administrado por los ejidatarios de la región, también cuenta con cabañas y restaurantes, así que incluso podrán hospedarse en el corazón de la selva tropical.

Cascadas de Agua Azul. Considerado el conjunto de cascadas más espectacular de México, el tono turquesa de sus aguas contrasta con el verde intenso de su vegetación. Estas asombrosas cortinas se forman cuando el río Agua Azul desciende en escalones, formando además de las cascadas, albercas naturales. El lugar cuenta con cabañas, restaurantes, tienda de artesanías, sanitarios, en fin, todo lo que necesitan para disfrutar su estadía.

Zona Arqueológica Yaxchilán. Su nombre significa 'piedras verdes' y está ubicada al borde del río Usumacinta, llegando a ser uno de los mayores centros de poder del mundo maya. El sitio se encuentra dividido en 3 grupos: Gran Plaza, Acrópolis Sur y Acrópolis Oeste. Es por su gran número de estructuras que es reconocido este sitio, además de sus inscripciones, los textos que existen en las estelas, los altares y en los remates de las puertas y dinteles del lugar.

Puerto Arista

Campamento Tortuguero. Si se encuentran en la localidad entre los meses de septiembre a noviembre, no dejen de visitar este campamento para ver uno de los espectáculos naturales más hermosos de la zona. Se trata de la liberación de tortugas del que podrán ser partícipes cuando visiten este centro que se encarga de la protección y preservación de estos animales. Aprovechen también para realizar un recorrido nocturno con guías expertos.

Boca del Cielo. Una de las playas más recomendadas para visitar durante su estancia en Chiapas, aquí disfrutarán de una tranquilidad total ya que permanece virgen y les ofrece el escenario ideal para relajarse. Además, durante el día es visitada por varias aves, así que gozarán de un maravilloso espectáculo natural. En su visita procuren quedarse a la puesta del sol ya que realmente quedarán asombrados.

San Cristóbal de las Casas

Templo y Ex Convento de Santo Domingo. Fue construido entre 1547 y 1551 por la orden de los dominicos, su estilo es barroco colonial. Agrietado tras un temblor en 1902, el templo fue restaurado en 1975 y su fachada de nuevo totalmente restaurada en 2006. Es esta fachada lo más sobresaliente del templo con una muy elaborada ornamentación, sus tres calles verticales, su iconografía con motivos orgánicos, escultura y relieve. Al interior, su púlpito tallado en madera dorada es muy llamativo.

San Juan Chamula. A 10 kilómetros de San Cristóbal de las Casas, esta comunidad tzotzil sigue ejerciendo su autoridad de acuerdo a los usos y costumbres. En el templo de San Juan Bautista, se mezcla la tradición indígena con la cristiana.

Además de textiles y otras artesanías, también se produce posh; un aguardiente regional utilizado en actos ceremoniales.

Museo de la Medicina Maya. Parte del Centro de Desarrollo de la Medicina Maya (CEDEMM), este espacio difunde las prácticas curativas tzeltales y tzotziles, recreando los usos de la medicina tradicional. Su huerto cuenta con una gran variedad de plantas medicinales que incluso ahora se siguen utilizando. Y, si lo desean, podrán adquirir productos en su farmacia o solicitar curaciones de cuerpo y alma, limpias o un baño de temazcal.

Museo del Ámbar. El ámbar es la gema más característica de Chiapas, utilizándose a través de la historia como ofrenda, para protección, con fines medicinales, para elaborar amuletos, joya y en objetos de arte. Inaugurado en el año 2000, este museo cuenta con más de 300 piezas de ésta resina fósil, tanto en bruto, como tallada por artesanos, algunas incluso ganadoras de concursos.

Grutas de Rancho Nuevo. Descubiertas en 1947 por don Vicente Kramsky, cuenta con una longitud de varios kilómetros, aunque el público sólo puede acceder al andador iluminado. Al estar ubicadas en un bosque de coníferas, la humedad se hace sentir llegándose a formar pozas y un pequeño arroyo. Dentro del parque ecoturístico es en donde se encuentran las grutas, también pueden pasear a caballo, hacer caminatas y área de juegos infantiles.

Tapachula

Zona Arqueológica de Izapa. Es considerado uno de los centros ceremoniales más extensos de la región de Soconusco. En el sitio de Izapa se levantaron 161 estructuras en un área bastante extensa pero alrededor de un punto dominante, el montículo mayor. Entre sus edificio y plazas, se encuentra alrededor de 252 monumentos, casi un centenar de estelas de piedra labrada, altares y otras representaciones pétreas.

Parque Central Miguel Hidalgo. Este sitio se encuentra en la ciudad, rodeado de varios atractivos. Cuenta con un foro techado donde se programan eventos culturales y musicales, bailables y exposiciones fotográficas, un kiosco donde se toca la marimba para deleitar a los visitantes; y muy cerca se encuentran el Palacio Municipal, El Museo del Soconusco y la Casa de la Cultura. Un sitio ideal para la familia.

Puerto Madero. Este puerto antes era conocido como San Benito y se construyó durante el porfiriato. Ahora es una zona playera en donde podrán gozar un agradable día en familia bajo sus palapas, disfrutando de sus restaurantes e incluso albercas. Ahora también se le conoce como Puerto Chiapas, así que no se confundan porque ya sea que lo mencionen como Madero, Benito o Chiapas, se refieren al mismo lugar.

Tonalá

El Madresal. Es un centro ecoturístico sustentable, para la conservación de los humedales que forman un ecosistema importante en la franja costera del estado de Chiapas. Coordinen sus actividades al aire libre, pesca recreativa, recorridos para conocer la zona de manglares, observación de aves, paseos al santuario natural de cocodrilos, avistamiento de tortugas, renta de lanchas y kayak. También ofrece hospedaje con servicio de cabañas ecológicas y zona de camping.

La Ceiba de Manguito. Esta área se encuentra a 53 km. de la cabecera de Tonalá en el poblado de El Manguito. Disfruten de este ecosistema lleno de animales exóticos, plantas acuáticas y los manglares. El centro turístico ofrece recorridos nocturnos, pesca, paseos en lancha por el estero el Majagual, Las Ánimas y El Remolino y observación de aves. El lugar cuenta con restaurante tipo palapa, para degustar platillos a base de pescados y mariscos.

Reserva de la Biosfera Volcán Tacaná. Es la máxima cumbre del sureste mexicano que se ubica entre México y Guatemala. Debido a su gran altitud 4,100 Mts., permite distinguir en él todos los niveles de clima y tipos de vegetación de la Sierra Madre. Escalar el Volcán Tacaná y llegar a su cima, es una aventura llena de emociones. Podrán además practicar campismo, alpinismo y realizar observación de flora y fauna.

GASTRONOMÍA

Cada región de Chiapas tiene su especialidad culinaria, sin embargo, no es extraño encontrar que el tamal, en sus variedades, sea el platillo distintivo, aunque definitivamente el mejor platillo es el tamal chiapaneco. Hay diversidad de platillos autóctonos como son: Frijol escumite con chilpiín, frijoles negros con carne salada de res, tanate y chumul, caldo de shuti, chanfaina estilo Soconusco, estofado de pollo, tamales de iguana, armadillo guisado, tamal de jacuané, nacapitu, cuchunuc, putzatzé, yumimujú, picte de elote, toro pinto y caldo de sihuamonte, mole de guajolote o el palmito de coroso, chaya, chipilín y hierba mora, caldo de chipilín, carne asada y longaniza, frijoles en sus diversas modalidades, y no podían faltar los tamales de chipilín, de elote, de bola, de carne con verdura, el casquito, la tortuga con pollo, tortuga en mole, pescado y mariscos.

Pero los platillos más representativos de la entidad son: la sopa de fiesta, el cochinito horneado y el chipilín con bolita, que es delicioso cuando acompaña a los tamales. En la zona del litoral abundan todo tipo de platillos con base en pescados y mariscos, como el caso del salpicón de pescado, la salchicha de mero y la lisa ahumada. Su cocina tradicional también incluye las carnes rojas, como es el caso del armadillo en mole, el venado y la carne de res seca en pulque. En San Cristóbal de las Casas destacan los platillos de influencia española, tales como la longaniza, el jamón serrano y la butifarra, además de dulces cristalizados, cocadas, cajetas y duraznos prensados.

También preparan exquisitas bebidas como el agua de Chicha y el pozol reventado, pozol negro y blanco, cacao, pinol y taberna, agua de naranja, tamarindo, papaya, tascalate, atol agrio, pinole, o, si lo prefiere, puede deleitarse con un rico chocolate. Los dulces hay de plátano, chilacayote, chocolate, yuca, de ajonjolí, de calabaza, de papaya, coco molido, de cacahuate, turrón, tostadas de coco y nuégado, pan de dulce y pasteles, y frutas de la región en ates, almíbar, cupapé, putzinu, caballito, melcocha, oblea, empanadas de queso y de leche. Y 'ombre Palenque'; que significa lugar de guerra, campo de batalla, o tierra de lucha. El café chiapaneco cultivado a la altura adecuada, es aromático y de exquisito sabor.

Entre tzotziles y tzeltales los usos más comunes del maíz son los elotes, las tortillas, los atoles, el pinol, los tamales y el pozol, una bebida tradicional obtenida a partir de una bola de masa envuelta en hoja de plátano. El frijol se come simplemente cocido con chile y sal. También se consumen cultivos como calabaza, papa, haba, chayote, col, pepino, camote y yuca. Las plantas silvestres son los nabos, mostaza, rábanos, tomates ácidos y variedades de hongos. El pito es una flor que se come cocida, frita o rebozada en huevo, a manera de tortitas. También se come la yuca tierna y la chaya guisada en chile. Las frutas que se cultivan en Chiapas son melón, sandía, mango, papaya, chicozapote, guanábana, chirimoya, mamey, pitahaya y cupapé, pincipalmente en la región de la costa. Un ingrediente característico es el chipilín, una planta parecida a la verdolaga, cuyas hojas se incluyen en tamales y sopas. Las comidas típicas incluyen carnes de armadillo, ixcuintle, iguana, jabalí, conejo, cordero, ternera, perdiz, pavita, codorniz y avestruz, asadas y cocidas con chile y hojas de cilantro. No puede dejar de mencionarse el cacahuate, la miel silvestre, el chocolate casero, la semilla de girasol y la calabaza tostada en comal. Las bebidas alcohólicas más populares son la chicha, de jugo de caña y azúcar fermentada, y el aguardiente.

ARTESANÍAS

La alfarería en Chiapas data de la época prehispánica. Los alfareros preservan la concepción de forma, color, decorados y uso como símbolos de identidad cultural. La técnica más utilizada es el moldeado a mano y la quema a cielo abierto; además del uso del torno, los moldes y el pastillaje. Es común usar el barro natural para los terminados, aun cuando se emplean los decorados con englobes minerales, el bruñido y el esgrafiado. La sencillez de sus formas, su calidad y refinamiento hacen que la alfarería chiapaneca tenga un lugar especial dentro del contexto alfarero de México.

El uso del ámbar en las artesanías es primordial. La cestería de palma o ixtle. Juguetes de madera o trapo. Lapidaría, que es el arte del grabado en piedra. Se incluyen la malistería, que es la forja del hierro. La talabartería, la talla de madera y los textiles, son otros artículos artesanales que se producen en Chiapas.

DEPORTES

Durante varios años Chiapas tuvo un equipo de la Primera División del Fútbol profesional de México: Los Jaguares de Chiapas, sin embargo, por cuestiones deportivas el cuadro descendió a la División de Ascenso y por fallas administrativas de sus propietarios desapareció. Posee también otro equipo de la División de Ascenso, éstos son los Cafetaleros de Tapachula.

MÚSICA / DANZAS

Mundialmente conocido, es que las marimbas son el alma de la música chiapaneca. Con la alegría que provocan estos instrumentos musicales, acompañan bailes y danzas. De los primeros, están las famosísimas 'La Sandunga' y 'Las Chiapanecas', otras como 'El Torito', 'El Niño Dormido', 'El Piri', 'La Tuxtlequita' y 'El Cachito, así como la danza de 'Los Parachicos'.

México ocupa el cuarto sitio a nivel mundial en cuanto a Flora, teniendo la cantidad de más de 26,000 especies diferentes en su territorio.

Eso lo ha posicionado entre las 19 naciones "megadiversas" (diversidad biológica) y además lo ha colocado como segundo en ecosistemas y cuarto en el total de especies. Lo anterior se debe a la topografía y las diferencias climáticas en una extensión territorial que abarca desde el océano Atlántico al océano Pacífico, el que ha propiciado una multivariada flora y fauna.

Referente a su Fauna, en México hay un promedio de 200.000 especies clasificadas que comprenden mamíferos, aves, anfibios, reptiles e insectos, algunas de ellas son únicas de esta nación.

Así que en México podemos hallar; jaguares, puercoespines, lobos, osos hormigueros, perros de la pradera, murciélagos y otras variedades de osos. En cuanto a aves, las más comunes son patos, lechuzas, orioles, gorriones y pájaros carpinteros, entre otros.

Por otro lado, entre las especies reptiles que se pueden hallar en la República Mexicana son tortugas marinas, 'box turtle', iguanas, cocodrilos, 'guecos', serpientes cornudas y de cascabel. En lo que respecta a los anfibios, hay alrededor de 300 especies de ellos en México, destacando ranas de árbol, ranas toro, salamandras, sapos verdes y ajolotes (axolotls).

ESTADO DE CHIHUAHUA

Chihuahua es uno de los 31 estados que junto con la Ciudad de México suman las 32 entidades federativas que integran los Estados Unidos Mexicanos. Está ubicado en las regiones Noroeste, Aridoamérica, Río Bravo y Sierra Madre Occidental. Limita al Norte con Nuevo México y Texas, (entidades de los Estados Unidos de América), al Este con Coahuila, al Sur con Durango, al Suroeste con Sinaloa y al Oeste con Sonora. Su capital es Chihuahua y su ciudad más poblada es Ciudad Juárez. La fundación de Chihuahua fue el 6 de julio de 1824.

Se divide en 67 municipios, y otras localidades importantes son Ciudad Juárez, Ciudad Cuauhtémoc, Delicias, Parral, Nuevo Casas Grandes, Camargo, Jiménez, Ojinaga, Meoqui, Aldama y Madera. Chihuahua tiene 5 Pueblos Mágicos que son: Batopilas, Creel, Cusararé, Ciudad Cuauhtémoc y Cerocahui.

TURISMO

El hermoso estado de Chihuahua posee un paseo turístico ecológico y de aventura llamado 'Corredor Creel-El Divisadero'. Atraviesa las Barrancas del Cobre, una de las maravillas naturales más impresionantes del Continente Americano. La Sierra Tarahumara junto con las zonas desérticas, su gastronomía y las tradiciones de los grupos indígenas de la región, hacen que este Estado se distinga del resto de México. Es decir, lo que verán aquí no se compara con nada que exista en nuestro vasto país.

Centro Cultural Universitario Quinta Gameros. El edificio en donde se encuentra es considerado uno de los más bonitos de Chihuahua. Se construyó entre 1907 y 1910 por el arquitecto colombiano Julio Corredor Latorre. Utilizada como residencia de Venustiano Carranza, cuartel general, prisión y hospital, ahora el Centro Cultural lleva a cabo talleres, exposiciones, recitales, presentaciones de libros y otras actividades culturales.

Catedral. Con una construcción que duró casi un siglo, es la mayor joya arquitectónica de Chihuahua. Sus torres son tan idénticas, que vistas de costado parece que sólo tiene una. La fachada es uno de los mejores ejemplos del barroco americano. Al interior podrán ver los dos altares mayores y su órgano monumental y no dejen de admirar un nicho en forma de cruz que alberga la imagen del Cristo de Mapimí.

El Chepe. Desde Los Mochis hasta Chihuahua podrán disfrutar de una de las vistas más espectaculares del país y de una de las formas más nostálgicas. A bordo de El Chepe, una de las obras maestras de la ingeniería mexicana, en donde pasarán 37 puentes y 86 túneles. Sobre este tren podrán visitar las famosas Barrancas del Cobre con 9 estaciones turísticas que les dejarán maravillado. Un viaje de 673 kilómetros que todos debemos hacer.

Museo Histórico de la Revolución Mexicana. Mandada construir por el General Francisco Villa, aquí habitó una de sus esposas, Doña Luz Corral, por eso también es conocida como la Quinta Luz. Antes de morir donó la casa a la Secretaría de Defensa solicitando que se hiciera un museo. Su deseo se cumplió y en 1983 se inauguró con una gran cantidad de fotografías y pertenencias de la época revolucionaria de Pancho Villa (Doroteo Arango). Entre ellas, el auto en donde viajaba con su escolta el día que fue asesinado.

Palacio de Gobierno. Con una arquitectura neoclásica, el Palacio de Gobierno fue construido entre 1882 y 1892. Los 4 costados de su fachada son de cantera labrada. Siempre ha funcionado como oficina gubernamental, y en un incendio en 1941 se quemaron los archivos de los Poderes Ejecutivo y Legislativo. Para 1947 otra vez ya estaba funcionando, agregándosele un piso exterior y uno interior. En su planta baja se encuentran murales pintados por Aarón Piña Mora.

Museo Casa Chihuahua. Ubicado en un hermoso edificio de estilo neoclásico, el objetivo de esta organización es recopilar, preservar, difundir y promover el patrimonio cultural de Chihuahua. Dentro de sus instalaciones se llevan a cabo todo tipo de eventos culturales; presentaciones de discos, conciertos, obras de teatro, talleres, exhibiciones e incluso cuenta con librería, un café e internet gratis.

Museo de Arqueología de El Chamizal. Es uno de los principales atractivos de Ciudad Juárez, se encuentra ubicado en el Parque Público El Chamizal, tiene como objetivo promover las culturas prehispánicas y las manifestaciones artísticas de la región, el país y el extranjero. En sus bellos jardines se encuentran algunas reproducciones de piezas características de estas culturas, como rostros Mayas, jaguares Aztecas o cabezas Olmecas. Además, hay exposiciones temporales de pintura y escultura, así que no olviden investigar cuáles son.

Museo de la Revolución en la Frontera. Construido en el siglo XIX, en su momento este edificio fue aduana fronteriza, inaugurado por el mismo Porfirio Díaz. Mantuvo sus actividades como tal hasta 1965. Tras 20 años de abandono, se remodeló para finalmente inaugurarse el MUREF en 2011. La museografía está basada en 9 ejes temáticos relacionados con cómo vivió la frontera esta época decisiva en México.

Dunas de Samalayuca. Una pequeña parte del impactante Desierto de Chihuahua y con una extensión de 17 mil hectáreas, es un lugar ideal para practicar turismo de aventura. En la arena blanca que se mueve constantemente debido al viento, podrán hacer sandboarding, ciclismo de arena o subirse a un vehículo 4x4. Si lo anterior no le llama la atención, disfrute del paisaje en una caminata con guía. Opte por ir en otoño o invierno, para evitar temperaturas muy elevadas.

Parque Central Hermanos Escobar. En lo que antes fue la Escuela de Agricultura, ahora se encuentra este parque que es considerado uno de los más bonitos de la ciudad. Cuenta con un lago artificial en donde podrán pasear en lancha, juego mecánicos, áreas deportivas y grandes extensiones de áreas verdes. Ideal para pasar un día en familia disfrutando de sus jardines o recorriéndolo en su trenecito.

La Rodadora. Es uno de los museos más grandes de Latinoamérica, es el lugar ideal para analizar el entorno natural y social, así como la identidad de los juarenses. En sus instalaciones encontrarán salas de exhibiciones, una sala 3D, biblioteca y área de comida. Aquí podrán pasar el día completo en familia sin tener que preocuparse por nada que no sea aprender divirtiéndose.

Valle de los Monjes. Debido a unas imponentes peñas verticales que alcanzan los 50 metros de alto, es que recibe el nombre este valle al que también se le llega a conocer como Valle de los Dioses. A su llegada podrán hacer un recorrido con guía para que les vaya mostrando las diferentes formaciones naturales. Con una vista espectacular, el lugar hace de cualquiera un excelente fotógrafo, así que no dejen de llevar su cámara para captar impresionantes imágenes. Creel es hermoso.

Barranca de Batopilas. Con 1.800 metros de profundidad, en esta barranca se encuentran habitando algunas de las comunidades rarámuris más tradicionales. Su historia está muy relacionada con la minería y durante una época fue el centro minero más importante. Desde su mirador, 'La Bufa', pueden admirar el paisaje y ver cómo corre el río Batopilas al fondo. Es también abajo, en donde se encuentra el hermoso pueblo colonial que lleva el mismo nombre.

Parque Nacional Cumbres de Majalca. Está localizado al Norte de la ciudad de Chihuahua. Se caracteriza por poseer enormes formaciones rocosas que fueron erosionadas por el agua de lluvia y el viento. Es uno de los pocos lugares en el Norte del país en los que se puede observar la presencia del oso negro, así como refugio de otras especies que incluyen a algunas endémicas que se encuentran en peligro de extinción. Podrán practicar el senderismo, excursionismo y la observación del paisaje; en el Cañón de las Hadas existe una zona para acampar con servicios sanitarios.

Cañón de Peguis. Escenario único y mitológico, lleno de leyendas. Para poder llegar a los sitios más interesantes de este lugar tendrán que remar a través del cañón, también se permite practicar rafting de un mediano a un alto nivel de dificultad.

En el lugar existe un mirador sobre la carretera, donde podrán observar una gran sección de los paredones que conforman el cañón, los cuales llegan a medir hasta 300 metros de alto. La mejor temporada para visitar el Cañón del Peguis es de abril hasta octubre, no se recomienda ir en época de calor o invierno, por las temperaturas extremas.

Grutas Nombre de Dios. Estas grutas, recién fueron inauguradas en el año 2000 después de acondicionarlas para el público. Se encuentran ubicadas a sólo 15 minutos del Centro Histórico, por lo que no pueden desaprovechar la oportunidad de visitarlas si están en Chihuahua. Pasarán por 17 salas con estalactitas y estalagmitas que se formaron durante millones de años. Y, por supuesto, el guía les mostrará las similitudes de sus formaciones con todo tipo de personajes.

Barrancas del Cobre. En la Sierra Tarahumara se encuentran estos cañones, también conocidos como Cañón del Cobre, cuyas barrancas más importantes son: Batopilas, Candameña, Chínipas, Oteros, Sinforosa y Urique, aunque hay más. Una de las formas más comunes de conocerlas es a través de la ruta del tren Chihuahua al Pacífico, conocido como El Chepe, aunque ya también son accesibles desde Chihuahua en automóvil por caminos rurales.

Mirador del Cerro del Gallego. Ésta es la más impresionante vista desde donde se puede admirar la barranca de Urique, la más profunda de toda la Sierra Tarahumara con 1,879 metros. El lugar está acondicionado con asadores, 3 palapas con mesas, baños y estacionamiento, tiene una extensión suspendida en la barranca y un puente colgante. Los Hoteles en Cerocahui ofrecen el tour al mirador.

Cascada Cerocahui. Ubicada a 8 km a pie del centro de Cerocahui, se encuentra la también llamada Cascada Huicochi, que significa en Tarahumara, 'lugar de muchos árboles'. Una hermosa cascada de albercas naturales. Los mejores meses para visitarla son julio, agosto y septiembre.

Cascada de Basaseachi. Su nombre en Rarámuri significa 'lugar de cascada o de coyotes' y con 246 metros de caída, es la quinta cascada más grande de América. Se encuentra en un lugar maravilloso, ideal para hacer excursiones, además se pueden detener en un mirador intermedio llamado La Ventana o bajar hasta el fondo. Con mucha flora y fauna, también es un buen lugar para acampar o practicar ciclismo de montaña. En verano, el paisaje se torna mucho más verde.

Museo Menonita. En este museo podrán encontrar objetos que han sido donados por tres diferentes colonias menonitas de la región. Adentro podrán ver la distribución de espacios de una típica casa menonita. También podrán apreciar las herramientas que utilizan para hacer sus famosos quesos. Al salir, disfruten su pizza en Los Arcos, que es de una familia menonita y atendida por gente de la comunidad, y están hechas con ingredientes producidos por ellos.

Lago de Arareko. Junto al ejido tarahumara San Ignacio de Arareko, encontrarán este lago de aguas cristalinas. Rodeado de bosques de coníferas, el paisaje es espectacular convirtiéndolo en un obligado destino turístico. Lugar ideal para disfrutar de la naturaleza, pueden rentar cabañas, acampar, caminar en sus bosques y mucho más, con todos los servicios básicos disponibles. En invierno, las temperaturas bajan hasta -20°, así que procuren ir en verano.

Recowata. A 20 kilómetros de Creel en el municipio de Urique, se encuentran estas aguas termales que mantienen la rica temperatura de 35° durante todo el año, lo que se vuelve un destino ideal incluso durante el frío invierno de la región. Para llegar tienen que caminar por un camino que desciende a la Barranca de Tararecua, desde donde podrán admirar el hermoso paisaje. Su visita puede ser de un día, aunque si prefieren acampar también hay instalaciones.

Cascada Piedra Volada. Con una altura de 453 metros es la más grande del país y está en onceavo lugar a nivel mundial, aunque cuando está bajo el nivel del arroyo, se seca. Alrededor de la zona, hay una gran variedad de fauna, como pumas, venados, linces, jabalís, zorras, entre otros. El lugar es más bien frío, con una temperatura anual promedio de 13°, así que si van a los miradores, a acampar, hacer excursiones, pasear a caballo, o algo más, lleven algo calientito.

Zip Rider. Con 2,545 metros de largo, es la tirolesa más larga del mundo y la que pondrá a prueba su valor. Con un recorrido que dura más de dos minutos, irán cómodamente sentados mientras vuelan sobre las impresionantes Barrancas del Cobre. Alcanza velocidad de 104 Km/h, tiene una pendiente de 17% y su caída vertical es de 450 metros. ¡No vale cerrar los ojos!

GASTRONOMÍA

Lo tradicional son los cortes, el caldillo acompañado con tortillas de harina; machaca, el queso asadero, res con verduras, los tamales norteños, y qué decir del queso y los cuernitos menonitas. También pueden probar los chacales, que es maíz seco quebrado, guisado en chile ancho, las gorditas de frijol, el pan de agua, las sopaipillas (panecillos con piloncillo), los burritos rellenos, menudo de res, crema de nuez y muchos más. De tomar, sotol (bebida alcohólica) y de postre, compota de perón o calabaza hidratada con miel de piloncillo, anís y canela.

Por lo irregular de su territorio, entre montañas, estepas y tierras ásperas es muy complicado desarrollar la agricultura, más aún cuando las drásticas temperaturas fluctúan entre el calor inclemente y el frío casi congelante; por esta razón, los primeros chihuahuenses tuvieron que secar las carnes, granos y vegetales que podían acumular en las épocas de buen clima. Así aseguraban su supervivencia y esa forma de conservar los alimentos es ahora la esencia de la gastronomía mestiza de Chihuahua. El origen de una tradición culinaria basada en la sencillez y la sobriedad, la misma que tiene entre sus sabores estelares a los chiles deshidratados (picante característico de las mesas mexicanas), infaltables en varios platillos emblemáticos como el 'caldo del oso'; una especie de sustancia picante a base de chile colorado de la tierra y trozos de pescado, especial para los trasnochadores o 'crudos' que se sobrepasaron bebiendo sotol.

De entre sus platillos tradicionales podemos encontrar: chile rojo y verduras; el chile con queso, que consiste en rodajas del chile chilaca o california, acompañado con queso fundido o asado; la cecina, delgadas capas de carne deshidratada y salada, utilizada para diversos potajes, como la machaca con huevo, un delicioso preparado con pedacitos de carne, huevo y tortillas de harina. Para los de buen estómago algo más contundente son los frijoles maneados, que se sirven cocidos y fritos acompañados de queso ranchero, el mismo que se prepara con leche de cabra o vaca; las tradicionales empanadas de Santa Rita, rellenas con un aromático guiso de lomo de cerdo molido, frito con cebolla, almendras, pasas, especias molidas y azúcar espolvoreada. La mejor manera de acompañar estas delicias es tomando un sotol, el destilado de agave que en otros tiempos fue prohibido por su alto índice alcohólico. Pero sin duda la bebida más célebre es 'la margarita', el famoso coctel mexicano hecho con tequila, licor cointreau, jugo de limón y sal. Se dice que éste fue creado en 1942 por un cantinero chihuahuense.

En cuanto a los dulces, el jamoncillo de leche, preparado con este producto lácteo, canela y azúcar, ingredientes que se remueven en un cazo hasta formar una pasta que luego se vacía en una caja de madera forrada con obleas. Al enfriarse se sirven en forma de triangulitos. O las torrejas elaboradas con almendras, huevo y pan dulce molido, que luego fríen esa mezcla y la bañan con miel de azúcar y hierbabuena.

ARTESANÍAS

La Artesanía del estado tiene tres fuentes: la Tarahumara, la conocida como Paquimé y la Mestiza. Chihuahua ha obtenido en años recientes, premios en concursos nacionales en la artesanía tarahumara como en la mestiza. El Gobierno del estado de Chihuahua, a través de la Secretaría de Desarrollo Comercial y Turístico y la Casa de las Artesanías, organiza cada año los Concursos Regional del Arte Popular de la Sierra Tarahumara, de Artesanía Chihuahuense, de Cerámica de Paquimé. Las artesanías chihuahuenses incluyen además; la cestería, el tallado de madera, la alfarería, los vistosos textiles y los juguetes de madera. En una sociedad que predomina la producción en serie y la masificación de productos, lo artesanal está ligado a lo original y a lo exclusivo. El diseño artesanal enfatiza lo útil y lo bello en las artesanías reforzando sus contenidos estéticos.

DEPORTES

El estado de Chihuahua tiene un equipo de fútbol de la División de Ascenso, Bravos del Fútbol Club Juárez, tiene como sede Ciudad Juárez. En béisbol tiene una Liga Estatal y participan 10 equipos. En básquetbol también tienen una Liga Estatal.

MÚSICA / DANZAS

En Chihuahua bailan valses y polkas norteñas que adaptaron de las europeas dándoles su propio estilo. Las bailan en todas ocasiones, habiéndose popularizado desde la época de la Revolución de 1910. Además, los tarahumaras de la sierra bailan 'Duruburi'que es la danza ritual dedicada al padre Sol ya la madre Luna. Se baila en las festividades religiosas; siempre en exteriores para que los astros sean testigos de su devoción, el acompañamiento de esta danza lo hacen con instrumentos autóctonos muy antiguos; flautas, un tipo de violín y tambores.

ESTADO DE COAHUILA

Coahuila de Zaragoza, también solamente llamado Coahuila, es uno de los 31 estados que, junto con la Ciudad de México conforman las 32 entidades federativas de los Estados Unidos Mexicanos. Limita al Norte con Texas (Estados Unidos), al Este con Nuevo León, al Sur con Zacatecas y al Oeste con Durango y Chihuahua. Es el tercer Estado más extenso de México representando el 7.73% de la superficie del país, tiene una extensión territorial de 151,571 km². Su capital es Saltillo. Se divide en 38 municipios. Localidades importantes son: Torreón, Monclova, Piedras Negras, Acuña.

Los coahuilenses son muy amables, alegres y abiertos. 'La gente del norte es muy sincera', es un dicho coloquial en toda esa área de México, sin embargo, todos los mexicanos y mexicanas son amables en cualquier parte de la nación.

El territorio de Coahuila es desértico y semidesértico, caluroso al igual que su gente y es un Estado en que la festividad y alegría de sus habitantes superan cualquier contratiempo que se les presente. Coahuila de Zaragoza ha sido cuna de importantes personajes de la historia de México, como Venustiano Carranza (presidente), Emilio 'El Indio' Fernández (artista y director de cine), Francisco Indalecio Madero (presidente), entre otros. El origen del nombre de esta entidad no es muy preciso, aunque se dice que a la llegada de los conquistadores los pobladores de esta zona se hacían llamar 'coahuiltecos', por lo que le denominaron

Cuauila. Otros afirman que proviene de las palabras náhuatl 'coatl', serpiente, y 'huila', volar, es decir, 'Víbora que vuela'. Mientras que otros dicen que significa 'Lugar de muchos árboles', por los vocablos 'quautli', árbol, y 'la', abundancia.

TURISMO

Canal de la Perla. Se construyó en 1893 como canal de riego llevando agua del Río Nazas a las tierras de la Hacienda la Perla, con una distancia de 1200 metros, para después utilizarlo como drenaje pluvial y de aguas negras. Olvidado bajo tierra, es redescubierto en 2003. Ahora es un agradable paso turístico, exhibiendo en sus muros de 90cm de espesor fotografías que narran la historia de Torreón. Recuerda que puedes acceder a él en varios puntos del centro.

Plaza de Armas. Construida en 1898 y considerada el corazón del centro de la ciudad, es un agradable lugar para sentarte a tomar un descanso bajo la sombra de sus árboles. Mientras lo haces, observa las cuatro fuentes decoradas, las cuatro esculturas metálicas, el kiosco central en donde suele tocar la banda municipal y, quizá su símbolo más distintivo, la Torre del Reloj. Así que cuando comiences a sentir que necesitas un descanso, no dudes en tomarlo aquí.

Museo de los Metales Peñoles. Peñoles, una de las metalúrgicas más importantes del mundo, abre las puertas de este museo para dar a conocer la importancia de la industria metalúrgica y minera. Para esto aborda nueve temas, desde el origen del universo, pasando por la formación de la tierra y sus minerales, hasta la transformación y aplicación de los mismos. Además cuenta con interesantes exposiciones temporales y el edificio en sí es parte de la historia de la ciudad.

Museo del Algodón. El algodón jugó un papel muy importante en la Comarca Lagunera, ya que fue uno de los productos que la hizo prosperar. De ahí que se le dedicara un museo a lo que se le conoce en como el oro blanco. A través de exhibiciones multimedia, se narra la historia del algodón: desde los primeros cultivos del siglo XVI hasta la actualidad. Además de esto, podrás ver objetos de la vida cotidiana de la región y murales de Gerardo Beuchot.

Museo Regional de La Laguna. En medio del bosque Venustiano Carranza se abrió al público en 1976 este museo, también conocido como el MUREL. Entre sus salas se exhiben obras de todos los géneros, desde pictóricas hasta históricas. Y aunque su carácter es principalmente antropológico, también tiene exposiciones de piezas contemporáneas. Además de sus cuatro salas permanentes relacionadas con arqueología y etnografía, sus exposiciones temporales son de primera calidad.

Museo Histórico de la Ciudad la Casa del Cerro. En una casa construida entre 1904 y 1905 que durante los años cincuenta fue utilizada como cuartel militar y después albergó una vecindad, se inaugura este museo con el objetivo de difundir la historia de la ciudad. El museo cuenta con diez salas, en donde se muestran objetos de la familia Wulff, quien la habitó en sus primeros años. El lugar también cuenta con pinacoteca, sala de video, teatro al aire libre y organiza actividades culturales.

Teatro Nazas. Construido como cine en 1952, ya es considerado uno de los pilares históricos de la ciudad. Después de uno años de abandono, se remodela cambiando su giro de cine a teatro. Su fachada moderna cuenta con una estructura en tonos plateados y recubrimiento de zinc. Además de presentarse sinfónicas, obras de teatro, ofrecer conciertos y más, el lugar aún conserva un mural de Octavio Ríos de 1952 titulado Riqueza Algodonera.

Cristo de Las Noas. A los pies del cerro de Las Noas en donde se encuentra este Cristo del mismo nombre con un peso de 580 toneladas y elaborado por Vladimir Alvarado, se extiende la ciudad de Torreón. El nombre tanto del cerro como del Cristo se debe al cactus La Noa, típico de la región. Con sus brazos abiertos, recibe a todos los fieles y curiosos que suben sus 600 escalones para admirarlo de cerca y tener vista panorámica de la ciudad.

Parque Ecológico Fundadores. Como su nombre lo insinúa, este parque ecológico está dedicada a las personas que fundaron la ciudad. Abriendo sus puertas en 1999 se ha convertido en un importante pulmón y un pequeño oasis en medio del desierto. Aunque su principal objetivo es que la familia disfrute un día agradable en su pequeño lago, jardines, juegos infantiles, teatro al aire libre y más, también es propicio para hacer ejercicio con su pista de arcilla y canchas multiusos.

Planetario. Es el más moderno planetario digital en México, con 12 metros de diámetro, 92 butacas y el sistema de proyección Digistar 5; demás el observatorio astronómico es uno de los más grandes abierto al público con un telescopio de 50 cm de diámetro totalmente robótico con sala de exposiciones temporales.

Cuatro Ciénegas

Reserva de la Biosfera Cuatro Ciénegas. Parte del Bolsón de Mapimí, sus pozas, lagunas, ciénagas y zonas inundables han vuelto famoso a este lugar. Además parece que su fauna no ha cambiado desde hace miles de años y las tortugas, peces y reptiles aún conservan rasgos de sus antepasados. El animal más famoso en habitar ahí es la tortuga bisagra. Alrededor de este oasis hay impactantes paisajes desérticos que contrastan con las aguas turquesas de los pozos y manantiales.

Museo Venustiano Carranza. Habiendo nacido en Cuatro Ciénegas en 1859, no podía faltar un museo en honor a este gran político mexicano. Aunque quizá no sea el museo más ostentoso, está ubicado en la casa en donde nació y sólo por eso ya merece una visita. Adentro encontrarás objetos y fotografías de la época, que reflejan la vida familiar y parte de la historia de México. Cumpliendo el objetivo de difundir la vida y obra del ex presidente, no dejes de visitarlo.

Bodegas Ferriño. Fundada en 1860 por el italiano Don Miguel Ferriño Lander quien se instaló en la zona de Cuatro Ciénegas, en sus inicios destilaba aguardiente de uva y brandy. Ubicada desde 1868 en el edificio en donde aún se encuentra, fue creciendo según evolucionaba el negocio. En 1917 comenzaron a producir mayoritariamente vino siendo la marca Sangre de Cristo la más distintiva de la casa. El negocio lo siguen llevando los nietos y bisnietos del fundador.

Dunas de Yeso. Otro paisaje sorprendente de Cuatro Ciénegas, estas dunas que abarcan 800 hectáreas están formadas por arena blanca. Antes cubierto de mar, al desaparecer éste emergió el suelo marino, que es lo que ahora se aprecia. Con el viento constantemente soplando cambia el paisaje y la gran concentración de yeso es óptimo, para que se adapten diferentes especies de flora y fauna. Un lugar ideal para la fotografía artística, sobre todo al amanecer.

Arteaga

Centro Alpino Monterreal. Un lugar ideal para pasar unos días en medio de uno de los bosques más impresionantes del país. Con cabañas para cualquier tamaño de familia, hay actividades para todos los gustos: pista para esquiar en nieve artificial con instructores capacitados, campo de golf de nueve hoyos, canchas de tenis y basquetbol, gimnasio, cuatrimotos, rappel y mucho más. Ahí mismo puedes rentar esquís o snowboard y se te prestan raquetas y pelotas.

Museo de las Momias de San Antonio de las Alazanas. Cerca de una de las zonas más boscosas de la región, se encuentra este particular museo que exhibe cuerpos momificados. De forma interactiva, te irá mostrando la información según lo que selecciones al tacto. Los cinco cuerpos mostrados fueron encontrados en el panteón San Antonio de las Alanzanas a finales del siglo XIX. También aprenderás sobre las constelaciones, la cultura de los cuahuiltecos y y huachichiles, y la historia del poblado.

La Tienda de Mariela. En esta agradable tienda encontrarás una gran variedad de productos comestibles 100% naturales. Podrás escoger entre varias mermeladas, entre las que destacan las de chabacano, ciruela e higo, licores de varias frutas y cremas de una amplia variedad de sabores, ates y conservas. Si quieres llevar regalitos después de tu viaje, tendrás muchas opciones de arcones de varios precios y tamaños.

Ciudad Acuña

Parque Nacional Los Novillos. Desde 1940 y gracias a un esfuerzo binacional entre México y Estados Unidos, este lugar fue decretado Parque Nacional. Con una gran extensión de bosques de nogales y encinos principalmente, es un oasis en medio de una zona semidesértica. Dentro de sus límites se encuentra el arroyo Las Vacas, formado por un pequeño manantial y que alimenta otras lagunas. Es un buen lugar para pasar un agradable día de campo.

Monclova

Museo Coahuila – Texas. Construido en 1794 y funcionado como Hospital Real a partir de 1804, rápidamente cambió su giro a cárcel del ejército insurgente en 1811, pasando tras sus rejas Miguel Hidalgo, Allende, Aldama, Jiménez y Abasolo después de la emboscada de Baján. Ahora sus tres salas nos muestran parte de la historia regional con énfasis en los antecedentes en común de Coahuila y Texas, desde las eras geológicas, hasta la separación de estos estados.

Museo El Polvorín. La inspiración de su nombre viene al ser construido a finales del siglo XVIII como fuerte y almacén de pólvora de los españoles. Tras la independencia fue abandonado hasta principios del siglo XX, cuando se rescata para funcionar como escuela, luego hospital de sangre, garita y bodega, hasta finalmente convertirse en museo en 1977. Aquí verás la participación de los monclovenses en los períodos históricos más importantes del país.

Museo Biblioteca Pape. El objetivo principal del museo es difundir el arte contemporáneo de México y fue construido entre 1972 y 1977 para cumplir con ese objetivo. Está formado por dos partes: por un lado una biblioteca con 130 mil volúmenes, y por otro el Centro Cultura Mini Pape. En este último se imparten talleres de arte e idioma para niños. Además de exposiciones de primer nivel, hay hemeroteca, videoteca, presentación de libros, conciertos y muchos eventos más.

Parques Xochipilli I y II. Un oasis en medio de una región semidesértica, es un excelente lugar para pasar un día divertido con la familia lleno de actividades deportivas, recreativas y culturales. Y no olvides a Harold-ito, un trenecito que recorrerá las cascadas, túneles y otras sorpresas del lugar. Con tirolesa, juegos infantiles, enormes áreas verdes, ruta arqueológica, áreas de descanso, teatro al aire libre y más, sin duda es el parque más bello de Monclova.

GASTRONOMÍA

Primordialmente en Coahuila se consume carne; la cecina y la carne fresca de cabrito, carnero y ternera son las estrellas de la gastronomía estatal. La machaca con huevo, acompañada con tortillas de harina es un platillo indispensable para el lugareño y el visitante. También se puede disfrutar de los dulces de membrillo y durazno. No se pueden ir sin probar los tamales de la región. Y, aunque no lo crean, en la ciudad de Piedras Negras nació un guiso para disfrutar durante toda una película: ¡'Los Nachos'!

En la cocina destacan los tamales, empanadas, enchiladas, picadillos, las conservas y los guisados hechos con chile guajillo, cascabel o pasilla. Por supuesto, hay cabrito en todas sus formas, desde asado hasta salseados. No olvidemos que en la Comarca Lagunera se dan las mejores carnes del país, que se pueden acompañar con los famosos vinos de Parras y de Cuatro Ciénegas, o bien con un sabroso pulque.

Coahuila recupera tradiciones indígenas y españolas para transformarlas en un delicioso banquete mestizo que incluye aperitivos exquisitos, tales como vinos generosos y licores de uva, seguidos por platillos esenciales como el asado de puerco, tamales de puerco y pollo o la deliciosa barbacoa, y de postre, los ricos dulces regionales, como las regias campechanitas, con ese sabor dulzón que también puede acompañar a un platillo salado. En cuanto a las frutas, encontramos las gloriosas manzanas de Arteaga o los higos y los duraznos que se dan en gran parte del Estado. No podemos dejar de mencionar los dulces, que son tantos y tan variados, basta con decir que hay quesos de higo y nuez, o los de piñón.

La gastronomía en el Estado es a base de carnes frescas, cabrito, carnero y ternera. En las mesas se sirven las carnes rojas, jugosas y de finos cortes. La gastronomía de la entidad se vio enriquecida con aportaciones de otras zonas con las que ha intercambiado, durante años, comestibles y mercancías. En todo el norte del país se encuentran las imprescindibles tortillas de harina, machaca, sábanas norteñas, discada, chorizo, quesos y tamales. Uno de los platillos más apreciados de la región es el cabrito al horno, aunque también se cocina al pastor. Los tamales de carne y pollo de Ramos Arizpe y Saltillo, son otras de las especialidades. Famoso y tradicional es el 'pan de pulque', en el cual la masa va mezclada precisamente con pulque, dándole un sabor muy especial; las variedades en las que puede saborearse van desde cemitas y chorreadas, hasta empanadas rellenas de nuez; exquisitos postres que forman parte de la gastronomía norteña, entre los que sobresalen los dulces de leche y nuez, llamados popularmente queso de nuez, y los suaderos, que son rollos de jalea rellenos de piñones y almendras. Preparada a la vieja usanza, la cajeta de membrillo es elaborada en varias regiones del Estado, principalmente en Saltillo en pequeños molinos especiales en los que se muelen los membrillos cocidos. Para acompañar las carnes rojas, en la ciudad de Parras de la Fuente se produce 'Sangre de Cristo', vino de consagrar, que se usa como vino de mesa de gran calidad. En cuanto a bebidas se preparan licores de frutas de la región como los de membrillo y manzana.

ARTESANÍAS

En Saltillo encontrarán muestras de las mejores artesanías de la entidad, comenzando con los tradicionales sarapes o 'saltillos', prendas multicolores de lana y algodón elaboradas en telares de mano, que han caracterizado no sólo la cultura regional, sino a todo México, trascendiendo fronteras. Otras artesanías que encontrarán en la ciudad son trabajos en vidrio, madera y hierro forjado, así como piezas de barro, cuya compra podrá efectuar en los pasillos del Mercado Juárez, o en las tiendas del centro, algunas de ellas especializadas en la fabricación y venta de sarapes. Cuadros artesanales como ropa de manta, joyería de filigrana y textiles para el hogar.

DEPORTES

Torreón es sede del equipo de fútbol de la Primera División profesional Santos Laguna. Y en lo concerniente a la Liga Mexicana de Béisbol, tiene a los Acereros del Norte, de Monclova; así como a los Vaqueros Unión Laguna, de Torreón.

MÚSICA / DANZAS

En Torreón predomina la música de los Norteños pero también hay Bandas que amenizan los bailes como la contradanza y el chotis. Además, acompañan danzas como la 'Del Ojo de Agua', la de 'San Isidro', 'Las Morismas' y 'La Guadalupana'.

ESTADO DE COLIMA

El estado de Colima es una de las 32 entidades federativas de los Estados Unidos Mexicanos. Está ubicado en las regiones Eje Neovolcánico y Oeste. Limita al Norte con Jalisco, al Sur con Michoacán y al Oeste con el Océano Pacífico. Con 5.627 km² es el cuarto menos extenso del país, representa el 0.3 por ciento del territorio nacional. Su capital y ciudad más poblada es Colima. Fue fundado el 9 de diciembre de 1856. Políticamente se divide en 10 municipios. Otras localidades importantes son Manzanillo, Tecomán, Armería, Comala, Villa de Álvarez, Cuauhtémoc, Ixtlahuacán, Coquimatlán y Minatitlán.

TURISMO

El estado de Colima es un lugar muy seguro y tranquilo. Su nombre está relacionado con el vocablo náhuatl 'Colliman', que se deriva de 'Coll', volcán y abuelo, y 'Maite', dominio. Por lo tanto, significaría algo así como 'Lugar conquistado por los abuelos' o 'Lugar donde domina el dios viejo o dios de fuego', con referencia al coloso que se encuentra ahí.

Algunos puntos de interés son sus museos con grandes obras de arte, con vestigios prehispánicos y coloniales. Y un Pueblo Mágico: 'Comala', protagonista de 'Pedro Páramo', el libro escrito por Juan Rulfo, que fue llevado a las pantallas del cine nacional e internacional.

Zona Arqueológica La Campana. Perteneciente a la tradición Tehuchitlán, el sitio se desarrolló durante el Clásico Temprano siendo de los primeros asentamientos en Mesoamérica. En el lugar podrás ver calles, un sistema de drenaje, el juego de pelota, edificaciones de carácter administrativo, religioso y habitacional. En el sureste del sitio podrás presenciar el centro ceremonial, con grandes edificaciones destacándose un conjunto de altos muros.

Zona Arqueológica El Chanal. Este lugar recibe su nombre por los mitos actuales que hablan de seres que habitan la cercanía de los arroyos conocidos como chanos, que son remembranza de los antiguos cultos a Tlaloc. Adentro podrás visitar centros ceremoniales, plazas, el juego de la pelota y algunos altares. Por su gran extensión, se cree que fue el asentamiento más grande en el actual estado de Colima.

Volcán de Colima. Es el único volcán que sigue activo y el de mayor actividad en el país, llamado también 'Volcán de Fuego', con 3,960 metros de altitud. La mejor época para visitarlo es de noviembre y marzo. En su cercanía es ideal para la práctica de campismo, caminata ligera o fotografía rural. Para subir al volcán, el acercamiento más próximo se inicia en la población de Atentique, y de ahí al paraje llamado El Playón. Las rutas para acercarse al volcán ofrecen múltiples opciones para pasar un día familiar: restaurantes a pie de carretera, renta de cabañas y tiendas con ventas de productos artesanales.

Tour por la Ruta del Café. También conocido como Café Bus, podrán conocer la Ruta del Café saliendo desde la Catedral de Colima. El tour que tiene una duración aproximada de 6 horas llega primero a Comala, seguido de Zona Mágica, Suchitlán, La Nogalera, Cofradía de Suchitlán, Rancho de Agosto, Los

Colomos, El Remudadero, El Remate y Los Mezcales. A bordo del camión podrán disfrutar de café durante el trayecto, música y, por supuesto, la explicación de un guía.

Playa El Paraíso. Se encuentra a sólo 100 metros de El Paraíso y a 7 kilómetros de Armería. Debido a que se ubica en mar abierto, resulta perfecta para practicar algunos deportes acuáticos como surfing y windsurf. Hay numerosas enramadas a lo largo de ella, que ofrecen platillos típicos, la más famosa es La Boquita.

Comala. En náhuatl su nombre significa 'lugar donde hay comales', aunque también es conocido como el Pueblo Blanco de América por sus sencillas fachadas blancas con teja roja. Es el lugar en donde Juan Rulfo situó la trama de su famosa novela 'Pedro Páramo'. Mientras recorren sus callejones, podrán visitar varios monumentos como su Parroquia de San Miguel Arcángel o la Ex Hacienda de Nogueras.

Manzanillo

Malecón. Aunque Manzanillo es uno de los puertos comerciales más importantes del país, sigue siendo un pintoresco y agradable pueblo. Caminando por su malecón podrán observar esculturas hechas por artistas locales y las embarcaciones pesqueras. Con bancas a lo largo de su kilómetro y medio, siéntense a disfrutar de esta hermosa bahía mientras tomas un agua de coco y ven pasar a la gente con el Pacífico de fondo.

Mirador Ventanas. Con un nombre que lo dice todo, parece que este mirador es justo una ventana que da al Pacífico y desde la cual podrán disfrutar de la inmensidad de este Océano. Si son madrugadores, procuren llegar poco antes que salga el sol. O, si lo prefieren, espérense al atardecer. Sea cual sea la hora, es el lugar ideal para sacar la cámara y captar los impactantes colores de la puesta o salida del sol contrastando con el océano.

Playa Miramar. Es una de las playas más famosas en la Bahía de Santiago y el lugar al que deben dirigirse si lo único que quieren es relajarse bajo el sol sin tener que preocuparse por nada más. Aquí tendrán hoteles, restaurantes, mercado de artesanías, y podrán realizar actividades como paseo a caballo o los deportes acuáticos de su preferencia. Además, el lugar cuenta con su propio malecón, para que den largos paseos mientras observan la puesta del sol.

Cuyutlán. Este centro turístico tiene varias atracciones para pasar un día, o varios, de forma agradable. Conocido por su famosa Ola Verde, podrán descansar en su playa a la sombra de las sombrillas, disfrutando de bebidas exóticas o comiendo sus mariscos. Ofreciendo servicios a turistas desde 1880, encontrarán varios hoteles, tiendas de artesanías y podrán hacer un recorrido en su laguna de 35 kilómetros y los manglares.

Reserva de la Biosfera Sierra de Manantlán. Su nombre derivado de la palabra náhuatl 'amanalli', que significa 'agua o fuente llorosa', describe el área montañosa que provee de agua a los poblados cercanos. Ubicado en la punta sur de la Sierra Madre Occidental, se descubrió un maíz perenne en 1979 que atrajo la atención nacional e internacional. Es un excelente lugar para observar y apreciar flora y fauna en peligro de extinción.

GASTRONOMÍA

La comida típica de la región se caracteriza por su amplia variedad de antojitos. Los sopitos de picadillo con jugo, los sopes de pata, lomo o pollo, las tostadas, el pozole seco, los tamales de pata de mula, de carne y elote tierno; el tatemado (cerdo macerado en vinagre de coco y guisado en chile colorado), la pepena (vísceras guisadas) y la cuachala (maíz martajado y cocido con pollo), es lo más representativo de Colima.

Por supuesto que se pueden disfrutar de las delicias del mar: langostinos (también de agua de río), los moyos (un tipo de cangrejo) 'a la diabla', pescado 'a la talla' o caldos de pescado. Una peculiaridad de la cocina colimeña es la utilización de la zanahoria en sus platillos.

Y para beber el 'Tejuino' que se puede saborear en este Estado (así como en Jalisco); que es un tipo de atole de maíz servido con hielo, limón y sal. 'La Tuba' consiste en savia del cocotero almendrada y puede servirse con fruta picada y cacahuates. 'El Bate' se hace con semilla de chía ('Chan') y miel. Con alcohol se encuentra el Ponche de Comala, en sus variedades de granada, ciruela pasa, cacahuate, guayabilla y tamarindo. Como postre, dulces preparados a base de coco.

ARTESANÍAS

Hay textiles, muebles, máscaras, equipales, cestería, sombreros de palma llamados 'colimote', y los 'huaraches', que se pueden encontrar en diseños exclusivos, únicos en esta zona de México.

Los artesanos se basan en la producción de artículos útiles, y usan técnicas tradicionales, sobre todo en la cerámica que reproduce las piezas arqueológicas encontradas en el Estado, muy buscadas por los extranjeros a quienes les gusta coleccionar estas obras.

También, la producción artesanal del Estado se caracteriza por seguir siendo principalmente satisfactoria de necesidades, más que estar enfocada al mercado turístico. Se distinguen por su calidad en la producción de sombreros de palma, en especial el llamado 'colimote'; la de huarache tejido; la hojalatería, en la ciudad de Colima, donde se fabrican botes lecheros, jaulas para pericos, embudos y muchos otros enseres domésticos, así como parafernalia para danzantes y pastores. En lo textil, la producción está limitada al bordado de los trajes 'de india', hecho con técnica de punto de cruz, con hilo rojo sobre tela blanca. Hay también, en Ixtlahuacán, producción de hamacas tejidas con fibra de acapán. La producción de muebles de madera de 'parota', decorados con los famosos y distintivos motivos, está centrada en la población de Comala. Ahí mismo y en Villa de Álvarez se producen objetos torneados en maderas finas. Suchitlán, municipio de Comala, se distingue por la producción de máscaras y equipales ceremoniales. Los pueblos de las laderas del Cerro Grande son grandes productores de canastos de carrizo y tejidos de palma. Santiago, en Manzanillo, se caracteriza por la fabricación de artesanía de concha y caracol. En Colima, la capital del Estado, se hacen reproducciones de piezas arqueológicas con las técnicas tradicionales de la cerámica antigua rojo-bruñido. Son famosos los perros cebados y otras figuras típicas de la arqueología de los Ortices y Comala. Pero además producen joyería y bisutería elaborada en barro, hilo de cáñamo tejido con cuentas de vidrio y piedras pintadas a mano, una artesanía totalmente hecha a mano.

DEPORTES

Colima es sede del equipo de la Liga Premier, Serie A, Loros de la Universidad de Colima.

MÚSICA / DANZAS

Las bailes típicos de Colima son herencia de las tradiciones indígenas. Entre las danzas que se preservan en la actualidad destacan 'La danza de la Conquista', 'La danza de la Virgen de Guadalupe', 'La danza de los capotes', "La danza de los malinches', 'Los moros y cristianos', 'La danza de los morenos' y 'La danza de los apaches'.

ESTADO DE DURANGO

El estado de Durango es una de las 32 entidades federativas de la República Mexicana y está situado en el Norte. Recientemente, Durango cuenta con el puente más alto de toda Latinoamérica, el Puente Río Baluarte que comunica al Estado con el de Sinaloa, tiene una longitud de 1,124 metros y una altura en su parte media de 390 metros. Además de Sinaloa, Durango colinda con los estados de Zacatecas, Coahuila, Chihuahua y Nayarit. Durango es el cuarto Estado más extenso de México.

El estado de Durango es un gran productor de minerales entre los que destacan el oro y plata. Dueño de grandes riquezas naturales, esta entidad ofrece de todo para todos. Durango es famoso por dos cosas: por los alacranes que le han otorgado un tipo de gentilicio a sus habitantes, 'alacranes'. El otro es por las producciones cinematográficas que se realizaron ahí desde los años 50's y hasta finales de los 80's, gracias a sus escenarios naturales que contemplan áreas áridas como la Zona del Silencio, así como bosques, ríos y cascadas, como la famosa 'Ferrería', todas de incomparable belleza, que atrajeron la atención de la industria cinematográfica mexicana, norteamericana y hasta italiana.

Esta región del norte de México ha estado siempre unida a las lámparas, los micrófonos y el cinematógrafo, ya que desde finales del siglo XIX diversos productores y directores tomaron esta tierra con sus cámaras, empezando por un ayudante de

Thomas Alva Edison quien produjo una película con el título 'Un tren llegando a Durango'. Durante la Revolución Mexicana también se filmaron documentales, algunos de ellos encabezados por el general Francisco 'Pancho' Villa (Doroteo Arango, su nombre real).

Debido a la presencia cinematográfica, en la mejor época de ésta convocó a que empresarios particulares se dieran a la tarea de construir hoteles, restaurantes y tiendas de primera clase, y esa 'industria sin chimeneas' conllevó la creación de empleos y a que algunas personas se especializaran en diferentes áreas de la hotelería y la alimenticia.

En Durango existe una de las minas con mayor extracción de minerales, 'El Cerro del Mercado'. Otra de las riquezas de La Perla del Guadiana son sus bosques, en los cuales se halla una gran variedad de madera de uso industrial así como también de maderas preciosas.

Los frutos son uno de los principales productos de exportación, Canatlán de las Manzanas es el sitio en el que se cultivan estos jugosos y exquisitos manjares de alta calidad.

Así, los atardeceres, los paisajes, la luz, sus zonas arqueológicas, arquitectura colonial y tradiciones ancestrales, hacen de Durango un paraíso para el turismo ávido de nuevas experiencias.

TURISMO

Villa del Oeste. ¿Cuántas personas han deseado estar en un verdadero set cinematográfico y ver cómo se hacen las películas? Bueno, entrando por la Carretera Panamericana se encuentra este parque temático que se construyó como set cinematográfico por Billy Huges*. En él se filmaron alrededor de 150 películas nacionales e internacionales, incluida 'Las bandidas' protagonizada por Penélope Cruz y Salma Hayek. Ahora es un atractivo turístico y cada fin de semana montan espectáculos al estilo 'western con cowboys', chicas que bailan el Can-can e indios apaches. (*De una familia de actores, su padre Billy Hughes Sr. y Withey Hughes, su tío, Billy Eugene Hughes Jr. fue un actor nacido en Los Angeles, California, que participó tanto en filmes para el cine y televisión, también fue productor. Algunas de su películas más famosas fueron 'El hombre del rifle', 'Humo en el viento', 'Mis seis amores', entre muchas otras. En series de televisión, 'Pistolas humeantes' ('Gunsmoke'), 'La zona desconocida', 'Lassie', entre tantas otras. Sus actuaciones lo llevaron a filmar en Durango, sitio del que él se enamoró, y por ello construyó este set cinematográfico.)

Centro Histórico. Parte del Camino Real de Tierra Adentro, su centro cuenta con joyas arquitectónicas de estilo barroco. Para poder admirar sus maravillosos monumentos, vale la pena caminar por sus calles peatonales con la vista siempre hacia arriba. Además de contar con una de las catedrales más bonitas del país, deben visitar su Plaza de las Armas, la Plaza IV Centenario, el Palacio del Conde de Súchil, el Teatro Victoria, el Palacio de las Lágrimas y más.

Catedral Basílica. Anteriormente estaba en su lugar la antigua parroquia de la Asunción, la que se incendió por lo que se construyó en su lugar esta catedral hacia 1695. Su fachada es de estilo sobrio barroco y hasta 1965 estaba pintada de amarillo. En el interior verán motivos bizantinos y frescos de inicios del siglo XX, así como parte del mobiliario del siglo XVIII, como la sillería del coro. Un espectáculo espectral en las noches de plenilunio es ver la silueta de una monja en el campanario de esta Catedral.

Museo Francisco Villa. Se encuentra asentado en el Palacio de Zambrano, con una bella fachada estilo barroco. El museo consta de 10 salas con diferentes temáticas; en las salas permanentes se exhiben infografías, maquetas, objetos, fotografías, gráficas y videos, que narran la infancia, la lucha revolucionaria y el lugar en la historia de México del General Villa (Doroteo Arango), también conocido como el 'Centauro del Norte'.

Museo Regional. Su edificio inspirado en palacios parisinos y construido en el siglo XIX es un espectáculo por sí solo, sin embargo, en él encontrarán más de 1,400 maravillosos objetos distribuidos en sus 16 salas. Estas piezas ofrecen una visión global de la región de Durango: considerando sus aspectos geológicos, prehistóricos, arqueológicos y culturales, desde la Colonia hasta nuestra época.

Bebeleche, Museo Interactivo de Durango. Un lugar ideal para pasar el día con los pequeños de la familia, así como los niños grandes. En el museo hallarán más de 100 exhibiciones interactivas y talleres divididos en sus 5 salas. Es una forma divertida de aprender sobre temas de tecnología, ciencia, cultura y arte. Recuerda que también hay una sala de proyección 3D.

Mexiquillo. Este sitio está ubicado en medio de un bosque de coníferas, donde encontrarán unas espectaculares rocas que se formaron hace millones de años cuando magma (lava) incandescente cubrió la tierra y el viento pulió las rocas, también en esa área se hallan unas extrañas rocas encimadas. Muy cerca se encuentra la cascada de Mexiquillo con 20 metros de caída, cuyo río en algunas partes tiene 'rápidos'. Es el lugar ideal para días de campo, realizar ciclismo de montaña, caminatas, práctica de rappel, paseos a caballo o en vehículos todoterreno. En el lugar hay unas hermosas, funcionales y acogedoras cabañas construidas con madera de la región.

Paseo Constitución. Ahora un corredor peatonal, en este paseo tienen todo lo que necesitan para disfrutar del Centro Histórico de Durango: cafeterías, restaurantes de todo tipo, bares, neverías, templos, tiendas de artesanías y comercios varios. Desde aquí también podrán ver a la monja Beatriz que se aparece en el campanario de la Catedral en luna llena. Los fines de semana se montan variados espectáculos para diversión de toda la familia.

Parque Ecológico El Tecuán. Éste está a sólo 40 minutos de la capital, en medio de la sierra, es el lugar ideal para que los amantes de la naturaleza se relajen en este precioso ambiente. Allí podrán realizar bastantes actividades al aire libre: caminatas, pesca, ciclismo, campismo y más. Además pueden observar ardillas, venados elk, coyotes, lobos, zorros, entre muchos animales. Recuerden llevar ropa cómoda para la ocasión y no olviden que el clima suele ser fresco.

Nombre de Dios. Este pequeño pueblo a tan sólo 58 kilómetros de Durango, es uno de los más antiguos del Estado y de los más visitados de la región, además que es parte del Camino Real Tierra Adentro. Es un centro evangelizador, allí hay numerosas iglesias para visitar, como las ruinas del ex Convento de San Francisco, la Iglesia de Amado Nervo o la Parroquia de San Pedro Apóstol. Nombre de Dios cuenta con una rica gastronomía y también es productor de mezcal.

Wallander. Durango tiene el mejor queso y aunque esto quizá esté a discusión, cuando visiten 'Wallander' definitivamente verán un fuerte contendiente. En el lugar encontrarán todo tipo de conservas, dulces típicos, vinos artesanales, chocolates, lácteos e incluso pan fresco hecho ahí. Aprovechen que el sitio cuenta con cafetería para pedir una rica torta y ensalada hechos con sus mismos productos.

Teleférico. Éste es uno de los cuatro teleféricos citadinos en el país, en él podrán disfrutar la vista espectacular de una parte del Centro Histórico de Durango a 82 metros de altura recorriendo una distancia de 750 metros. Cuenta con estaciones en el Cerro de los Remedios y Barrio de El Calvario. En la primera, desde su mirador, gozarán de una impresionante vista, así como eventos culturales y cine al aire libre.

Tranvía Turístico. Otra forma de disfrutar del maravilloso Centro Histórico de Durango, es tomando su Tranvía Turístico con guía el cual, en un recorrido de 50 minutos aproximadamente, les paseará por los principales atractivos. Verán la Catedral, el Palacio de Zambrano, los Teatros Victoria y Ricardo Castro, los Templos de Analco y Santa Ana, el Colegio Civil y Antigua Escuela Normal, los Palacios de los Gurza y de Escárzaga, y la Antigua Estación de Ferrocarril.

Museo Túnel de Minería. A este túnel podrán acceder por dos lugares: por la Placita Juan Pablo II, o por la Plaza de Armas. Con diez metros de profundidad, durante este recorrido a pie verán máquinas, herramientas, vestimentas de mineros y minerales que fueron donados por compañías mineras de la región. El objetivo es que a través de esta experiencia se rescate la historia minera de Durango.

GASTRONOMÍA

La gastronomía del estado de Durango se especializa en la carne. Por ejemplo, un platillo típico es el 'caldillo durangueño', que consiste en un filete de res frito con ajo, cebolla, jitomate y chiles. El chorizo es muy utilizado para la elaboración de diversas recetas. También los quesos de la región son deliciosos, como el asadero y el menonita.

El pinole de maíz es muy consumido y en cuanto a dulces típicos se refiere, está la cajeta de membrillo (parecida al ate), dulces elaborados con nuez, almendra, manzana y tejocote, sus 'jamoncillos de leche' son famosos en toda la región.

Uno de los principales productos que tradicionalmente hacen en la ciudad de El Mezquital es el mezcal, entre ellos uno llamado 'mezcal de perla'.

ARTESANÍAS

Esta forma de cultura popular se manifiesta en distintas regiones del Estado, sobresaliendo la cestería de ixtle, la alfarería y artículos de piel. En la zona huichol se confeccionan sombreros, bolsas, morrales y adornos, casi todos elaborados con coloridas chaquiras.

Los tepehuanos fabrican arcos, flechas, accesorios como sombreros y fajas, además de cestería.

Los indígenas tarahumaras son unos verdaderos maestros en el arte del barro, los instrumentos musicales como flautas y tambores, también en la fabricación de arcos y flechas.

Es importante resaltar que en la Escuela de Pintura, Escultura y Artesanías del Estado se impulsa la generación de nuevos artesanos. Así como los egresados que surgen de la emérita Universidad Juárez del Estado de Durango y del Instituto Tecnológico de Durango, en conjunto, de ellos van surgiendo profesionales en distintas áreas.

DEPORTES

En la República Mexicana se practican toda clase de deportes y Durango no es la excepción, éstos van desde la charrería, que es el deporte nacional y tiene competencias a nivel regional y nacional. Actualmente tiene un equipo en la Liga Mexicana de Béisbol (profesional) que es el de los Generales de Durango. En el fútbol profesional, los Alacranes de Durango dejaron de pertenecer a la Liga de Ascenso en el 2011. Por otra parte, desde 2016 los Alacranes de Durango están participando en la Liga Premier Chihuahua de básquetbol.

MÚSICA / DANZAS

Los grupos musicales de Durango son norteños y tienen como instrumentos guitarra, contrabajo, violín, clarinete y saxofón. Sus bailes; las polkas, redovas, chotis y cuadrillas. Sus temas; 'La Segunda de Rosales', 'Las Virginias', 'La Mermelada', 'Las Angelitas' y 'Las Cacerolas', etc.

ESTADO DE MÉXICO

El bello y pujante Estado de México es una de las 32 entidades federativas de la República Mexicana, y se localiza en el centro del territorio nacional. Colinda al Norte con los estados de Hidalgo y Querétaro, al Este con Tlaxcala y Puebla, al Oeste con Michoacán y al Sur con Morelos, Guerrero, y en el centro, en una forma de herradura, colinda con la Ciudad de México (ex Distrito Federal).

La mayor parte del territorio mexiquense se localiza en la parte central de la meseta de Anáhuac, y comprende los valles de México, de Toluca, parte del valle de Puebla y las cadenas montañosas de Sierra Nevada, Monte de las Cruces, Monte Alto y Cumbres Occidentales. Sobre esta misma meseta se localizan importantes elevaciones como el volcán Popocatépetl, el Iztaccíhuatl y los cerros Tláloc, Telapán y Jocotitlán (todos con más de 3.900 metros sobre el nivel medio del mar). La parte sur del territorio mexiquense se localiza dentro de la depresión del río Balsas, misma que comparte con los estados de Guerrero, Michoacán, Puebla y Morelos.

El Estado de México es considerado cien por ciento industrial, con una gran diversidad de factorías y manufacturación de artículos, algunas de ellas son reconocidas empresas cerveceras.

TURISMO

Toluca

Parque Nacional Nevado de Toluca

También conocido como Xinantécatl, su altura máxima es de 4,558 metros sobre el nivel del mar. Todo un reto para quienes practican alpinismo o aquellos de corazón aventurero, en la cúspide encontrarán dos hermosas lagunas conocidas como del Sol y de la Luna. Si su condición física es buena, pueden conseguir guías para subir a la cuarta montaña más alta del país; pero si éste no fuera el caso, hay zona de asadores para pasar un agradable día de campo.

La Marquesa

Es uno de los parques nacionales protegidos más visitados, se localiza en la gran extensión de la Sierra del Ajusco o Sierra de las Cruces; abarca unas 1,760 hectáreas de bosque de pino, oyamel y cedro. Durante todo el año y en especial los fines de semana, recibe a miles de visitantes que acuden a realizar diversas actividades como el excursionismo, campismo, hacer bicicleta de montaña, pescar, montar a caballo, rentar cuatrimotos y acampar.

Cosmovitral Jardín Botánico

En lo que fue entre 1910 y 1975 el Mercado Municipal 16 de septiembre, se construyó este jardín botánico aprovechando la belleza del edificio con estilo art nouveau. Con alrededor de 400 especies de plantas, árboles y arbustos, es un lugar de convergencia entre luz, cosmos y naturaleza. Lo más sobresaliente es el vitral en donde está representado el Hombre Sol y que fue construido entre 1978 y 1980.

Metepec

El crecimiento de la ciudad de Toluca provocó que la conurbación hiciera parecer como que Metepec es parte de la capital del Estado de México, pero no es así puesto que es un municipio por separado. Sin duda lo más conocido de Metepec es su artesanía en barro, especialmente los 'árboles de la vida' que son buscados y reconocidos en todo el mundo. Recorriendo las calles del centro verán incluso algunos de los talleres familiares en donde se elaboran además de 'árboles', macetas, jarrones, figuras de ángeles y santos, Etc. Visiten la Iglesia y Ex Convento de San Juan Bautista, la Iglesia de El Calvario, la Plaza Cívica y la Casa del Artesano. Metepec se ha vuelto centro de espectáculos artísticos y deportivos, además tiene múltiples cafés, bares y restaurantes.

Zoológico de Zacango

Éste es un zoológico con mucha diversidad, cuenta con 180 diferentes especies de todo el mundo incluidas algunas en peligro de extinción. Con una extensión de 159 hectáreas, se encuentra construida sobre lo que era la Hacienda Franciscana del siglo XVI. Verán que el zoológico se divide en zonas: aviaria, carnívoros, primates, herbívoros y africana. También pueden visitar una exhibición de serpientes y reptiles.

Temoaya

Muy cerca de Toluca, es un lugar que pueden visitar en un día si así lo prefieren. Ha llegado a ser conocido por sus famosos tapetes artesanales hechos a mano ya sea en el Centro Artesanal o en talleres familiares. Además de comprar o admirar estas obras de arte, visiten el Santuario del Señor Santiago, el Centro

Ceremonial Otomí, la Reserva Ecológica Estatal 'Parque Otomí-Mexica', el Centro Ecoturístico Jilotzingo o la Finca La Venturosa.

Zona Arqueológica de Teotenango

Su significado en náhuatl podría traducirse como 'en el lugar de la muralla sagrada o divina'. En el recorrido podrán visitar el monolito del jaguar, el juego de la pelota, el temazcal, la estructura de la serpiente, la calle de la rana y la muralla. Sus plazas y basamentos nos indican que fue un lugar importante en donde habitaron sacerdotes, nobles y guerreros de los pueblos matlatzincas y teotenancas.

Atlacomulco

Parque El Ocotal

En sus 122 hectáreas de extensión, el árbol más abundante del parque es el ocote, de ahí recibe su nombre. Es un lugar ideal para pasar un día de campo y en donde también podrán disfrutar de su zoológico que cuenta con venados cola blanca, tigre, leones, faisanes, por mencionar algunos de sus ejemplares. Con zona de campamento, canchas, juegos infantiles, paseos a caballo y en lancha, es excelente para un picnic familiar.

Museo Isidro Fabela

En honor a este polifacético mexicano que fue parte importante de la política y la vida académica en México, se abre este museo en un edificio del siglo XVIII y con el objetivo de preservar y rescatar obras relacionadas con este pensador. Aunque la mayoría del acervo tiene relación con Isidro Fabela, también hay otras obras plásticas, como mobiliario de los siglos XVIII y XIX, así como un archivo fotográfico, biblioteca y archivo histórico.

El Oro

Presa Brockman

Situado a 2,870 metros de altura, este bello lago en medio de un bosque de pinos es el destino ideal para practicar pesca deportiva de trucha, bagre, carpa, lobina y acociles. Con 70,000 metros cuadrados, este parque ecoturístico también es idóneo para realizar otro tipo de actividades ya que en sus instalaciones encontrarán palapas, juegos infantiles, andadores, canchas de fútbol y más. Cuentan con todo para un agradable paseo en la naturaleza.

Museo de la Minería

El Oro fue fundado en 1772 al descubrirse vetas de este metal en la zona, sus minas llegaron a ser las segundas más ricas del mundo generando un gran movimiento en la región que alcanzó su mayor auge hacia finales del siglo XIX y principios del XX. A través de fotografías, planos y documentos, este museo te contará la historia minera de la región. Además aún conservan el malacate, compresoras y las oficinas en donde se pagaba a los mineros.

Ixtapan de la Sal

Ixtapan de la Sal se encuentra enclavado en el Estado de México y es famoso por sus exquisitas y curativas aguas termales. El sitio es excelente para pasar unas vacaciones y gozar de un placentero relajamiento total en sus spas con tinas romanas y sus balnearios de aguas medicinales, donde además se dan tratamientos a base de lodo (barro).

Es el lugar propicio para el romance o el descanso físico, mental y espiritual.

Asimismo, Ixtapan de la Sal cuenta con uno de los parques acuáticos más grandes de Latinoamérica, así como enorme y variada medicina alternativa holística y los mejores masajes relajantes y curativos tales como la fisioterapia, la reflexología, etcétera.

Este remanso de paz, es un paraíso que tiene espectaculares paisajes adornadas con exuberante vegetación, extensos campos de golf, paseos ecuestres y por supuesto, deliciosa y saludable comida. Cuenta también con un fenomenal show de 'coloridas aguas danzarinas' en la Fuente Cibernética Bailarina, en la que se combina el agua con las luces multicolores y luego se sincronizan espectacularmente con la música.

En el centro de la población se encuentra la Diosa Ixtapancíhuatl así como la Diana Cazadora, cuenta con calles empedradas, típicos caserones, tiendas con venta de variadas artesanías. Los festejos anuales más importantes que hay en Ixtapan de la Sal son el 15 de agosto cuando se celebra la Asunción de María.

Cerca de Ixtapan de la Sal hay otros maravillosos lugares como Aculco y Valle de Bravo que pueden ustedes visitar. Las mejores artesanías están en San Pedro Tecomatepec, o admirar la arquitectura colonial de Tonatico. O bien, enrolarse en un recorrido por las hermosas y enigmáticas Grutas de la Estrella.

He aquí un listado de los lugares que pueden ustedes visitar en Ixtapan de la Sal; el Parque Acuático, la Plaza Maclovia, el Balneario Municipal, el Spa Holístico Luxury Day Spa, las Rutas Encanto, o sencillamente disfrutar del Ixtabiketours en el que aparte de admirar las bellezas lugareñas puede ejercitarse pedaleando en bicicleta.

Parque Acuático Ixtapan

El lugar ideal para que se diviertan los niños de todas las edades. Con carrusel, chapoteadero, resbaladilla, juegos infantiles para los más pequeños; una zona extrema de toboganes para los más aventureros; aguas termales con fines recreativos y medicinales; y una zona familiar con trenecito, albercas, asadores y más, es un destino ideal para divertirse en grande. Los fines de semana pueden disfrutar de su exquisito buffet.

Grutas de la Estrella

Para poder disfrutar de estas grutas y sus maravillosas formaciones de estalactitas y estalagmitas debido al escurrimiento de agua en sus rocas, cuentan ustedes con dos opciones. Un recorrido para el turista a través de las diferentes salas y contemplando las formaciones que se han hecho; y otro más aventurero que baja al río subterráneo El Zapote. Este paseo sólo se lleva a cabo entre febrero y junio, para que lo planeen con tiempo.

Tonatico

Un pueblo típicamente colonial, al caminar entre sus calles parecerá que por ahí no ha pasado el tiempo. Su nombre, proveniente del náhuatl, significa 'lugar del sol' ya que decían que ahí había nacido el sol. El lugar goza de una gran belleza al estar rodeado de vegetación, y en su pintoresco centro podrán ver la Iglesia de Nuestra Señora de Tonatico que data del siglo XVII. Muy cerca de ahí están las Grutas de la Estrella y el Parque del Sol con sus albercas y deslizadores.

San Pedro Tecomatepec

Encantador pueblo dentro del municipio de Ixtapan de la Sal, es famoso por sus artesanías de barro, principalmente jarros y cazuelas. El lugar también es conocido por la hospitalidad de los habitantes, que incluso le invitan a conocer los hornos tradicionales de cocción del barro. Pueden comprar artesanías o también aprovechar para conocer su iglesia del siglo XVI y la enorme escultura de barro que hace homenaje a los artesanos.

Malinalco

Zona Arqueológica Cuauhtinchán

En medio de la montaña Texcaltepec, conocida como el Cerro de los Ídolos, fue un lugar ceremonial construido por los mexicas y descubierto en 1933. Una de las particularidades arquitectónicas son las estructuras monolíticas, es decir, talladas en una sola piedra. También resulta interesante saber que aquí se llevaban a cabo los ritos de iniciación de los guerreros Águila y Ocelotes, considerados la máxima élite en la milicia mexica.

Museo Vivo: Los Bichos de Malinalco / Xanat

En una antigua casona de Malinalco, se estableció este museo en donde podrán aprender de los insectos. Algunas de las especies las podrán tocar y a través de este acercamiento con la naturaleza se busca crear lazos de lealtad para su conservación. Visiten también Xanat, que es un santuario para la tortuga casquito en donde pueden ayudar a cuidarlas, conocer la huerta, refrescarte en las pozas y aprender sobre la elaboración de café.

Museo Universitario Dr. Luis Mario Schneider

Originario de Argentina, el Dr. Schneider vivió los últimos 30 años de su vida en Malinalco, convirtiéndose en promotor de la cultura y el arte del Estado de México. En este museo que lleva su nombre, se muestra a lo largo de sus 7 salas la cultura, costumbres y tradiciones de Malinalco. Las colecciones arqueológicas, documentales, religiosas, históricas, artísticas y botánicas se deben a la comunidad, quien ha donado más de 1600 objetos.

Ex Convento Agustino

Con una construcción que comenzó en 1540, este convento cuenta con un estilo plateresco y renacentista, y fue aquí en donde comenzó la evangelización de toda la zona. Construido por los indígenas, también fueron ellos quienes pintaron algunos de los murales del claustro, siendo una de las primeras muestras artísticas del mestizaje cultural. Todo el complejo con su templo, cocina, despensa, sala del capítulo y claustro son únicos, valen la pena recorrerlos.

Tour de las Capillas de Barrio

El tour los llevará a conocer las capillas de los 8 barrios de Malinalco ofreciéndoles una explicación de cada una de ellas a través de un guía especializado. Algunas con techo doble agua, otras con techo de cañón e incluso de cúpula, con campanarios de todos tamaños, algunas ya retocadas; en fin, al ser todas diferentes en este tour aprenderán sobre su historia y arquitectura. Hermosas todas las capillas, fueron parte fundamental de la evangelización.

Criadero de Truchas El Molino

Una forma más de disfrutar de la naturaleza del Estado de México, en El Molino podrán estar en contacto con el típico ambiente mexiquense. Si le gusta la pesca deportiva, éste es el lugar ideal para hacerlo y ver el proceso de crianza de trucha. Aunque no tengan interés en la pesca, el lugar también es ideal para probar la típica trucha estilo Malinalco en el restaurante que se encuentra en El Molino o en los que hay a los alrededores.

El Xoxopastli

El rebozo es una de las telas más antiguas y tradicionales en México y, lamentablemente, aquellos elaborados a mano son también una expresión cultural en peligro de extinción como también otros objetos que son imitados en China principalmente. En El Xoxopastli se siguen elaborando estas prendas de forma tradicional; desde la selección de hilos, el teñido y el diseño.

San Juan Teotihuacán

Zona Arqueológica de Teotihuacán

En una extensión de 264 hectáreas, podrán apreciar los principales edificios monumentales como La Ciudadela y El Templo de la Serpiente Emplumada, la Calzada de los Muertos, la Pirámide del Sol y de la Luna, entre varios conjuntos más. Admiren también sus murales como el Tetitla, Atetelco, Tepantitla y La

Ventanilla. En sus 2 museos y jardines podrán observar varias piezas arqueológicas.

Reino Animal

No sólo es un parque con más de 1,400 ejemplares de animales, también produce más de tres toneladas de alimento al día para sus diferentes especies. El lugar cuenta con un zoológico infantil, para que los pequeños puedan tocar y ver de cerca animalitos bebés, con un safari que en su recorrido va haciendo paradas, con un reptilario, un aviario y corrales de granja.

Acolman

Este fascinante pueblo colonial en medio de la naturaleza está lleno de historia haciéndolo un destino ideal para pasar un día en las cercanías de Teotihuacán. Visiten el Templo y Ex Convento de San Agustín construido entre 1539 y 1560, el Museo Virreinal de Acolman ubicado adentro del convento y que explica la vida de los monjes y la Cruz Atrial. Recuerden que las piñatas son típicas de Acolman, así que no dejen de llevarse una, pero con olla de barro.

Tepotzotlán

Arcos del Sitio

También conocido como el Acueducto de Xalpa, su construcción aunque es muy sencilla también es espectacular ya que cuenta con 43 arcos divididos en cuatro niveles, alcanzando una altura de 61 metros y una longitud de 438 metros. No es el más largo, pero sí es el más alto del país. Con lindos paisajes a sus pies y alrededores, el lugar es ideal para actividades de esparcimiento al aire libre.

Parque Ecológico Xochitla

Un parque ideal para pasar el día en familia, hay muchas actividades por realizar especialmente durante el sábado y domingo cuando se organizan 'retadoras de fútbol', cursos de cerámica, exhibiciones, por mencionar sólo algunas. Para los adultos también hay clases y conferencias. Si van entre semana, entre sus jardines, veredas para andar en bicicleta, golfito, tortuguero, trenecito, laberinto y muchas cosas más, tendrán para llenar su día.

Museo Nacional del Virreinato

Créanlo, es único y está dedicado exclusivamente a difundir las diversas manifestaciones culturales, tangibles o intangibles, del periodo virreinal en México, el museo cuenta con varias exposiciones permanentes relacionadas con la vida religiosa y cotidiana de la época. Para ello, el acervo cuenta con casi 34,000 piezas de entre los siglos XVI y XIX. Ubicado en lo que era el noviciado de Tepotzotlán, el edificio que alberga al museo es en sí una joya.

Plaza de las Artesanías

Inaugurada a principios del 2010, es el lugar al que tienen que ir si buscan algo de artesanía no sólo de la región, sino de todo México. Desde herrería artística, artículos de bronce, cajitas de madera y cáscara de naranja, textiles, accesorios de piel, entre otros, son los que pueden encontrar entre sus pasillos. Si quieren algo típico busca el sello 'Hecho en Tepotzotlán' que les garantizará que se llevan algo hecho por las manos de los lugareños.

Valle de Bravo

Lago de Valle de Bravo

Uno de los principales atractivos de Valle de Bravo, es el lago que se formó por el embalse de la Presa Miguel Alemán. Rodeado de montañas, tienen ustedes el escenario perfecto para practicar deportes acuáticos: esquí, veleo, paseos en lancha o kayak, canotaje, flyboarding e incluso pesca deportiva. Si prefieren relajarse sobre sus aguas, también hay paseos recreativos en barcos y restaurantes flotantes para comer, beber y escuchar música, mejor si es con buena compañía.

Centro Histórico

El centro de este Pueblo Mágico que, en su mayor parte fue edificado en el siglo XVI, lo tiene todo: construcciones históricas y religiosas, callejones empedrados, mercados, plazas y parques, además de muchos lugares en donde podrán sentarse a comer. Visiten el Centro Cultural Joaquín Arcadio Pagaza, la Plaza Independencia, los portales, la parroquia de San Francisco de Asís y más, mientras… disfruten de una típica nieve artesanal.

Carmel Maranathá / La Gran Stupa Para la Paz Mundial

Este Centro Espiritual, Carmel Maranathá, fue construido por religiosos carmelitas descalzos. Destaca su arquitectura moderna y elegante decoración… La Gran Stupa Para la Paz Mundial. Ésta es la primera Stupa budista en México y la más grande del occidente, cuenta con 36 metros de alto, simboliza la iluminación de Buda y, por lo tanto, pertenece al tipo 'chian chiub chorten'. Este monumento es a la vez uno de carácter funerario, una representación de un cuerpo muerto fusionado con un estado de iluminación y un lugar sagrado de peregrinaje. Dicen que las Stupas tienen el poder de quitar obstáculos, así que sean budistas o no, ¡visítenla!

Templo de Santa María Ahuacatlán

Lo que le ha dado popularidad a esta iglesia que podría parecer una más, es que adentro se encuentra el Cristo Negro, uno de los más venerados por la gente de la localidad. El busto se halla en el altar principal y dicen que es muy milagroso. Además de la bonita construcción externa del templo y del Cristo Negro, también encontrarán cuatro enormes lienzos de Phillippa realizados por un artista británico.

Reserva Estatal Monte Alto

La parte alta de la montaña también es conocida como la Torre de Guardabosque. El lugar es ideal para practicar vuelo en ala delta, parapente y tándem. Aunque si prefieren no estar en las alturas, también tendrán 21 kilómetros de pista para ciclismo de montaña divididos en tres: principiantes, intermedios y avanzados. Si prefieren no cansarse, podrán relajarse con caminatas ligeras entre sus bosques, cascadas y ríos, o bien, hacer un exquisito picnic.

Mercado de Artesanías / Mercado El 100

Es un lugar en donde podrán apreciar y adquirir artesanías de la localidad, sobre todo aquellas provenientes de Guerrero, Jalisco, Michoacán y, por supuesto, el Estado de México. Alfarería de

Otumba, coloridos tejidos mazahuas, figuras e incluso muebles hechos de madera y cestería son algunas de las cosas que podrás ver. Ideal ya sea que estén buscando un recuerdito personal, un regalito para llevar o sólo para admirar estas obras de arte... Mercado El 100. Su nombre lo recibe porque busca a productores locales en un perímetro no mayor a 160 kilómetros o 100 millas, de ahí El 100; y lo mueven 5 valores fundamentales: local, sano, justo, rico y limpio. Bajo esta premisa, ¿quién no querría adquirir todos sus alimentos aquí? Sólo productos orgánicos, encontrarán lácteos, hortalizas, frutas, productos para el cuerpo y mucho más. Interesante, ¿verdad?

El Estado de México tiene muchos sitios más que valen la pena conocer, como Amecameca, Temascaltepec, Tenancingo, Texcoco y demás.

GASTRONOMÍA

Sin duda el platillo que distingue a la comida toluqueña es la carne de cerdo y sus derivados, como el chorizo que preparan con esa carne, las 'carnitas', los chicharrones, las manitas de puerco en vinagre, el famoso queso de puerco y los tradicionales chorizos verdes elaborados con hierbas. Y la deliciosa cecina que elaboran con carne de cerdo, de res y en algunas zonas con la de venado. La gastronomía del Estado también se enriquece con otras delicias diferentes, los pescados que provienen de sus muchos ríos, lagos y lagunas, como las truchas y las carpas empapeladas o en un estilo muy similar al pescado a la talla.

Hay desde luego más sabores distintos, como los que provienen de la tierra, podemos mencionar los elotes cocidos o asados, los esquites, nopalitos en chipotle, el huitlacoche en quesadilla o con crema, la flor de calabaza, los hongos silvestres que se sirven en una caldosa y humeante sopa, las chalupas que se preparan con frijoles o con habas, los sensacionales tamales que parecen tener un sabor y método de preparación diferentes, de acuerdo con las costumbres de cada región.

Tampoco hay que olvidar los lácteos, que son como parte de la tierra porque provienen de las vacas, las cabras o las chivas y, por supuesto, de otras tradiciones que la gente de estos sitios aprendió ya hace mucho tiempo, como los quesos de hebra, los rancheros y los requesones que a veces son servidos en hojas de maíz. Y qué decir de las cremas y mantequillas que son unas reales maravillas.

Pero hay algo más, todas esas delicias no pueden dejar de probarse sin una buena bebida. Para ello hay que saborear los ricos licores de frutas que se producen en Tenancingo, los 'moscos o mosquitos' procedentes de Toluca y que constan de diferentes graduaciones de alcohol. Y desde luego, tomar los 'curados de pulque' de diferentes sabores de frutas que son toda una tentación, al igual que el sabroso 'tepache' elaborado con piña y los atoles de distintos sabores y texturas.

ARTESANÍAS

Dentro del arte popular del Estado de México, la artesanía tiene un papel fundamental por ser expresión auténtica de los valores culturales, raíces históricas, tradiciones y costumbres del pueblo mexiquense, ello, sin considerar que como actividad económica, el trabajo artesanal constituye la fuente de ocupación de miles de familias de origen mazahua, otomí, matlatzinca, tlahuica y náhuatl, cuya subsistencia y mejoramiento de sus condiciones de vida dependen de la capacidad de afrontar bajos niveles de calidad y productividad, así como graves obstáculos para la comercialización de sus productos. Por lo anterior, el 16 de diciembre del 2004, se reformó la Ley Orgánica de la Administración Pública del Estado de México, con el propósito, de crear la Secretaría de Turismo y Desarrollo Artesanal, dependencia encargada de regular, promover y fomentar el desarrollo turístico y artesanal del Estado.

En este contexto el Instituto tenía registrados a 15,091 artesanos, los cuales identifica en 17 ramas artesanales, brindando capacitación en tres grandes rubros; Preservación de la actividad artesanal, Mejoramiento de los procesos de producción y Fomento de la cultura empresarial. Igual proporciona opciones de comercialización, mediante la venta a consignación de artesanías, a través de la Tienda CASART (Casa de las Artesanías), que cuenta con 2000 m2 de exhibición con cerca de 5000 artesanías, producidas por más de 500 artesanos. Con el mismo fin brinda a los artesanos espacios comerciales en el Centro de Desarrollo Artesanal (CEDART).

DEPORTES

Recientemente su equipo de fútbol, Diablos Rojos de Toluca, cumplió 100 años de existencia siendo de los más antiguos y ganadores del balompié azteca militando en la Primera División profesional. También cuenta con uno de la División de Ascenso que son los Potros de la Universidad Autónoma del Estado de México, éstos con apenas 46 años de vida.

MÚSICA / DANZAS

En lo que es su acervo autóctono, con sus instrumentos y músicos, mantienen sus tradiciones acompañando danzas como 'Los Chinangos', 'De los Arcos', 'De los Caballitos', 'De las Varas', de 'Los Concheros', de 'Los Arrieros' y la de 'Los Charros', entre otras. En el Estado de México escuchan todo género de música, en especial la regional mexicana. Sin embargo, por su cercanía a la Ciudad de México, se han involucrado con la 'música sonidera' de alguna manera tropical como la salsa, el merengue, el mambo, el cha-cha-cha. Como también en el rock and roll, el twist, la música disco y hasta los modernos hip-hop y reggeatón.

La grandeza de México está en su historia, sus raíces y tradiciones, así como en la calidez de su gente y el buen trato que les da a todos quienes lo visitan, lo conocen y llegan a enamorarse de un bello país como es México.

ESTADO DE GUANAJUATO

El hermoso y pujante estado de Guanajuato es una de las 32 entidades federativas de la República Mexicana. Está situado en la región Centronorte del país, limitando al Norte con Zacatecas y San Luis Potosí, al Este con Querétaro, al Sur con Michoacán y al Oeste con Jalisco. Su capital es Guanajuato, mientras que su ciudad con mayor población es León. El 20 de diciembre de 1823 es la fecha de su fundación. Con tantas ciudades importantes en un solo Estado nos indica lo relevante de un lugar como Guanajuato, el que con sus 46 municipios es uno de los más importantes de México. Su nombre proviene del purépecha y significa o bien 'Lugar montuoso de ranas' o 'Lugar de muchos cerros'.

Guanajuato es un estado lleno de mística, arquitectura colonial, mucha historia y un sinfín de atractivos turísticos entre los que destacan sus cinco Pueblos Mágicos: Dolores Hidalgo (Cuna de la Independencia Nacional), Jalpa de Cánovas de Purísima del Rincón, Mineral de Pozos, Salvatierra y Yuriria.

Los Pueblos Mágicos son un programa que desarrollo la Secretaría de Turismo de México y que reconoce a quienes viven en estos lugares y su esfuerzo por proteger y fomentar su riqueza cultural, su arquitectura original y su valor histórico. De igual manera tiene dos Ciudades Patrimonio de la Humanidad; San Miguel Allende y su Santuario de Atotonilco, y Guanajuato, proclamados por la UNESCO en 1988.

Guanajuato; con sus imponentes edificios culturales de la época de la Nueva España, magníficos recintos religiosos, monumentos históricos, paisajes, riquezas minerales, pueblos fantasmas, enigmáticas leyendas y magníficos productos gastronómicos y de piel, son muestra de lo mucho que pueden ustedes encontrar en el estado de Guanajuato.

TURISMO

Teatro Juárez. Después del Palacio de Bellas Artes en la Ciudad de México, el Teatro Juárez es quizás el más hermoso de México. Construido entre 1872 y 1903, de estilo dórico romano, fue inaugurado el 27 de octubre de 1903, con la Ópera Aída, por el entonces presidente Porfirio Díaz. Ésta es sólo una de las 15 atracciones que tiene la ciudad de Guanajuato.

Universidad de Guanajuato. Este edificio de estilo neoclásico nació como un hospicio, luego fue convertido en Universidad, en 1945. Su belleza es singular y está construido en cantera verde con una hermosa escalinata desde la cual se tiene una gran muy buena vista de la ciudad de Guanajuato. Prácticamente ahí nacieron, en 1953 y por mediación del estudiantado universitario, los Entremeses Cervantinos en honor de Miguel de Cervantes Saavedra, creador del Quijote. Desde 1973 fue llamada 'Fiesta del Espíritu': el Festival Internacional Cervantino. Inició con 'Las Callejoneadas' acompañadas con la música interpretada por las Estudiantinas o Rondallas estudiantiles.

Calle Miguel Hidalgo. Esta calle es todo un símbolo de la ciudad de Guanajuato, tiene 3 kilómetros de largo y su trazo se debe a las características montañosas de la ciudad. En su interior las paredes son de cantera con columnas y arcos, que hoy son sus principales atractivos.

Callejón del Beso. Dos balcones, separados por apenas 68 centímetros sobre una estrecha calle, es lo que se conoce como el Callejón del Beso. Este lugar también tiene su propia leyenda. Si lo visitan en pareja tienen que besarla en el tercer escalón del callejón, les darán 7 años de felicidad.

Sus Minas. Como toda ciudad minera, Guanajuato tuvo en el tiempo de la Colonia varias minas importantes que hoy son atractivos turísticos. Hay varias, como la Mina Experimental, la de El Nopal, y la Mina de Rayas que fue descubierta en 1558 y tiene casi 500 metros de profundidad. Hoy, esta mina es el monumento de mayor profundidad en el mundo.

Sierra de Santa Rosa. Ésta es una hermosa reserva natural de las más importantes del Estado. Es ideal para practicar el ecoturismo con actividades como acampar, observar aves y conocer la flora y fauna de la zona. En la Cuenca de la Esperanza rentan de casas de campaña con baños y algunos servicios para el visitante. Se encuentra 5 kilómetros al norte de Guanajuato. Es bueno mencionar que en las áreas naturales se practican los paseos en globo, el paracaidismo, el rappel, parapente, cabalgata y todo terreno, entre muchos otros.

Circuitos. Guanajuato es famoso por sus Circuitos, como; El del Vino, el del Tequila, del Nopal, así como la Ruta del Mezcal.

Museos. Hay tantas por conocer en Guanajuato, que referente a Museos les mencionamos algunos: El Museo Regional de Historia de la Alhóndiga de Granaditas, sitio de la primera batalla por la Independencia de México. El Iconográfico del Quijote. La Casa de Diego Rivera. La Casa de Arte de Olga Costa – José Chávez Morado. El del Pueblo. El de las Momias del Panteón Civil-Falda Sur, etcétera.

Monumentos. Monumento a Miguel de Cervantes Saavedra, a Don Quijote y Sancho Panza, al Pípila, a la Paz, a Hidalgo, a Benito Juárez. Así como el Jardín Reforma y Jardín de la Unión.

Iglesias. La Basílica Colegiata de Nuestra Señora de Guanajuato, Templo de Belén; Templo San Roque, Iglesia de San Francisco, Iglesia de San Diego Alcalá, Capilla Santa Casa de Loreto, Iglesia de la Compañía de Jesús y su Pinacoteca, Santuario del Cerro del Cubilete con su imponente Cristo Rey.

Otros atractivos. Los andares de las Estudiantinas en las Callejoneadas, Cuesta del Tecolote, Puente del Campanero, Funicular de Guanajuato, Alhóndiga de Granaditas y su Museo, Calles Subterráneas de Guanajuato, Vistas Panorámicas de la ciudad desde el Funicular el Pípila, Paseo en lancha por la Presa de La Olla, Casa de las Leyendas, etcétera.

Fiestas, ferias y festivales en la ciudad de Guanajuato: Marzo: Rally Guanajuato-México. Marzo-Abril: Festival Medieval Guanajuato. Mayo: Festival Internacional de Órgano y Festival de Música de Cámara. Julio: Festival Internacional del Cine; 1er. lunes de julio. Fiestas del Día de la Apertura de la Presa de la Olla. Fiestas de San Ignacio de Loyola. 8 de agosto: Fiestas de Nuestra Señora de Guanajuato. 15 y 16 de septiembre, Fiestas Patrias. Octubre, Festival Internacional Cervantino. Noviembre: Festival Guanajuato en Globo. 12 Diciembre, Día de la Virgen de Guadalupe, Patrona de México.

Zonas arqueológicas de Guanajuato

Plazuelas. Ésta fue la primera zona arqueológica del Estado ya que su apertura se registró en el año 2006, cuando encontraron un campo de Juego de Pelota con dos figuras de serpientes en cada extremo.

Peralta. Las condiciones del entorno natural permitieron a las sociedades prehispánicas de este lugar, disponer de agua en abundancia, suelos de gran fertilidad en la planicie y en las laderas, así como materias primarias como la obsidiana y la riolita.

Cañada de la Virgen. En la cuenca central del río Laja, se asienta la zona arqueológica Cañada de la Virgen y más de 70 asentamientos prehispánicos contemporáneos, representó la sede de un dominio religioso y calendárico para el control de los sistemas agrícolas, las rutas de paso y de las materias primas con las que se abastecían.

El Cóporo. Los distintos conjuntos arquitectónicos que conforman este sitio, se encuentran distribuidos tanto en la cima como laderas del cerro Cóporo.

Éstos, son sólo algunos de los puntos de interés por visitar en el estado de Guanajuato, pero son tantos, que nos sería difícil enumerar todos y cada uno de ellos.

GASTRONOMÍA

Debido a su carácter cosmopolita, en todo el Estado se pueden encontrar restaurantes internacionales, algunos especializados en determinados platillos de diferentes países.

Los platillos regionales son: las patitas de puerco, frituras de carne molida o 'pacholas', empanadas rellenas de carnitas, 'acambaritas' y pan de Acámbaro, fiambre estilo San Miguel de Allende (mezcla de diferentes tipos de carne de res, pollo y cerdo, con frutas y verduras en aceite y vinagre) y, por supuesto, las enchiladas mineras.

Para beber, destaca el agua de betabel, la cebadina, el licor de fresa y agua de mezquite.

El postre, no, éste no podría faltar. Irapuato es uno de los principales productores de fresas del mundo y allí se sirven las fresas con crema o gelatina de cajeta. En Celaya, hacen las mejores cajetas de la region a base de leche de vaca o de cabra. En la capital se elaboran unos dulces de caramelo duro llamados 'charamuscas', hechas de azúcar y piloncillo quemados, y en el resto de Guanajuato se elaboran; jamoncillos, pepitorias, alegrías y cocadas.

La ciudad de Guanajuato les ofrece la mayor variedad de platos típicos mexicanos y de diferentes países, con amplios servicios a su disposición y la mejor atención tanto en su gran número de restaurantes, como también en hoteles.

ARTESANÍAS

¡Vívanlo! Porque el rico estado de Guanajuato cuenta con un sinfín de influencias artísticas. Desde la indígena hasta la estadounidense, sí, que se palpa claramente en la zona de San Miguel de Allende, pasando por la española de la época de la Conquista. En Acámbaro y la ciudad de Guanajuato se elabora cerámica. En la capital también se fabrican exquisitas piezas de platería barroca. Festivales diversos se organizan durante todo el año, como la Feria de la Lana y el Latón.

Entre las artesanías de Guanajuato encontrará objetos de calidad internacional, como es el caso de los talleres en los que se elabora la mayólica, una cerámica representativa de la entidad, como así también los trabajos en alfarería, un arte que continúa pasando entre generaciones de pobladores de la región.

En el centro de la ciudad podrá acceder a tiendas con las mejores artesanías de Guanajuato, como los tradicionales trabajos de joyería en oro y plata, tallas de madera, tejidos de lana, vidrio soplado y juguetes típicamente mexicanos, como los baleros, yoyos y trompos.

Una de las industrias que le ha dado fama internacional al estado de Guanajuato, es la de la piel. En toda la región hay innumerables fábricas de zapatos para hombres, damas y niños, con una inmensa variedad de estilos, como las botas que son producto de exportación.

De igual manera trabajan arduamente en la producción de pieles y cueros tratados, con los cuales fabrican cinturones, bolsas, carteras, pulseras y una variedad de artículos más.

En la ciudad de León se celebra dos veces por año La Feria del Calzado, que es el evento más importante de Latinoamérica y que supera a cualquiera otra exposición que se realice en el Continente. Por esa razón es que este evento ahora es conocido como La Feria de las Américas.

DEPORTES

El estado de Guanajuato tiene un equipo en la Primera División desde hace años; el Club León. De igual forma posee otro en la División de Ascenso; Celaya Fútbol Club.

MÚSICA / DANZAS

En Guanajuato se tocan sones, jarabes y huapangos. Entre sus danzas están; 'Paloteros', 'Danza de Broncos', 'Danza del Torito', entre otros. Unos sones son de Jaral, y por supuesto, los valses del gran músico y compositor Juventino Rosas.

ESTADO DE GUERRERO

El estado de Guerrero es una de las 32 entidades federativas de México y se localiza al Sur del país. Colinda al Noroeste con el estado de Michoacán, al Norte con los estados de México, Morelos y Puebla, al Este con el estado de Oaxaca y al Sur con el Océano Pacífico. Guerrero, cuyo significado es Cihuatlan o 'lugar junto a las mujeres' en náhuatl, y 'u Ra' en mixteco, es el único estado mexicano nombrado en honor a quien fuera un presidente de México, Vicente Guerrero, aunque hay otros que ostentan nombres de personajes destacados en la historia de la nación azteca. El título de ciudad le fue otorgado por Felipe II, y ratificado por Carlos IV el 28 de noviembre de 1799.

La geomorfología del Estado es de las más complejas del país, al ser un territorio atravesado por la Sierra Madre del Sur. En la cartografía, se suele llamar Sierra al sector occidental y Montaña al oriental.

Las principales actividades económicas de Guerrero son la agricultura y el turismo. Tiene 81 municipios y su capital es la ciudad de Chilpancingo de los Bravo. Las ciudades más grandes son Chilpancingo y Acapulco, en cuanto a habitantes; pero en cuanto a extensión geográfica, el municipio más grande es Coahuayutla, con 3,511.5 km2, representando el 5.50% del territorio total del Estado.

La orografía de Guerrero es una de las más accidentadas de México y en su relieve destaca la Sierra Madre del Sur y las Sierras del Norte. Entre ambas formaciones se ubica la Depresión del río Balsas. Las lagunas más importantes son la laguna Negra, la laguna de Coyuca y la laguna de Tres Palos.

Pese a las complicaciones del relieve, el estado de Guerrero produce importantes cantidades de ajonjolí (en todo el Estado), maíz, sorgo, soya, arroz, jitomates, limones, café, melones, toronjas, sandías, cacahuates, mangos y cocoteros, con el cultivo de sus palmas y la copra (pulpa del coco, seca). También se cultiva la okra, vegetal que produce un fruto destinado a la exportación y que genera divisas para el país; también es llamada bhindi, gombo, gumbo, quimbombó, calalú, ñajú o ají turco, cuyo fruto tiene forma de pequeño tubo o vaina verde de sabor muy especial y una sustancia pegajosa que sirve para espesar sopas y guisos, pero que también tiene uso medicinal para el colon. Guerrero además cuenta con algunas áreas boscosas ricas en pastos y árboles madereros, como en la sierra de Taxco.

TURISMO

Acapulco

Éste, que es el llamado Paraíso de América, les invita a visitar sus playas más importantes, a pasear por la ciudad, a admirar las puestas de sol en Pie de la Cuesta, luego llegar hasta el mirador de La Quebrada para ver los clavados nocturnos. La frescura del mar guerrerense es un regalo en medio de un paisaje único. Acapulco es la ciudad y puerto de los más importantes de México; fue fundado por los tlahuicas, y en su tiempo el emperador Ahuízotl (náhuatl, 'Espinas de río') lo incorporó al poderío azteca.

Hace más de 450 años este puerto ya era conocido en tierras asiáticas por el movimiento comercial y la apertura de la ruta de Filipinas con el Galeón de Manila, por el que durante 250 años se intercambiaron productos entre la Nueva España y el Viejo Continente. Por ese motivo, se creó en Acapulco la Primera Feria Comercial del Pacífico.

El estado de Guerrero, por su orografía tan propia y accidentada, no tuvo al principio vías de comunicación terrestres o aéreas, la línea ferroviaria que se deseaba llegara hasta aquí, sólo tenía vagones incómodos, principalmente de carga, y sólo llegaba a la ciudad de Iguala.

Allá por 1931 inició la primera etapa con destino turístico a nuestro estado, principalmente Acapulco, luego de la construcción de la carretera México-Acapulco (cuyo recorrido duraba casi 15 horas). En 1928 hacen el primer aeropuerto, llamado Plan de los Amates. Posteriormente se construyen en el mismo puerto los primeros hoteles: La Marina, Mirador, El Papagayo, América y Jardín. También se proyectan los primeros fraccionamientos de la ciudad: Las Playas, Caleta, Caletilla y La Quebrada; esa zona se fortalece con los hoteles del Prado, las Américas y el Majestic.

El entonces presidente, Miguel Alemán Valdés (1946-1952), viendo la aceptación internacional al puerto, lo fortalece y transforma convirtiéndolo en destino de magnates, políticos y artistas; se establecen certámenes cinematográficos, principalmente la reseña internacional de cine, inicialmente en el Fuerte de San Diego, que fuera reducto colonial para protección contra piratas y ahora lo han convertido en un hermoso museo y gran espacio para eventos culturales, sociales, recreativos, financieros y artísticos.

Actualmente, Acapulco cuenta con la autopista del Sol que, por su trazo, acorta las distancias, facilitando el acceso a los visitantes de la Ciudad de México y de otros puntos del país. Las playas más concurridas son: Caleta, Caletilla, Tlacopanocha, El Morro, Hornos, Hornitos, Papagayo y Puerto Marqués. Cuenta con lagunas, esteros y acantilados (como La Quebrada, de 35 m de altura). En las últimas décadas se ha ampliado las zonas recreativas: Acapulco Dorado, Acapulco Diamante y la espléndida zona hotelera de gran turismo, columna vertebral de la costera Miguel Alemán. Sus principales atractivos: las playas de Caleta y Caletilla, que tienen espacios de bajos costos económicos y de combinación de atractivos; visitar a la 'Reina de los mares' (Virgen de Guadalupe) en la Hierbabuena, entre Caletilla y La Roqueta, ver la imagen a través de los cristales de la lancha en la que se hace el recorrido en cualquier época del año, siendo el 12 de diciembre los festejos de comunidades y grupos organizados.

Hay muchos otros espacios dignos de ser visitados como el Centro de Convenciones; con galerías de arte, tiendas de artesanías, exposiciones, boutiques, restaurantes; ballet y voladores de Papantla, bailes típicos de la costa y de todas las regiones de la República. Áreas dedicadas a convenciones, congresos y fiestas comerciales de carácter nacional e internacional.

El parque Papagayo es un pulmón verde para la ciudad y puerto de Acapulco, donde se mezclan la historia del puerto, los conocimientos de la flora y fauna regionales. El acuario Mágico Mundo Marino es más que un simple lugar para ver peces.

Hay actividades para toda la familia, por lo que se puede pasar el día disfrutando de una serie de actividades programadas. Entre sus atracciones se encuentran pájaros exóticos y tropicales entrenados, sala de proyecciones, museo marino, restaurante, show marino y show de buceo, además de albercas con agua dulce y de mar. El Centro Internacional de Convivencia Infantil (CICI), localizado en la costera en playa Icacos, es un parque acuático con resbaladillas, toboganes, espectáculos de delfines y focas, alberca de olas y el Sky Coaster.

El primer Tianguis Turístico, fue organizado en 1976, siendo una iniciativa creadora de nuevos campos de negocios para esta industria en México. De forma ininterrumpida, Acapulco ha sido sede de este importante encuentro organizado por la Secretaría de Turismo y el Consejo de Promoción Turística de México, al convertirse en factor decisivo para lograr la posición competitiva del país en el entorno turístico internacional. El Tianguis es visitado por agentes vendedores nacionales e internacionales encargados de mover el turismo a diversos destinos.

Ixtapa Zihuatanejo

Se localiza al Este de Acapulco, sobre el Océano Pacífico, y es parte del Triángulo del Sol. Es considerado como uno de los destinos binarios, pues cuenta con dos polos turísticos. La belleza de su paisaje y la hermosura del mar han hecho de éste un lugar preferente de nacionales y extranjeros, que le visitan todo el año.

Villa de pescadores. Que tiene una población mestiza muy hospitalaria y alegre; cuenta con preciosos sitios, destacando desde luego sus playas: la municipal, las Gatas, la Ropa y Madera. Este paraíso goza de una excelente comida a base de productos del mar. El visitante se lleva imágenes, sonidos, colores y sabores que lo hacen volver pronto. Caminar y recorrer las playas en sus cálidas y suaves arenas fortalece el espíritu del viajero. Dista 268 km de Acapulco, a la vera del Océano Pacífico. Se le considera destino de playa por excelencia; tiene confortables hoteles de nivel superior, restaurantes, bares, centros nocturnos y grandes campos de golf.

Taxco de Alarcón

Taxco lleva el agregado 'de Alarcón' en honor al gran dramaturgo Juan Ruiz de Alarcón. Está ubicado en la región Norte del estado, a 187 km, aproximadamente, de Ciudad de México, lo que favorece la afluencia turística a esta colonial y bella ciudad. Del náhuatl tlachco, que significa 'sitio del juego de pelota'. Fue declarado por la UNESCO zona de monumentos históricos, entre los que se hallan la iglesia de Santa Prisca, la Casa Borda, el Portal de los Artesanos, la Casa Humboldt y los museos de Arte Virreinal, Guillermo Spratling y de Platería.

Conquistado en 1531, fue sitio de asiento español y fueron éstos precisamente, quienes descubrieron el Socavón del Rey, que exportó miles de pesos duros a la Corona española. Sus riquezas se fortalecieron con las minas de La Lajuela y de San Ignacio, explotadas por José de la Borda, que culminó su obra con la construcción del templo de Santa Prisca, de hermosa arquitectura.

Sus principales festividades son: Semana Santa, Jornadas Alarconianas y Feria de la Plata. Dispone de bastantes cuartos de hotel, restaurantes, bares y discotecas, dos terminales de autobuses y un campo de golf de 8 hoyos. Su clima es ideal, de los mejores del país y del mundo. Cuenta con artesanías locales y del Estado, sobresaliendo la plata como lo más fuerte y típico del lugar; se dice que en cada hogar, se encuentra un taller y varios artesanos en familia, siendo el trabajo laboral de la metalistería el más importante. Joyas de gran belleza hechas de plata y otras aleaciones se pueden adquirir a precios accesibles; hay para todos los gustos y todos los niveles de ingreso.

Las artesanías son un renglón bien explotado en el área turística, por sus trabajos en madera, muebles coloniales, adornos y herrería; artículos de cuero y aderezos, que permiten al visitante hacer elecciones de su agrado. La ropa típica es de muy buena calidad, con el diseño y el color que caracterizan lo mexicano.

La comida regional y nacional se ofrece en hoteles, mercados y restaurantes, donde los quesos y carnes frescas en barbacoa hablan a través de sus aromas y sabores. Tamales, pozole, moles (verdes y rojos), frutas cultivadas y silvestres. Magnífico pan y tortillas de todos colores.

Taxco, con su clima (17 a 20 °C), es una delicia para el turista. Su gente es muy cordial y amistosa. Este hermoso sitio forma parte del famoso Triangulo del Sol.

Chilpancingo

'Lugar de avispas' es su toponimia. Es la capital del Estado. Su nombre oficial es Chilpancingo de los Bravo, y antes, Ciudad Bravos. El territorio estatal estuvo ocupado por nómadas desde hace 22,000 años, según restos humanos hallados entre los límites de Morelos y Guerrero en el lugar llamado 'La Cueva Encantada'. Los grupos humanos, ya sedentarios, se registran desde hace 5,000 años en Puerto Marqués. Habitaron grupos de olmecas, por los vestigios encontrados; tuvo también gran importancia la cultura Mezcala, con asentamientos en el río Balsas, difundiéndose hacia la costa del Pacífico, Tierra Caliente, las sierras del Norte y hacia Centro y Sudamérica, a través del comercio. La influencia olmeca, en su cosmovisión con el rasgo esencial del hombre 'jaguar', impera en ritos y ceremonias de pedimento de agua, danzas y encuentros que son parte de la atracción turística de la región Centro, ya que el Estado se halla dividido en siete regiones. En cada una se reflejan bellas manifestaciones artísticas con diferentes corrientes de expresión: danza, música, cuentos, leyendas, teatro, poesía, costumbres y tradiciones, que hacen el atractivo turístico más fuerte.

La creatividad indígena aporta bellezas artesanales en sus tianguis domingueros y en mercados especiales de los centros turísticos. Chilpancingo cuenta con hoteles, restaurantes, cafeterías, cinemas, video-bar, bares-karaoke, museos, centros de diversión y discotecas. Diciembre se viste de gala con la Feria de San Mateo, Navidad y Año Nuevo. Y claro, su Flor de Nochebuena.

El Museo Interactivo de La Avispa, recibe a los usuarios desde 1998, cuando se instaló para disfrute del público. Contiene el auditorio de rayos láser, área de internet, juegos al aire libre, el panal, y las salas: Conocedores, Curiosos, Creativos y Exploradores.

También son lugares de recreación el zoológico Zoochilpan, los parques y balnearios locales Jacarandas y Mitzumaru y fuera de la ciudad en la zona de Las Petaquillas; el Circuito Turístico Río Azul (Borbollón, Coscamila, Santa Fe) hasta llegar a Colotlipa y las grutas de Juxtlahuaca, mostrando pinturas rupestres de gran belleza, que datan de hace 4,000 años y cuyo origen se cree es olmeca. Se cuenta con espacios de exuberante belleza y tranquilidad, así como la buena cocina criolla del estado. Chilpancingo tiene su Museo Regional en el edificio que albergó el Palacio de Gobierno (inaugurado el 2 de mayo de 1902, de arquitectura porfiriana, con bellos murales de Luis Arenal y Roberto Cueva del Río, con importantes pasajes históricos).

Todo esto y muchas, muchas cosas más, posee el bellísimo estado de Guerrero.

GASTRONOMÍA

Para los paladares más exigentes, en las comidas de Guerrero confluyen tres grandes corrientes culinarias; la indígena, la española y la francesa. Predomina la primera, pues los ingredientes son el maíz, el chile, el frijol y la carne. Indígenas son los moles; rojo, verde, clemole, ayomole, huaxmole y todos los chilmoles o salsas de chile; las tortillas, memelas, picadas, chalupas, tostadas, totopos. Los pozoles blanco, verde y de elote o elepozole. Los atoles blancos y dulces combinados con diversas frutas. De origen español es el pan de trigo, blanco o bizcocho incluyendo las 'chilpancingueñas', las cemitas tixtlecas y el marquesote chilapeño.

En Chilapa se preparan deliciosos platillos franceses que llevaron las monjas del 'Verbo Encarnado' en el siglo XIX y enseñaron a las alumnas de su colegio. Todas las regiones tienen platillos especiales que preparan las familias y ofrecen a sus invitados: salsa y mole de jumil, en Taxco; tamales de frijol, calabaza o ciruela, en Tepecuacuilco; pichones y codornices en Iguala; adobo de cochinita, en Huitzuco; panqués de arroz y mantequilla, en Teloloapan; chalupas fritas cubiertas de carne deshebrada, cebolla y salsa de chipotle, así como gallina rellena, en Chilapa; fiambre, especia y barbacoa, en Tixtla; pulpo enamorado y camarones al ajillo, en Acapulco; los pescados y mariscos deleitan a los clientes de pequeños y grandes restaurantes. Son el pescado a la talla y la langosta marinera los platos fuertes, por su frescura y exotismo culinario; caldo de langostinos, cuatete de iguana en la Costa Chica; pescado a la talla y relleno de puerco en la Costa Grande; mole de iguana o de armadillo en la Tierra Caliente; totopos y barbacoa de chivo, en La Montaña. Playas, paisaje, clima, hospedaje y atención sobre todo, son elementos que atraen al turismo.

Las bebidas calientes son; atoles, el chocolate y el café. También están los 'tés', el toronjil, hojas de toronjo, flores de naranja y limón, hierbabuena, manzanilla. Las bebidas frescas son; aguas de limón, naranja, piña, guayaba, guanábana, jamaica, tamarindo, mango, papaya, mamey, marañona, zapote prieto, coco, tuba de palma, jugo de caña, aguamiel de mamey, y el chilate de la Costa Chica, creado a base de cacao y especias.

De las debidas alcohólicas, el mezcal de Guerrero es superior, según los conocedores, a cualquier otro, su producción es limitada y su consumo es de carácter local. También es famoso el vino de Huitzuco.

ARTESANÍAS

Las artesanías, aparte de ser una actividad productiva y sustento de muchas familias, es también una evidente manifestación artística. Por esta última concepción cultural, el gobierno del Estado decretó la Ley de Fomento a la Cultura, publicada en el diario oficial del 10 de mayo de 1988, en donde, además de contemplar el ánimo de varias expresiones culturales, en su artículo 27 establece el compromiso de las dependencias y organismos oficiales para conocer sobre la situación actual por la que atraviesa esta actividad, con miras a promover su desenvolvimiento y mejoría en todos los aspectos.

Dentro de la orfebrería más conocida y difundida está la plata de la ciudad de Taxco; la 'Feria Nacional de la Plata' se lleva a cabo una vez al año en dicho lugar. Los productos de oro, se elaboran en Iguala, Ciudad Altamirano, Coyuca de Catalán, Arcelia y Ometepec. También se producen artículos de hierro y acero, lacas, alfarería, textiles, tejidos de palma, muebles y objetos de madera, talabartería, pinturas en papel amate, tallado en piedras y bisutería.

DEPORTES

El estado de Guerrero no se ha destacado dentro del deporte del béisbol, salvo el caso de algunos peloteros que han brillado en el plano individual. Y en lo que corresponde al fútbol, en la temporada 1994-1995 surgió el Acapulco Fútbol Club que participó en la Segunda División (hoy División de Ascenso), pero desapareció poco más tarde. Sin embargo, varios futbolistas guerrerenses sí han destacado en este deporte a nivel personal.

MÚSICA / DANZAS

Como en todos los estados costeros, de su música brotan ritmo, alegría y una pizca de picardía. Bastaría con escuchar alguna versión de 'La Sanmarqueña' ya que cada grupo que lo interpreta le imprime su propio sello agregando o cambiando estrofas. Igual, Guerrero posee un caudal de danzas como el 'Mazucahi', 'Del Palomo', 'Los Diablos', 'Los Chinelos', 'La Chinela' y 'La Chinela Guerrerense'.

ESTADO DE HIDALGO

El estado de Hidalgo es una de las 32 entidades federativas de la República Mexicana y se localiza en la zona central colindando al Norte con los estados de Veracruz y San Luis Potosí, al Este con el estado de Puebla, al Sur con los estados de Tlaxcala y México y al Oeste con el estado de Querétaro.

Por el sur de este bello Estado cruza el Eje Neovolcánico, ubicándose algunos de éstos (volcanes) en los municipios de Tepeapulco, Singuilucan y Epazoyucan. Hidalgo es reconocido por sus numerosas aguas termales que hay en Tecozautla, Ajacuba e Ixmiquilpan.

Por las partes Norte y Oriente pasa la Sierra Madre Oriental, la cual no es muy elevada en este Estado, pero el relieve es muy abrupto, destacándose los inmensos cañones de los ríos Moctezuma, Amajac y Claro. En la Sierra Madre Oriental existen bellas formaciones rocosas, como en la región de Molango, el cerro del Águila y la aguja de Calnali. Además de los ríos mencionados, destacan el Tula, Candelaria, Venados y Pantepec.

TURISMO

Pachuca

Prismas Basálticos

Una verdadera obra de arte de la naturaleza que el mismo Alexander von Humboldt dibujó a lápiz en 1803 (dibujo que ahora se exhibe en Londres), estos prismas se originaron gracias a un enfriamiento de lava durante un derrame hace millones de años. Rodeado por bosques, el lugar es ideal para acampar, practicar senderismo, pasear a caballo, entre muchas actividades más al aire libre.

Mundo Fútbol

Éste es un minicomplejo deportivo que cuenta con todo lo necesario para que aquellos que lo visiten terminen aún más enamorados del fútbol y convertidos en jugadores profesionales. En 4 salas temáticas encontrarán más de 50 exhibiciones interactivas para después poner a prueba su condición física y habilidad para el deporte.

Museo Nacional de la Fotografía

Aunque hoy la fotografía es parte de nuestra vida cotidiana, en su momento fue considerada como magia y es en este espacio en donde podrán apreciar la evolución del arte de pintar o escribir con luz. En sus salas conocerán su historia y podrán ver cámaras e instrumentos antiguos, además de ver varias imágenes de la historia de México. La Fototeca del INAH con casi un millón de imágenes, se encuentra a un lado de este museo.

Museo de Minería

Este museo narra una parte importante de la historia regional a través de su historia minera utilizando imágenes, documentos, herramientas, mobiliario y más. En el edificio que data de finales del siglo XIX, también se encuentra el Archivo Histórico de la Compañía Real del Monte y Pachuca. Con salas para exhibiciones temporales.

Museo Interactivo El Rehilete

Un espacio en donde niños, jóvenes y adultos con corazón de niño podrán pasar el día aprendiendo aspectos de técnica, ciencia, computación, arte y naturaleza. El lugar cuenta con 5 salas interactivas para que los pequeños puedan jugar moviendo palancas, apretando botones, girando manivelas y más. El lugar también tiene un planetario, observatorio, jardín botánico, dinoparque y todos los servicios para que disfruten su estadía.

Acueducto del Padre Tembleque

Fue construido para llevar agua a los indígenas de Otumba, Zacuala y Zempoala, y es la obra hidráulica más importante de la Colonia. Lleva el nombre de quien planeó y dirigió su construcción, Fray Francisco Tembleque, entre 1545 y 1562. Con 44 kilómetros de longitud, su excelente conservación se debe al uso de 'bruñido' para unir las piedras, que consta de cal, agua, miel de abeja y baba de nopal, haciéndolo una magnífica obra de ingeniería.

Casa de las Artesanías Hidarte

Este espacio que es administrado por la Secretaría de Desarrollo Social del Estado, tiene como principal objetivo promover la artesanía de la localidad. Aunque funciona como tienda, no necesariamente tienen que comprar para disfrutar de los coloridos productos del estado de Hidalgo. Textiles de San Pedro

Tenayac, madera torneada de Santa María Rayón y tapetes de Tomoaya, son sólo algunos de los artículos que allí podrán encontrar.

Templo y Ex Convento de San Francisco

Construido entre 1596 y 1660, sus paredes vieron pasar a los franciscanos que llegaron a la región con el objetivo de evangelizar a los indígenas. Ha pasado por varias modificaciones, como la del siglo XVIII cuando se le agregaron cruceros, antisacristía y sacristía, y la reparación hecha después que fue dinamitado en 1924. Ahora cuenta con salas de exposiciones y la Escuela de Artes del Estado. En él podrán admirar varios óleos del siglo XVIII.

Huichapan

Huichapan es uno de los cuatro Pueblos Mágicos que hay en el estado de Hidalgo, los otros son Real del Monte, Huasca y Mineral del Chico.

Balneario de Chichimequillas

Desde que abrió sus puertas, este balneario se ha caracterizado por respetar la naturaleza en el que se encuentra inmerso. Además de sus albercas de aguas termales, el lugar cuenta con amplios jardines para acampar. También se organizan caminatas a lo largo del río en donde se podrán detener a echarse un baño. Con servicio de masajes, alimentos, renta de equipo acuático y para acampar, en Chichimequillas tienen todo a la mano para relajarse y disfrutar.

Parque Ecoturístico Los Arcos Saucillo

Además de poder conocer el acueducto más alto de Latinoamérica, el San José Atlán, con sus 14 arcos y altura máxima de 44 metros, en este parque podrán disfrutar de un día lleno de emociones en contacto directo con la naturaleza. Entre las actividades a realizar están el rappel, la tirolesa, escalada en roca, senderismo, bicicleta de montaña y más.

El Chapitel

Aunque Huichapan es una ciudad pequeña, el peso histórico que carga es enorme pues fue desde la casa conocida como El Chapitel que se dio 'el primer grito de Independencia' el 16 de septiembre de 1812, encabezado por Andrés Quintana Roo e Ignacio López Rayón. Esta casa cuenta con dos plantas y un balcón, y se encuentra frente al Jardín Zaragoza.

Pinturas Rupestres de Boyé

A un lado del arroyo Boyé y a sólo cuatro kilómetros de Huichapan, se encuentran las pinturas rupestres más sobresalientes de la zona. Sobre la pared de un cerro se plasmó el testimonio de los nómadas que pasaron por la región, éste consiste en figuras humanas con los brazos extendidos y unidos entre sí formando una fila. Además, hay animales, estrellas, sol, figuras geométricas y representaciones de plantas. Todas las pintaron con color blanco.

Mineral del Chico

Mina San Antonio

Por el nombre del pueblo, Mineral del Chico, una visita obligada es a su Mina San Antonio que se inauguró en el muy lejano 1560. Con una actividad de más de 400 años, de ella se extrajeron grandes cantidades de plata de sus tres diferentes niveles. Los guías les contarán algunas historias de mineros que valen la pena escuchar tanto como conocer la misma mina.

Parque Nacional El Chico

Con varias zonas para acampar, así como abundantes bosques y peñas, es un destino idóneo para relajarse. Algunas de las actividades que pueden realizar aquí son rappel, alpinismo, ciclismo, caminatas, por mencionar algunas. El lugar cuenta también con impactantes vistas panorámicas desde sus peñas, la más alta es la Peña del Cuervo que ofrece desde sus alturas una espectacular vista de Mineral del Chico.

Parque Recreativo El Cedral

Uno de los parques más antiguos del país, en medio de un bosque de coníferas, es el de El Cedral que te ofrece los espacios necesarios para que disfruten de actividades al aire libre. Con lanchas para pasear en su presa, zonas para acampar, cabañas, tirolesa, paseos a caballo, múltiples senderos y mucho más, el lugar satisface todos los gustos y sin duda descansarán de la ciudad.

El Contadero

Esta zona compuesta por caprichosas formaciones rocosas que asemejan bellos e intrincados laberintos, está situada dentro de la sierra montañosa del Parque Nacional El Chico. Existen varias leyendas acerca del lugar que los locatarios o los operadores que les den el recorrido podrán contarles. Cada 12 de diciembre, los habitantes de El Chico realizan una peregrinación hacia este lugar, a la pequeña capilla dedicada a la Virgen de Guadalupe que está ubicada en la cima de la montaña.

Mineral del Monte

Peñas Cargadas

Ocupando una extensión de aproximadamente tres hectáreas, esta área natural es considerada una de las más bellas del estado de Hidalgo y de México. Con impactantes formaciones de basalto en medio de bosques de pino, encino y oyamel, es un lugar espectacular en el que podrán pasar un día de campo, montar a caballo, practicar tirolesa, senderismo o sencillamente para acampar.

Museo de Sitio y Centro de Interpretación Mina La Dificultad

En el conjunto histórico más importante de Real del Monte, esta mina albergó a finales del siglo XIX la máquina de vapor más potente del país. Ahora es un museo que les narra, a través de sus objetos, las grandes transformaciones tecnológicas de la época y la vida minera de más de cinco siglos en los yacimientos de toda la región. Entre sus paredes se vivió de lleno la transición entre la era del vapor y la de la electricidad.

Museo de Sitio Mina de Acosta

Manteniéndose activa entre 1727 y 1985, esta mina es ahora un museo que nos muestra los aspectos más relevantes de la historia minera de la zona. Lo más sobresaliente de esta mina es que cuenta con una de las chimeneas más antiguas y mejor conservadas. También pueden recorrer la Casa del Superintendente con su mobiliario original de la época inglesa y visitar su librería o comprar un recuerdo (souvenir).

Panteón Inglés

Construido por los ingleses en 1851 en medio de un bosque de oyameles, cuenta con 758 tumbas que están orientadas hacia Inglaterra. Además de visitarlo por su peso histórico en la región, también podrán conocer algunas de las leyendas de los personajes enterrados en él. Como aquella del 'payaso rebelde', la trágica historia entre enamorados o el judío más cruel con los mineros. Este panteón fue declarado Patrimonio Cultural de la Humanidad.

Museo de Medicina Laboral

Con una temática única para los museos del país, aquí operó el primer hospital cuya intención era atender a los mineros que operaban las minas entre 1907 y 1982. Al cerrar sus puertas como tal, las abre para exhibir las instalaciones, mobiliario y equipo médico utilizado para cumplir con su fin. El guía que les acompañará durante el recorrido y les contará algunas de las leyendas populares en torno a este hospital.

Museo del Paste

El nombre de esta típica comida hidalguense, proviene de la palabra 'pasty' que en idioma inglés significa empanada y que fue introducida por los ingleses. Inaugurado en 2012, el museo les contará la historia de la llegada del paste, que está muy ligada a la historia de la minería de la localidad. De hecho, este alimento era típico entre mineros. Les recomendamos que prueben los tradicionales de papa y picadillo, o los más novedosos de mole o tinga.

San Miguel Regla (Huasca de Ocampo)

Hacienda Santa María Regla

Ubicada en el fondo de una gran barranca, es una impresionante construcción del siglo XVIII, muy parecida a una fortaleza. Pasear en ella es un viaje en el tiempo a la época de los grandes señores feudales. Ahora es un hotel, y se hospeden o no ahí, les maravillará su capilla de estilo barroco, el acueducto y la mazmorra en donde encerraban a enfermos de viruela y sarampión. Pregunten por la visita a sus laberintos y túneles secretos.

Bosque de las Truchas

Con un nombre bastante curioso, es el lugar ideal para la pesca de trucha arcoíris o hacer otras actividades al aire libre. Si el principal interés de su visita es la pesca, en el lugar se les renta todo el equipo necesario para practicarla. Es también un hermoso lugar de esparcimiento que pueden disfrutar. Y claro, hay varios restaurantes dispuestos a prepararles el platillo principal; la trucha en todas sus modalidades. En este territorio también hay prismas basálticos.

Iglesia de San Juan Bautista

Esta iglesia es del Santo Patrono de Huasca de Ocampo, por lo tanto es la más importante del pueblo, digna de visitar. Data del siglo XVI y fue construida para la evangelización en la región en el año 1552. Su interior está decorado con elementos de madera estofada y labrada por manos artesanas de la Ciudad de México, cuenta además con varios óleos los cuales fueron traídos de España por el virrey Pedro Romero de Terreros, el cual fue dueño de varias minas de la zona.

Museo de los Duendes

Es un museo muy interesante, lo que les cuenten allí, todo está basado en historias reales que sucedieron en Huasca entre niños, adultos, ancianos y caballos que de alguna forma fueron tocados por los duendes. Una casita de madera en medio del campo dice mucho. Aunque pequeño, éste es un entretenido lugar para aprender sobre estos seres fantásticos quienes, a diferencia de lo que mucha gente cree, están para protegernos y cuidarnos. Eso dicen.

Presa San Antonio

Aunque parezca difícil de creer, bajo esta presa está toda una hacienda completa que se inundó en 1915 cuando las plantas hidroeléctricas dejaron de funcionar y se acumuló demasiada agua al grado de taparla. Prueba de esto es parte del 'chacuaco' y una pequeña torre que aún sobresalen. Podrán hacer un recorrido en lancha para intentar o ver la hacienda bajo el agua. La vegetación que rodea al lugar ofrece en sí un gran paseo.

Tecozautla

Zona Arqueológica Pañhú

Un territorio que fue ocupado por la cultura xajay, desde su altura se domina toda el Valle del Mezquital con el paisaje semidesértico que lo distingue. Se fundó cuando Teotihuacán era la ciudad más grande de Mesoamérica, pero esta urbe se mantuvo más tiempo como centro político y social de los hñähñü. En su visita verán las grandes pirámides construidas a lo largo de varios siglos y gozarán de la vista al valle.

El Géiser

En medio de un paraíso natural se encuentra este parque acuático que aprovecha al máximo el clima extraordinario de la zona. El lugar cuenta con albercas, áreas infantiles y chapoteaderos, puentes colgantes, tirolesa y áreas verdes. Ahí mismo hay un hotel o zonas para acampar por si prefieren disfrutar del lugar más de un día. Incluso hay asadores, para que organicen una buena carne asada.

Tula de Allende

Zona Arqueológica de Tula

Considerada la urbe más importante de la cultura tolteca, fue fundada por Quetzalcóatl alcanzando su máximo apogeo en el siglo X. Entre sus múltiples estructuras destacan la Pirámide B, el Palacio Quemado, el Gran Vestíbulo, la Pirámide C, el Juego de Pelota y el Coatepantli. Lo más sobresaliente son los conocidos como Gigantes de Tula, unas esculturas de 4.60 metros de altura que representan a cuatro guerreros míticos.

Sala Histórica Quetzálcóatl

Este museo abre sus puertas en 1998 para mostrarnos piezas arqueológicas, pinturas, esculturas, fotografías, artesanías y más, que narran una parte de la historia de la región. Sus tres niveles tienen objetivos diferentes: el primero es para exhibiciones temporales, el segundo para las piezas arqueológicas de la cultura tolteca y el tercero para mostrar videos y dar pláticas. Por sus muros pasaron Benito Juárez, Porfirio Díaz y Álvaro Obregón.

Plaza de las Artesanías

Si lo que están buscando es algo de artesanía típica de la localidad, el lugar al que deben dirigirse es éste. En los tantos locales encontrarán piezas elaboradas con yeso, barro, cuarzo, jade, concha, por mencionar algunos, hechos por artesanos hidalguenses. Ya sea que vayan con el objetivo de comprar alguna de estas piezas, o sólo admirarlas, no dejen de visitar esta plaza. Algunos artesanos ofrecen talleres que quizás les puedan interesar.

Hay muchas otras bellezas en el estado de Hidalgo como Acaxochitlán, Actopan, Apan, Atotonilco El Grande, Huejutla, Ixmiquilpan, Tepeji del Río, Metztitlán, Tizayuca, Tlahuelilpan, Tulancingo y Zacualtipán, absolutamente todos, igual de importantes y dignos de ser exhibidos.

En cuanto a su flora, Hidalgo es rico en maguey, árboles frutales de ciruelo, chabacano, chirimoya, durazno, guayaba, higo, lima, limón, manzana, naranjo, nogal, pera, perón, tejocote, uva y xoconostle.

Mientras que su fauna doméstica está conformada por ganado vacuno, ovino, caprino, porcino, asnal, caballar, aves de corral y, por supuesto, perros y gatos. En tanto que su fauna silvestre es de ardillas, armadillos, cacomiztle, conejo, coyote, liebre, murciélago, onza, rata casera y de campo, ratón, tejón, tlacuache, tuza, zorra, lechuza, lagartija, víbora de cascabel, cenzontle y zopilote.

La charrería tiene sus orígenes en el estado de Hidalgo, siendo catalogado éste la cuna de una de las tradiciones más reconocidas a nivel mundial, la que también se considera un deporte por las competencias que se celebran en la región y a nivel nacional, en ellas participan tanto mujeres como hombres.

GASTRONOMÍA

En la zona del altiplano preparan las deliciosas quesadillas de flor de calabaza que tan generosamente se da en la región; en Tula los tamales de frijol; en Huichapan los tlacoyos de alberjón enchilado; en Pachuca entremés de huitlacoche; en Tulancingo y Apan los tamales y la salsa de escamoles. Los escamoles son huevecillos de una especie de hormiga, son de color blanco y de una textura pegajosa. Le llaman 'el caviar de los pobres' pero en realidad no todos tienen acceso a éste pues son un platillo muy caro debido a que los huevecillos son muy escasos y primordialmente se dan en Hidalgo y Puebla, no así en la mayoría de otros estados.

Pero en general, en todas estos lugares ustedes pueden encontrar salsa de nuez cimarrona, sopas venturera, de hongos, de flor de calabaza, de tomate, de tortilla, de migas; barbacoa de borrego, barbacoa de nopales, chiles rellenos de barbacoa, mixiotes, pollo al achiote, pollo con nopales, chiles rellenos al estilo Hidalgo, pollo con hongos, pastel de tortilla, chiles rellenos de flor de calabaza, mole regional, mole de olla, verdolagas con chinicuiles, mixiotes de carnero con quintoniles, xoconostle en picadillo, flor de palma, tortas de epazote, tortas de elote de la región, habas con nopales, escamoles horneados, caldo de escamoles, conejo en chile rojo, pastes, pipián de chilacayote, burritos de maíz, pan de elote, mermelada de pepita de calabaza, cajeta de calabaza, mermelada de nopal y atole de gualumbo.

En la zona de la sierra se cocinan elotes, chayotes y habas hervidas; esquites borrachos, molotes, tamales barranqueños y serranos, tecocos. Mole verde, encacahuatado, chorizo, huevos ahogados en mole, huevos ahogados en guisado, mole de menudo, mole de olla con cazuelitas, pata de puerco en vinagre, costillas de cerdo en salsa de tomate, acitrones, calabazates, frutas de horno revolcadas, frutas en almíbar, higos cristalizados, pinole, pepitorias de azúcar, atole champurrado y de grano.

En la zona de la Huasteca se prepara el nixcón, tlapantle de frijol, bocoles de queso, tamales de chile frito y de picadillo, piltamal de cashtilan. También hay la sopa de nopales, zacahuil, enchiladas verdes, de chile seco, de tomate, de ajonjolí, fritas; mole de nopales con huevo, mole indio, caldo loco, albóndigas en caldo, chiles rellenos, pollo o bistec en ajo y comino, adobo verde de cerdo, adobo rojo, chilahuil, paxcal, paxcal de rancho, salpicón de suadero, pescado capeado, chorizo con salsa, frijoles con pemuches, piltamales de coco, xamitl de elote, torrejas, conserva de mango, dulce de piña con coco, pinole, calabaza enmielada, axocote, atoles de naranja, de piña, de capulín, atole duro y cacahuate huasteco.

ARTESANÍAS

En Hidalgo manufacturan artículos de ixtle, cestos y morrales; en textiles, manteles y blusas, faldas y murales bordados con motivos tradicionales. El hierro forjado de mil formas, esculturas y adornos de cantera, juguetes y alhajas, todo está presente en la tradición hidalguense.

Un recuento de la producción artesanal sería el siguiente: Alfarería en El Arenal, Chapantongo, Huasca, Ixmiquilpan, Jacala, Tulancingo, Tenango de Doria y la apreciada de Chililico en Huejutla. Cestería y jaraciería en Actopan, Huejutla, Hichapan, Ixmiquilpan, Jacala, Metztitlán, Tasquillo, Tlahuiltepa y Acatlán. Lapidaria y cantería en Alfajayucan, Chapantongo, Huasca, Actopan, sobre todo es famosa la destreza de los canteros de Huichapan. Pirotecnia en Actopan, Ixmiquilpan, Jaltocan y Pachuca. Talabartería en Molango, Santiago de Anaya, San Felipe Orizatlán, Chapantongo, Villa de Tezontepec y Zacualtipán. Muebles rústicos en Ixmiquilpan, Huejutla y Pachuca. Juguetería en Ixmiquilpan, Tenango de Doria, Alfajayucan, Huasca, Huejutla, Huazalingo, Zacualtipán, Pachuca y Tianguistengo.

DEPORTES

Al estado de Hidalgo también le llaman 'la cuna del fútbol', teniendo en el Club de Fútbol Pachuca un grande y popular equipo de la Primera División Profesional, cuyo sobrenombre es el de Tuzos ya que, según dicen, sólo varones trabajaban bajo la tierra y los comparaban con los roedores llamados tuzas, pero que por ser del género masculino los nombraron Tuzos. En Pachuca están ubicados el Museo del Fútbol, el Salón de la Fama y el Centro Interactivo Mundo Fútbol desde 2011, en que se realizó la primera Ceremonia de Investidura de 30 futbolistas, entrenadores, directivos y personas relacionadas con el fútbol de todo el orbe. Es un espacio único en el mundo que reconoce a jugadores, entrenadores y directivos que han dejado huella en el fútbol a través de investiduras anuales que les permiten ingresar a este 'recinto de los inmortales', El Salón de la Fama del Fútbol

Nacional e Internacional, que opera como una Asociación Civil y destina sus utilidades a actividades de asistencia social.

MÚSICA / DANZAS

En Hidalgo, la música tradicional de la zona huasteca, de alguna forma coincide con la mayoría de las acepciones que se le asignan al 'son', este detalle unido al nombre de la zona geográfica y cultural permite llamarle 'son huasteco'. A la palabra 'huapango' se le conoce como sinónimo de fiesta, pues se dice que es una deformación de la palabra 'fandango', que es la fiesta española traída a México en la época de la Colonia. Los instrumentos que los músicos utilizan para su interpretación son el violín, la guitarra, quinta o huapanguera y la jarana huasteca. Por ello una de sus piezas favoritas es 'Las Jaranas'.

ESTADO DE JALISCO

El estado de Jalisco es uno de las 32 entidades federativas de la República Mexicana. Se halla ubicado en la región Centro Occidente al Oeste de la nación, colinda al Norte con Aguascalientes, Nayarit, Durango y Zacatecas, al Noroeste con San Luis Potosí, al Este con Guanajuato, al Sur con Michoacán y Colima, y al Oeste con el Océano Pacífico. Su capital es Guadalajara, la segunda de las ciudades más pobladas del país, su zona metropolitana está conformada por los municipios de Zapopan, Tlaquepaque, Tonalá, Tlajomulco, El Salto, Ixtlahuacán de los Membrillos y Juanacatlán. Otros municipios importantes son Puerto Vallarta, San Juan de los Lagos, Tepatitlán de Morelos, Lagos de Moreno, Ameca, Ocotlán, La Barca, La Huerta, Arandas, Autlán de Navarro, Ciudad Guzmán, Chapala y Zapotlanejo, en total son 125 municipios. A Jalisco le llaman 'La Perla de Occidente' y es el séptimo con mayor extensión territorial con 78.599 kilómetros cuadrados, detrás de Chihuahua, Sonora, Coahuila, Durango, Oaxaca y Tamaulipas, en ese orden. Jalisco fue fundado el 16 de junio de 1823.

Jalisco es, por antonomasia, la tierra de los charros, de los jaripeos, del mariachi, del tequila y del fútbol mexicano. En síntesis, muchas de las tradiciones culturales que en el mundo se asocian con lo auténticamente mexicano. Es un Estado destinado a sobresalir no sólo en el campo económico, sino también en el cultural, artístico, turístico y de servicios. Éste, es un centro turístico a la altura de los más afamados del mundo ya que cuenta con una amplia gama de opciones para satisfacer cualquier gusto y bolsillo. Su capital es una ciudad cosmopolita, sus playas como las de Puerto Vallarta, sencillamente son una delicia. Los bosques, lagos y ciudades de Jalisco forman parte fundamental de los atractivos de México como país, al grado de distinguirlo en el mundo entero. El clima en este Estado va de cálido subhúmedo a semiseco templado, destacando el semicálido subhúmedo con lluvias en verano.

Si quisiéramos describirlo con toda claridad, nos podríamos extender mucho en las explicaciones si habláramos de los tradicionales charros, el mariachi, el tequila, la comida y el arte, porque más que nada, es la calidez de su pueblo quien les da la bienvenida a los turistas nacionales y extranjeros. En la gente tapatía o jalisciense siempre habrá una amable sonrisa para todos.

Pero obviamente para los visitantes, siempre son un atractivo extra los charros por su lucida vestimenta y más si los ven actuando en un lienzo realizando las artes de la charrería con sus briosos caballos. Las damas también participan en la charrería ya que convertidas en amazonas montando nobles brutos, forman un espectáculo llamado escaramuzas. Desde el 1º. de diciembre de 2016 la charrería es Patrimonio Cultural Inmaterial de la Humanidad, tras ser ingresada en esta lista representativa en la reunión del Comité Intergubernamental de la Unesco para la Salvaguardia del Patrimonio Cultural Inmaterial, celebrada en Adis Abeba, Etiopía. La charrería surge como deporte tras la Reforma Agraria de principios del siglo XX, cuando los antiguos terratenientes emigraron a las ciudades principalmente de México y Guadalajara.

Musicalmente hablando, la del mariachi, rica en melodías y sonido, es un deleite para los oídos. La conjunción de notas y voces son las que le dan vida a este espectáculo que lo mismo se disfruta en grandes y tradicionales conciertos, conciertos sinfónicos, en bailes, así como en múltiples eventos como bodas, cumpleaños, bautismos, quinceañeras y hasta en los camposantos a la hora de despedir a quien ya falleció, pero que era amante de este tipo de música.

¿Y qué decir del tequila, la bebida nacional?, que es un producto natural sin químicos, que debe degustarse pausadamente acompañándolo con limón y sal, que es la forma tradicional de tomarlo. Enumerar cuántas clases de tequilas hay en el mercado sería motivo de un espacio especial para describirlas, aunque por lo general todo parte del tequila blanco y el dorado, el reposado y el añejo.

Entre los trajes típicos más bellos y representativos de las mujeres mexicanas está el de Jalisco, 'el traje charro', que es un vestido de una sola pieza de cuello alto, mangas desde los brazos hasta las muñecas, falda muy amplia con crinolinas debajo y las orillas de la falda adornadas con cintas de colores. Llevan botines y en la cabeza un 'tocado' rematado con listones de colores que hacen juego con los adornos del vestido.

TURISMO

Guadalajara

Aunque esta hermosa ciudad es de hecho una gran urbe, aún conserva el fresco sabor de la provincia. La Catedral Metropolitana con sus dos 'torres que parecen alcatraces al revés' (dice la letra de una canción) es símbolo de Guadalajara.

Dos edificios emblemáticos hay en 'La Perla de Occidente'; el Instituto Cultural Cabañas que fue diseñado por el arquitecto Manuel Tolsá y comenzó su construcción en 1805, es sede de muestras de museo, simposios, etc. El otro es el Teatro Degollado, una joya de estilo neoclásico cuya estructura en su parte frontal muestra un tipo de Partenón adornado con bellas esculturas. Su espacioso interior cuenta con una planta baja con filas de cómodas butacas, con 4 pisos de palcos y tres palcos exclusivos a cada lado del escenario.

La ciudad de Guadalajara tiene para el turismo nacional y extranjero las famosas 'Calandrias' que son unas bellas carrozas jaladas por caballos que los llevarán de paseo por sus calles. Cuenta también con el Tapatío Tour (Turibús), autobuses de dos pisos que en 4 circuitos recorren Guadalajara, Tlaquepaque, Zapopan y Tonalá. Otro atractivo es el José Cuervo Express, un tren que ofrece recorridos de 8 o 10 horas cruzando la zona tequilera y en el que ustedes podrán disfrutar de bocadillos y de tequila, visitando asimismo la famosa destilería. La Plaza de los Mariachis, como su nombre lo indica, tiene a toda hora y por las noches principalmente una cantidad variable de estos grupos musicales. El Zoológico de Guadalajara con todo tipo de animales del mundo, con sus shows de aves o reptiles y el Tren Panorámico. También está el Panteón de Belén donde descansan los restos mortales de grandes personajes en majestuosos mausoleos, este panteón tan lleno de leyendas, en los últimos años ha sido escenario para parejas de recién casados que acuden allí para tomarse fotografías.

Mercado Libertad

Fue inaugurado el 30 de diciembre de 1958 y aunque ha pasado por dos incendios y se ha modernizado con el paso del tiempo, sigue siendo la plaza de Guadalajara por excelencia. Más conocido como el Mercado de San Juan de Dios, cada 24 de junio celebran a San Juan Bautista. Además, con 400,000 metros cuadrados y 2,800 locales, es uno de los mercados techados más grandes de México.

Selva Mágica

En este parque temático de diversiones podrán pasar un día entero en familia disfrutando de sus múltiples atracciones. Si van con los pequeños pueden optar por pasear en Lanchitas, el Tren Espacial, el Carrusel, entre varios juegos más. Para los más grandes les puede gustar la Casa del Terror, la Choza Chueca o las Cataratas. Pero si les gusta lo extremo no dejen de subirse al Titán o al Tornado. Disfruten también de los espectáculos en su Mundo Marino.

Natural Adventure

Es único este parque de diversiones de Guadalajara ubicado en un entorno natural, con una amplia variedad de atracciones, entre ellas: Tirolesas, Challenge, Columpio T, Turbogan, Off Road Karts, Mini Karts, Muro de Escalar, Mesa de Ping-Pong, Crazy Jump, Gotcha, Mega Crazy, Red de escalar, Shotball Soft, Fantasy Train, Playground, Rueda de la fortuna, Inflables, Vehículos eléctricos y muchas cosas más.

Chapala

Lago de Chapala, el Malecón

Sin duda, el principal atractivo de Chapala es su lago y para disfrutarlo recomendamos que den un paseo por su malecón. Entre tiendas de artesanías, música y restaurantes, el lugar les regalará hermosos atardeceres e incluso pueden dar un agradable paseo en lancha. También recomendamos que prueben una de las ricas 'nieves de garrafa' con las que sin duda se toparán mientras lo recorren. Por nada olviden sus cámaras.

Ajijic

Créanlo, Ajijic es el destino ideal para ir a pasar el día o incluso un fin de semana. Con su clima envidiable durante casi todo el año y unos paisajes naturales espectaculares, podrán gozar caminando por entre sus típicas calles empedradas. El lugar es famoso por sus galerías de arte y tiendas de artesanías, así como sus varias plazuelas y ricos restaurantes con amplios menús gastronómicos. En Ajijic incluso, se realizan eventos culturales y gastronómicos.

Antigua Estación del Ferrocarril

Con el surgimiento y explosión del ferrocarril en México a principios del siglo XX, Chapala gozó de la construcción de una estación de ferrocarril que ahora es un monumento emblemático de la localidad que eventualmente se convierte en una Casa de Cultura que deberán visitar. Al recorrer sus pasillos sentirán que el tiempo regresó a aquella época de gloria en donde incluso el edificio parecía demasiado grande para un poblado tan pequeño. Pero su elegante y sobria arquitectura hace única esta Estación del Ferrocarril.

Puerto Vallarta

Centro Histórico

El tiempo se detuvo en el maravilloso centro de Puerto Vallarta, se quedó suspendido en la historia conservando la esencia de la aldea original. Sus calles siguen siendo tradicionalmente empedradas. Por las regulaciones municipales en cuanto a anuncios de neón, los comercios se esconden muy bien entre esas blancas fachadas y tejas rojas. Si pasan por ahí no olviden visitar su Plaza de Armas en donde la banda toca los domingos en la noche invitando a que los adultos mayores salgan a bailar.

Tours de Exploración, Naturaleza y Cultura

Si quieren aprovechar al máximo su estadía en Puerto Vallarta, tomen uno de los múltiples tours que son atrayentes por su belleza natural y riqueza en flora y fauna. Pueden escoger actividades acuáticas (como nado con delfines o buceo), actividades offroad (paseos en 4x4 o visitas al bosque tropical) o incluso descubrir algunas joyas escondidas. Cual sea su preferencia encontrarán un tour que se ajuste a tus intereses.

Muelle de los Muertos

Reinaugurado en el 2013, éste es el lugar romántico de Puerto Vallarta. Con 665 metros que se internan en el mar, al finalizar encontrarán una plazoleta circular en la que hay la distintiva escultura de metal que asemeja una vela. El lugar cuenta con bancas para que cómodamente admiren el paisaje, mucho mejor si es con buena compañía. Desde aquí también podrán tomar un barco, panga o taxi acuático para llegar a las playas del sur de Bahía de Banderas.

Barra de Navidad

Laguna de Navidad

Si quieren disfrutar de las delicias de la zona, éste es el lugar para hacerlo. Alrededor de la laguna podrán visitar varios restaurantes en donde gozarán distintos platillos de mariscos.

Además tendrán un hermoso paisaje mientras disfrutan de sus alimentos. Eso sí, antes o después, tomen un paseo en lancha por la laguna o practiquen pesca deportiva. Allí hay lisa, pargo, róbalo y mojarra entre otras especies de peces.

Playa de Cuastecomate

El tamaño no importa, pues con sólo 250 metros de largo y 20 de ancho, esta pequeña playa es ideal para quienes gustan de los deportes acuáticos y el ecoturismo. Al lado de una espesa selva, esta playita está enmarcada por grandes cerros haciendo que el paisaje sea increíble. Además, cuenta con varios islotes muy cercanos que podrán visitar sin problemas. Pueden practicar kayak, nado, snorkel, embarcación con pedales, caminatas o sólo relajarse bajo el sol.

GASTRONOMÍA

La cocina jalisciense es punto y aparte porque ha contribuido ampliamente a dar fama nacional e internacional a la gastronomía mexicana. Algunos de los platillos más representativos son la birria, el pozole blanco o rojo, los sopes, el guacamole, frijoles charros, el menudo, las tortas ahogadas, las carnes en su jugo, las enchiladas rojas y verdes, los tamales de maíz, el borrego, los tacos de todo tipo, de carne asada, cabeza, al pastor, entre variedad muy extensa.

En cuanto a las bebidas, está La Raicilla de la región de la costa; los ponches de frutas en todo el Estado; el tequila del centro del Estado y de la región de Los Altos; la Tuba de Autlán de Navarro; el mezcal, el tepache y el aguamiel en todo el Estado; las 'cazuelas' de Ocotlán y La Barca; atoles en todo el país;

rompopes de Sayula y Tapalpa; tejuino de la región centro; pajaretes en todo el Estado.

Dulces típicos. Los dulces de leche de Chapala y la región de Los Altos; las cocadas de la región de la costa; cajetas de leche quemada de Sayula; rollos de guayaba de Atenguillo y Mascota; palanquetas de nuez de Ciudad Guzmán; queso de tuna de Ojuelos de Jalisco; mangos y ciruelas en almíbar de San Cristóbal de la Barranca; alfajor de San Juan de los Lagos; cajeta de membrillo de Ixtlahuacán de los Membrillos y Valle de Guadalupe; dulces de tamarindo de la región de la costa; buñuelos, camote y calabaza enmielados de Guadalajara y la zona de Los Altos.

ARTESANÍAS

El estado de Jalisco es el más artesanal del Continente Americano y es el líder nacional en cuanto a importancia y diversidad de artesanías, contribuye con el 10% de las exportaciones artesanales de todo México. Entre las artesanías más representativas se tienen la Cerámica de Tlaquepaque, Tonalá y Tuxpan. Huaraches de Concepción de Buenos Aires. Piteado de Colotlán. Loza de Talavera de Sayula. Vidrio soplado de Tlaquepaque y Tonalá. Los equipales de cuero elaborados en Zacoalco de Torres. Jorongos de Talpa y de la zona de Los Altos. Hilados de la ribera del lago de Chapala. Deshilados de Tuxpan. Bordados de la región huichola. La cestería y jarciería en todo su territorio. Figuras de hoja de maíz en Acatlán de Juárez. Objetos de madera de Teocaltiche. Objetos hechos de chicle en Talpa 'chicle de Talpa'. Marquetería y taraceado de Jalostotitlán. Talabartería de la zona de Los Altos y Colotlán. Tallado en piedra (cantera) de Teocaltiche y Yahualica. Metalistería de Ocotlán, Sayula y Tlaquepaque.

DEPORTES

El estado de Jalisco ha sido semillero del fútbol nacional, en su mejor época llegó a tener, aparte de las Chivas de Guadalajara y el Club Atlas, equipos en la Primera División como el Nacional, el Oro (de Oblatos), los Leones Negros de la Universidad de Guadalajara y los Tecolotes de la Universidad Autónoma de Guadalajara. Cabe mencionar que uno de los equipos pioneros fue el Unión que luego se convertiría en el Club Deportivo Guadalajara, que en la actualidad forma parte de la Primera División del fútbol profesional de México; de la misma manera que el Club Deportivo Atlas. Por su parte los Leones Negros de la Universidad de Guadalajara militan en la División de Ascenso. Por otra parte, los Charros de Jalisco que antes estuvieron en la Liga Mexicana de Béisbol, desde la temporada 2014-2015 están afiliados a la Liga Mexicana del Pacífico tras de haber comprado la franquicia que fue de los Algodoneros de Guasave.

MÚSICA / DANZAS

Insistiuíble por excelencia, Jalisco es 'La Cuna del Mariachi y el Tequila' en conjunto son símbolos de lo que es esta zona de México. Las notas musicales del mariachi han trascendido fronteras haciendo de este género musical único con sones como 'El Jarabe Tapatío', 'El Son de la Culebra', 'El Son de la Negra' entre muchísimos más, que siempre están ligados a sus propios bailables. Otros famosos son; 'Los Sonajeros', 'El Son de la Madrugada', 'El Son de las Alazanas', 'El Son de las Copetonas', etc.

ESTADO DE MICHOACÁN

El estado de Michoacán de Ocampo es una de las 32 entidades federativas de México y se ubica al centro-occidente del territorio. Colinda con los estados de Colima y Jalisco al Noroeste, al Norte con Guanajuato y Querétaro, al Este con el Estado de México, al Sureste con Guerrero y al Suroeste con el Océano Pacífico. Michoacán tiene una superficie de 58,585 kilómetros cuadrados, tiene 113 municipios y su capital, antiguamente llamada Valladolid, es la ciudad de Morelia, lleva este nombre en honor a don José María Morelos y Pavón, héroe de la Independencia de México.

Michoacán tiene una precipitación media anual de 806 mm, lo cual constituye a la entidad como la decimosexta más lluviosa del país. Por otra parte, la temperatura promedio anual es de 22.2 °C, teniendo como extremos temperaturas mínimas anuales de 14.7 °C y de 29.6 °C, lo cual la constituye en la decimotercer entidad federativa más cálida del país.

Su nombre proviene del náhuatl 'michoacano' (lugar de pescadores), una de las cuatro provincias del Reino Purépecha con capital en Tzintzuntzán, muy cerca del lago de Pátzcuaro. Su nombre purépecha, la Tierra de los purépechas, mientras que en mazahua se llama 'Animaxe'. Durante la Colonia perteneció al virreinato de la Nueva España y estuvo dividida en alcaldías mayores, que posteriormente pasaron en 1786 a formar parte de la Intendencia de la ciudad de Valladolid.

TURISMO

Morelia

Centro Histórico

Con más de 200 edificios históricos y 15 plazas en su mayoría construidos con la roca rosa típica de la región, y siendo testigo de importantes eventos históricos, el Centro Histórico de Morelia es Patrimonio de la Humanidad desde 1991. Visiten el Palacio Clavijero, el Colegio de San Nicolás, el Portal Aldama, la Plaza de Villalongín, la Plaza de Armas, su Acueducto, el Palacio de Arte, por mencionar algunos.

Parque Zoológico Benito Juárez

Considerado uno de los más importantes del país al contar con más de 535 especies de las cuales muestra más de 6,000 ejemplares, en este zoológico podrán hacer mucho más que ver animales. Cuenta con juegos infantiles, áreas verdes, un lago artificial en el que pueden rentar lanchas, ir al teatro Monarca y más. Disfrutarán de estos animales durante el día o en un recorrido nocturno y también de su zoológico infantil.

Bosque Cuauhtémoc

Existe desde la Época Virreinal y entonces contaba con su propia capilla y plaza, además de cultivos y árboles frutales. Ahora es el parque más grande de la ciudad y un importante pulmón para Morelia. Disfrutando aún de su vegetación, podrán pasar un agradable día de campo en familia ya que cuenta con juegos infantiles. En él también se encuentran los museos de Historia Natural y Arte Contemporáneo.

Dulcería de la Calle Real y el Museo del Dulce

Entre muchas otras cosas, Morelia es famosa por sus deliciosos dulces. Prueba de ello es que tiene un museo dedicado al tema en donde les explican desde su elaboración en conventos y monasterios durante la Colonia, su elaboración en las casonas por familias morelianas, la comercialización del producto y el nacimiento de las primeras fábricas, todo esto a través de 5 salas. Con sólo pensarlo se les hará agua la boca y menos mal que podrán adquirir más de 300 variedades de dulces.

Acueducto

Está considerado uno de los acueductos más bonitos del país, el que podrán admirar se construyó entre 1728 y 1730 después de demoler el primero del siglo XVI por fallas en su construcción. Aunque llegó a tener 7 kilómetros de longitud, sólo se conservan 253 arcos que abarcan 1,700 metros. Funcionó como tal hasta 1910, ahora es un símbolo arquitectónico e histórico que vale la pena admirar.

Casa de las Artesanías

Ubicada en una de las construcciones más antiguas de la ciudad, la Casa de las Artesanías es un lugar ideal para que se den una idea de la vasta producción artesanal del Estado. Cuenta con un museo dividido en 7 regiones de producción artesanal y con una tienda anexa en donde podrán adquirir varios de estos artículos. En lo que fue un convento franciscano erigido en 1531, ahora pueden admirar estas joyas artesanales o tomar algún taller (clase).

Museo Regional Michoacano

Fundado en 1886, es el museo más antiguo de la Red de Museos del INAH y se encuentra en su actual ubicación desde 1916. Su sede es una casona barroca del siglo XVIII que por sí sola es digna de visitarse, pero las colecciones al interior gozan de una gran riqueza histórica. Entre murales, piezas arqueológicas, colección de arte virreinal y de arte del siglo XIX, así como importantes documentos, vale la pena que lo visiten.

Santuario de Guadalupe

También conocido como Templo de San Diego, fue terminado en 1716 y cuenta con una sobria fachada barroca. Perteneció a la Orden Franciscana de los Dieguinos y es un importante centro de peregrinación el día 12 de diciembre. Su interior es lo que sobresale; decorado por el artesano local Joaquín Orta en 1915 su opulenta decoración es digna de admirarse. Se elaboró en barro y yesería, combinando tradición indígena con europea.

Callejón del Romance

El lugar ideal para enamorarse, este angosto callejón es parte importante de la historia de Morelia ya que cuenta con 19 inmuebles que son catalogados monumentos históricos. Con sus fachadas de cantera rosa, las elegantes fuentes, las jardineras, la luz amarillenta de sus faroles, es el marco ideal para llevar a tu pareja y susurrarle algo al oído. Si prefiere ir solo, siéntese en una banca y disfrute de un buen libro.

Zirita, Taller de Experiencias Culinarias

En este taller no sólo aprenderán a elaborar los platillos michoacanos más típicos en un grupo pequeño de aprendices con las cocineras más experimentadas y conocedoras, también les ofrecen toda una vivencia culinaria realizando recorridos gastronómicos y culturales en ciudades y pueblos circundantes. Por lo tanto, además de aprender a cocinar y comer sabroso, gozarán de la experiencia completa.

Angangueo

Reserva de la Biosfera Mariposa Monarca

Símbolo del estado de Michoacán, estas mariposas hacen un largo recorrido desde Canadá y Estados Unidos antes de aparearse y descansar en los bosques de Michoacán. Su santuario se encuentra cerca de Angangueo y es un verdadero espectáculo ver esos árboles cargados de estas voladoras naranjas y negras. La temporada es de noviembre hasta mediados de marzo. Por supuesto que el paisaje natural es hermoso dándoles un motivo más para visitar este santuario.

Iglesia de la Concepción

Construida a finales del siglo XIX, se encuentra ubicada en el centro de la población aunque no es la iglesia principal. Un importante centro minero, este templo fue construido durante el auge de las minas al ser financiado por las familias propietarias de ellas. Sin duda es una hermosa construcción neogótica que refleja una época importante de Angangueo.

Jiquilpan

Museo Lázaro Cárdenas del Río

Este museo nos narra pasajes de la Revolución Mexicana, en especial rindiendo homenaje a los generales Lázaro Cárdenas del Río y Francisco J. Múgica. Entre los datos históricos se hace énfasis en la situación política, económica y social de esa época. También encontrarán algunas piezas arqueológicas, biblioteca, hemeroteca e incluso un auditorio con capacidad para 120 personas.

Biblioteca Pública Licenciado Gabino Ortiz

Ubicado en lo que fue el primer Santuario de la Virgen de Guadalupe en la ciudad, pasó a ser biblioteca desde 1941 y bien vale la pena visitarse ya que contiene diez murales del reconocido pintor José Clemente Orozco que narran una parte de la historia revolucionaria del país, destaca entre ellos 'Alegoría de la mexicanidad'. Con sus puertas de bronce, sin duda es el edificio más emblemático de la ciudad y uno que no se deben perder.

Pátzcuaro

Janitzio

La isla más famosa de las 7 que se encuentran en el lago de Pátzcuaro, durante el trayecto a ésta verán una representación, casi como si fuera una danza, de la pesca que se hacía antiguamente. El 1o. de noviembre la gente enciende cirios para recordar a sus muertos, logrando que se ilumine toda la isla al grado de verla desde la otra orilla. Les recomendamos subir al monumento a José María Morelos y comer charales. Para llegar a la Isla de Janitzio sólo se puede hacer por medio de una lancha, la cual hay que tomar ya sea en el embarcadero de Pátzcuaro o en el muelle de San Pedrito.

Quiroga

Este encantador pueblo es famoso por sus artículos elaborados en madera y piel que pueden encontrar prácticamente en todo el Estado. Antes llamado Cocupao, en 1859 fue renombrado en honor a Vasco de Quiroga quien fundó aquí el famoso hospital-pueblo. Entre a sus múltiples tiendas de artesanías, visite la localidad de Santa Fe de la Laguna y su antiguo hospital, la Parroquia de San Diego de Alcalá y recuerde que en julio es la fiesta patronal.

Tzintzuntzan

Tzintzuntzan fue la capital del territorio purépecha desde el siglo XII y aún conserva muchas tradiciones, costumbres y el idioma desde aquella época, incluida la danza de Los Paloteros. Les recomendamos visitar el convento franciscano del siglo XVI cuyo atrio, dicen, aún conserva los olivos plantados por Don Vasco de Quiroga. Dele una vuelta a las construcciones prehispánicas Las Yácatas que quedan muy cerca de ahí.

Zona Arqueológica de Tzintuntzan

Ésta fue la última gran capital del imperio Purépecha, desde aquí se controlaba la vida política, económica y religiosa. El lugar también es conocido como Las Yácatas, que son estructuras piramidales redondeadas sobre una gran plataforma y de las que aún se conservan cinco. En el lugar también habitaban sacerdotes y pobladores, y aunque está algo deteriorado, no deja de asombrar la majestuosidad de las ruinas que aún quedan.

Basílica de Nuestra Señora de la Salud

Sin duda es la iglesia más importante de la ciudad, sin embargo, no está en el centro. Se construyó sobre un centro ceremonial prehispánico funcionando como sede catedralicia hasta 1580. Su fachada es muy sencilla, pero sigue siendo muy hermosa y digna de visitarse. Al interior observarán a la Virgen de la Salud, una estatua del siglo XVI. Como dato curioso; aquí yacen los restos de Don Vasco de Quiroga.

Templo y Colegio de la Compañía de Jesús

Este hermoso colegio fue construido en el siglo XVII cuando Don Vasco de Quiroga llevó a los jesuitas conociendo su aportación en temas educativos. Construido en el siglo XVII, ahora podrán admirar los pasillos y patio del colegio, así como las pinturas de sus muros. El templo consta de una torre con un reloj que dicen 'fue desterrado de España por marcar mal la hora a un monarca'.

Casa de los Once Patios

Deben dirigirse allí si les interesa conocer la artesanía de la localidad. Este conjunto de edificios coloniales que fue un convento en donde se establecieron las monjas dominicas a mediados del siglo XVIII, ahora muestra todo tipo de productos elaborados por manos purépechas. Además, en sus salas se llevan a cabo diferentes talleres artesanales y sus patios, con bancas y fuentes, son el lugar ideal para tomar un descanso.

Museo de Artes e Industrias Populares

Está ubicado en lo que fue el Colegio de San Nicolás Obispo, aunque de la construcción original que data del siglo XVI, queda muy poco. Funcionando como colegio, mesón, vecindad, escuela primaria entre otras cosas, en 1942 pasó a la Red de Museos INAH. Ahora cuenta con valiosas colecciones de objetos elaborados por manos indígenas que han ido creciendo y enriqueciéndose de forma constante desde su fundación.

Nevería La Pacanda

Esta nieve de pasta, como se le conoce, existe desde 1905 y la vendía su creador, Don Agapito Villegas, bajo los árboles de la plaza Don Vasco. Diez años después se pasa a un local en el Portal Hidalgo y es bautizada como Nevería La Pacanda. Ahora ustedes podrán disfrutar de esta nieve en el mismo lugar en donde lleva 100 años vendiéndose. Con más de 40 sabores, opten por uno extravagante como tequila o cacahuate o quédense con uno tradicional de limón.

Chocolate Joaquinita

Desde 1898 esta pequeña empresa familiar elabora estas ricas tabletas de chocolate con un toque de canela para que puedan disfrutarlo caliente en una taza. Al visitar esta pequeña tienda, conocerán el proceso de elaboración de estas tabletas desde el molido del chocolate en el metate de piedra y podrán adquirir cuantas quieran. Eso sí, jamás conocerán la receta.

Plaza Vasco de Quiroga

El lugar ideal desde donde pueden disfrutar Pátzcuaro, esta plaza tiene al centro una estatua dedicada a Don Vasco de Quiroga.

A su alrededor verán casonas típicas, portales y jardines que les recordarán lo maravilloso de la ciudad. A diferencia de casi todas las plazas, no encontrarán una iglesia colindando. Sin embargo, es el lugar en donde se reúnen artesanos y se presenta la Danza de los Viejitos, así que tendrán mucho que disfrutar.

Templo de Santiago Apóstol Tupátaro

Con un estilo típico del barroco popular mexicano, esta pequeña joya fue construida en el siglo XVI y se distingue por su ornamentación dorada al interior del templo. Las imágenes que podrán observar son de la Pasión de Cristo y la Coronación de la Virgen. También se le conoce como la Capilla Sixtina de América, lo que les dará una idea de su majestuosidad.

Palacio de Huitziméngari

Ubicado en la plaza principal es la construcción civil más antigua de Pátzcuaro, la construyeron en 1711 como vivienda de Don Antonio de Huitziméngari, descendiente de Caltzontzin, el último emperador purépecha. Su construcción es bastante sencilla, pero se distingue por los arcos que rodean al patio. Al interior podrán admirar y adquirir objetos artesanales elaborados por manos purépechas e incluso observarlos mientras éstos hacen sus artesanías.

Ex Convento de San Agustín

Este convento fue construido en 1576 y su templo ahora es utilizado como biblioteca pública, haciendo que su distribución de libros y mesas sea muy peculiar. Conserva un famoso fresco elaborado por Juan O'Gorman que narra la historia michoacana, incluyendo imágenes de indígenas, conquistadores y Don Vasco de Quiroga. Es verdaderamente una bella construcción con mucha historia.

Santa Clara del Cobre

Plaza Principal

Con un hermoso kiosko engalanado con una gran olla de cobre, esta plaza les llevará al pasado con la típica arquitectura colonial que la rodea. Alrededor de ella encontrarán varias tiendas artesanales en sus portales exhibiendo múltiples objetos elaborados de este metal. Tómense el tiempo para entrar a ellas, les recomendamos La Bodega Artesanal, y siéntense en una banca para relajarse y disfrutar de la tranquilidad del pueblo.

Museo Nacional del Cobre

Como podrán suponer, este pueblo tiene una rica tradición orfebre que data incluso desde antes de la Conquista y que con la llegada de Don Vasco de Quiroga se arraigó incluso más y aún se utilizan técnicas antiguas. Este museo les llevará de la mano al narrarle la historia de esta rica tradición desde las primeras manifestaciones de los artesanos purépechas. Incluso podrán admirar en vivo cómo siguen trabajando este valioso metal.

Talleres Artesanales

Originalmente Santa Clara era habitada por el pueblo Purépecha, quienes descubrieron el cobre de la región y desarrollaron técnicas para trabajarlo, tanto en este poblado como en sus alrededores, los antiguos indígenas de la región martillaban el cobre para crear artículos utilitarios, adornos como cascabeles zoomorfos, bezotes, aretes y otros instrumentos como hachas y cuchillos. Hoy, sobre la calle de José María Morelos y la de Pino Suárez, podrán encontrar los talleres de mayor tradición en el arte del martillado y admirar la destreza de los maestros artesanos, además de adquirir alguna de sus obras de arte.

Tacámbaro

Santuario de la Virgen de Fátima

Este santuario es famoso por las cuatro pinturas que muestran imágenes de vírgenes refugiadas. La primera de ellas, la Virgen de Czeztochowa, llegó el 20 de octubre de 1957 y es de origen polaco. Se le sumaron las vírgenes de Lituana, Cuba y Rumania. El lugar también es reconocido por su réplica del Santo Sepulcro y por el vitral de Nuestra Señora de Fátima. ¡Qué hermoso!

Tlalpujahua

Museo Mina Las Dos Estrellas

Sin duda esta mina es parte importante de la historia de Tlalpujahua, de ahí que se haya hecho el esfuerzo por abrir este museo después de varios años de abandono de la misma. Podrán ver las edificaciones originales, visitar la mina y ver los talleres de mantenimiento originales. Además, disfruten del hermoso paisaje que la rodea y aproveche su zona recreativa y la venta de artesanías.

Museo Hermanos López Rayón

Entre estas paredes nació el insurgente Ignacio López Rayón, creador de la Suprema Junta Nacional Americana, y fue la casa familiar. Por este motivo el museo busca narrar la vida y obra de esta figura mexicana así como su entorno familiar. También sus salas son utilizadas para contarnos la historia minera de Tlalpujahua, mostrando fotografías, maquinaria e implementos mineros de principios del siglo XX.

GASTRONOMÍA

Michoacán tiene una gastronomía muy variada, es una cocina rica en sabor y aroma, donde la tradición destaca en la elaboración de sus platillos. Entre los platos típicos de cada región destacan las Corundas, los uchepos (pequeños tamales elaborados con elote tierno), la crema fría de aguacate, las sopas purépecha, la tarasca y la prehispánico, o los tamales de harina acompañados de atole negro o de grano, el pollo placero, las enchiladas morelianas, el chupiro, el pescado blanco y el caldo de charal estilo Pátzcuaro.

El momento más dulce está representado por nieve de pasta, un delicioso helado de pasta de leche, los Chongos Zamoranos, las Morelianas y la Capirotada, entre otras delicias. En lo referente a la bebida destaca la Charanda, un aguardiente tradicional de caña, y para combatir el calor, la fresca agua de obispo o la guacamaya.

ARTESANÍAS

La fusión de las culturas indígena y española, dieron como resultado una artesanía regional única, ampliamente valorada no sólo en el país azteca sino en el mundo entero. Son las guitarras acústicas de Paracho, las más reconocidas del mundo, que como instrumentos musicales han servido para dar renombre a muchos tríos mexicanos como Los Panchos, Los Dandy's y Los

Tecolines. Por supuesto que estas guitarras también son muy apreciadas por artistas solistas.

Las artesanías de barro han servido para crear enseres de la vida cotidiana como vasijas, platos, vasos, ánforas, calentadores, así como para plasmar mediante objetos y esculturas, sus creencias religiosas. Los procedimientos traídos desde el Viejo Continente; el bruñido, el vidriado y la cerámica de alta temperatura, de las hábiles manos de los alfareros surgen formas como pueden ser una taza o una vajilla de barro, figurillas de calaveras con escenas de la vida diaria, hasta las más abstractas con dibujos multicolores o bruñidas en un verde intenso, como las de Cocucho, Tzintzuntzan, Ichán, Capula, Patamban, Santa Fe de la Laguna o la Cañada de los Once Pueblos, o los 'diablitos' de Ocumicho.

Las artesanías de madera ofrecen bellos alhajeros o las máscaras utilizadas en la 'Danza de los Viejitos', elaboradas con maderas suaves. Igual, conservan viva la tradicional juguetería popular: baleros, yoyos y trompos. Columnas y retablos tienen su origen en las creativas manos de artesanos con la creación del labrado y talla profunda de la madera, especialmente los de Patamban y Ahuirán. Son famosos sus laqueados en jícaras, máscaras, cajas y otros objetos de madera. Utilizando técnicas de origen prehispánico, como el maque y las lacas, además de pinturas multicolores. Así surgen de su ingenio animales, flores, formas y paisajes fantásticos con brillantes tonos dorados.

En Michoacán hay artesanías en paja y tule. También sus textiles; sarapes, fajas, servilletas, manteles, huanengos, camisas, lienzos para enaguas, rebozos y colchas son tejidas en la mayoría de los casos, a la usanza antigua, es decir, en telares de cintura. Visita obligada es a Santa Clara del Cobre, pueblo que desde hace mucho tiempo se dedica a dar vida a magníficas piezas de arte en un metal como el cobre, que nuestros antepasados supieron moldear con maestría.

DEPORTES

Los michoacanos tienen en el equipo de fútbol Monarcas Morelia de la Primera División profesional, una forma de disfrutar su deporte favorito.

MÚSICA / DANZAS

La música que se baila depende de la zona que se trate, Zona del Huetamo, Tierra Caliente, Zona de Apatzingán, Zona Purépecha, Zona Lacustre y Zona Serrana. En el Huetamo, por ejemplo, son los 'sones calentanos' y 'los gustos'. La música es ejecutada principalmente por cuartetos, que tocan tamborita, guitarra panzona y dos violines. Los indígenas del lago de Pátzcuaro tienen su 'Curuch Urapiti' (pescado blanco) o danza del 'Chinchorro'. En Janitzio tienen la danza de 'Paracab Uaracua' o danza de 'Las Mariposas'. En Tierra Caliente tienen sones, 'valonas', 'abajeño', 'pirecua o pirekua' y danzas como el 'De los Tumbis'. Sin embargo, la danza de Michoacán conocida mundialmente es la 'De los Viejitos'.

ESTADO DE MORELOS

El estado de Morelos es uno de los 31 estados mexicanos, su territorio es hermoso y por ello le llaman 'el de la eterna primavera', su capital es Cuernavaca. Morelos se localiza al Centro-sur. Colinda al Norte con la Ciudad de México, al Noreste y Noroeste con el Estado de México, al Sur con el estado de Guerrero y al Oriente con el estado de Puebla. Políticamente, se divide en 33 municipios. Cuando el emperador Maximiliano I tomó posesión de la Corona de México, el presidente Benito Juárez tuvo que trasladar la capital de la República a diferentes regiones. Para ese propósito dividió el territorio original del Estado de México en tres distritos militares: el actual Estado de México y los territorios que ahora comprenden los estados de Hidalgo y de Morelos. Después del triunfo de los republicanos los nuevos distritos rehusaron reintegrarse y tras un año de deliberaciones el Presidente decidió elevarlos a la categoría de Estado. Uno de ellos, Morelos, rinde honor al sacerdote insurgente José María Morelos y Pavón. Durante la época prehispánica, el territorio de Morelos fue habitado por los tlahuicas y durante la Revolución Mexicana se distinguió por ser la sede del ejército comandado por Emiliano Zapata, llamado 'El Caudillo del Sur'.

Al norte de la entidad, sirviendo de frontera natural con la Ciudad de México, se localiza una parte del Eje Neovolcánico, de la cual se desprenden las sierras de Zempoala, Tres Marías, Tepoztlán, Tlayacapan y Tlalnepantla, la mayor parte del territorio del

Estado se encuentra comprendido en la Depresión del río Balsas. Los principales ríos son el río Grande, el Tepalcingo (ambos afluentes del Atoyac que fluye por el estado de Puebla) y el Amacuzac que baña los campos de Tehuixtla. Entre las principales lagunas sobresalen la laguna El Rodeo, la Coatetelco y la de Tequesquitengo.

TURISMO

Morelos ha sido distinguido con el nombramiento de Pueblo Mágico para dos de ellos; Tepoztlán y Tlayacapan, los cuales expresan la magia y tradición por sí mismos, corredores adoquinados, flanqueados por árboles que conducen a la entrada de sus conventos como el de San Juan Bautista en Tlayacapan, que alberga el testimonio de su época de apogeo en el arte sacro que resguarda, o las momias que fueron encontradas en uno de los trabajos de restauración del templo y que ahora son exhibidas a los visitantes.

En Tepoztlán, otra de las joyas morelenses, el cerro del Tepozteco, como gigante que se ha echado a dormir por la eternidad resguardando el valle, sus calles empedradas en las que plácida vive la tarde de este pueblo místico por excelencia, entre rica comida, brisa y sonrisas, es una visión para perderse, para dejarse ir levemente en la profunda belleza de su magia.

Por su excelente clima, el estado de Morelos es famoso por sus balnearios siendo los principales Oaxtepec, Ocuituco, Temixco y Cuautla, entre otros. También es rico en lagunas como la de Tequesquitengo, la de Coatetelco y la de El Rodeo.

Un lugar muy visitado por los excursionistas son las Grutas de Cacahuamilpa en las que sus rocosas formaciones naturales muestran unas enormes salas adornadas con estalactitas y estalagmitas. Dentro de las Grutas también hay pozas y un río subterráneo.

Para quienes prefieren disfrutar de espectáculos conformados por agua pero a cielo abierto, pueden admirar la Cascada Salto de San Antón cuya caída de límpida agua es espectacular e invita a darse un chapuzón.

Siendo Morelos un estado que guarda tanta historia, las Pirámides de Xochicalco son una muestra de lo que sus antiguos habitantes tlahuicas construyeron durante la época prehispánica. Éste es un sitio que muchos fotógrafos han escogido para hacer sus trabajos para parejas de recién casados y quinceañeras.

Los Jardines de México son considerados los más grandes del mundo, están situados a la altura del kilómetro 129 de la Autopista México-Acapulco y está conformado por ocho jardines temáticos que son; el laberinto escultórico de los sentidos, el de estilo japonés, el italiano, el tropical, el de las cuatro primaveras, el abanico de flores, el de cactáceas, y el jardín infantil con-sentidos donde los niños aprenden del medio ambiente y al naturaleza.

Muy popular en Cuernavaca es el Palacio de Hernán Cortés, un sitio lleno de historia que en su interior tiene reliquias de la época dignas de ser vistas.

Hay muchos otros lugares para visitar en el estado de Morelos tales como Jojutla, Miacatlán, Tlaltizapán, Tlaquiltengo y Xochitepec.

GASTRONOMÍA

El maíz es parte viva de la cocina tradicional morelense, una cocina mestiza que juega con el metate y los hornos de microondas, para llevar a la mesa platillos exquisitos como las tortitas de tzompantle o flor de colorín; los tamales nejos, de cabellito o de frijol quebrado; los hongos de cazahuate o la salsa de jumiles con tortillas azules, sin faltar los frijoles ayocotes con bolitas de masa, el conejo en chileajo, la cecina con crema y queso fresco; o el espinazo de cerdo en chiles amartajados; los moles verde de pepita; el estilo Tlayacapan o el estilo Morelos, que lleva carnes de cerdo, carnero, ternera y cecina; huilotas en escabeche; tamales de bagre; la fruta de horno y las nieves del norte del Estado.

Las bebidas típicas son el aguardiente de Zacualpan, el pulque de Huitzilac, los 'toritos' (alcohol con carne, chile, cebolla y jitomate); tepache; mezcal de Palpan y el rompope de Tehuixtla.

Algunos de los principales insumos utilizados en Morelos son la carne de cerdo, carnero, ternera y cecina; los hongos que crecen en los troncos del encino y cazaguate, las palomas llamadas huilotas (se preparan en escabeche) y unos insectos conocidos como jumiles, que sirven de condimento. Entre los platillos típicos destaca el suculento pozole blanco, un caldo a base de maíz cacahuazintle y cabeza de cerdo, que se sirve con tostadas de maíz. Otras delicias son el mole verde y rojo y el pipián de pollo; el guajolote y la carne de cerdo acompañada con tamales negros, especiales para ceremonias religiosas o rituales; mientras que en las reuniones y fiestas se sirve mole adobado y diversos guisos elaborados con plantas de recolección, animales silvestres y cultivos tradicionales.

ARTESANÍAS

Las manos mágicas de los artesanos morelenses han ganado varios premios nacionales. Recientemente se inauguró el Centro de Desarrollo Artesanal (CRIDA) en la ciudad de Cuernavaca, a unos pasos del Palacio de Cortés y la Catedral, en este recinto se encuentran en exhibición diversas muestras artesanales de toda la región.

Si visitan estas comunidades, les sugerimos buscar las artesanías más representativas. Tlayacapan: aquí sobresalen las artesanías de barro como las ollas de cuatro orejas, figuras decorativas, además de muebles de hierro forjado y madera. Ocotepec: muebles rústicos de madera, ollas y macetas de barro. Centro de Cuernavaca: artesanías en plata, prendas de manta, figuras en madera, collares y pulseras. Tepoztlán: entre todas sus artesanías destacan las casitas de espina de pochote, cuarzos, teponaztles (tambor prehispánico) y palos de lluvia. Tlaltizapán: figuras de madera y prendas de vestir de manta. Hueyapan: tejidos de lana teñidos a mano. Jantetelco: pequeños Cuexcomates (para guardar granos como el maíz). Huajintlán y Amacuzac: maracas elaboradas con la corteza del huaje, con las que se producen rítmicos sonidos.

DEPORTES

Por más de 70 años el estado de Morelos ha tenido en el Club de Fútbol Zacatepec un representante deportivo, antaño en la Primera División y actualmente en la División de Ascenso, sólo que ahora con el nombre de Atlético Zacatepec.

MÚSICA / DANZAS

En Morelos la música forma parte de su idiosincrasia, por ello su gente baila al ritmo de los grupos musicales, quienes si acaso tienen alguna variación de instrumentos. Pero eso sí, todos acompañan danzas como 'Los Cañeros', 'Danza Azteca', 'Danza del Venado', o bien, los 'Jarabes de Morelos' y 'Los Chinelos de Morelos.

Qué privilegio ser mexicano, por su gran cultura y sus riquezas.

Recibe el corazón de un mexicano que te abraza con ternura y siempre te da la mano.

ESTADO DE NAYARIT

Estado de Nayarit (del náhuatl: hijo de dios que está en el cielo y en el sol), es una de las 32 entidades federativas de la República Mexicana y se ubica al occidente del territorio. Colinda con los estados de Sinaloa, Durango y Zacatecas hacia el Norte y con el estado de Jalisco hacia el Sur. Hacia el Poniente tiene una importante franja costera en el Océano Pacífico, donde posee las Islas Marías, la Isla Isabel, las Tres Marietas y el Farallón La Peña.

El clima predominante en la entidad es cálido, concentrándose principalmente a lo largo de la costa y en las zonas bajas de los valles del Río Huaynamota y Río San Pedro Mezquital. En menor grado se distribuyen climas de tipo semicálido en una franja que va de norte a sur, situada precisamente en la zona de transición entre la Llanura Costera del Pacífico y la Sierra Madre Occidental. Los climas templados se restringen a pequeñas áreas diseminadas en las partes altas de la sierra.

TURISMO

El estado de Nayarit tiene una gran riqueza arquitectónica herencia de la época colonial, siglo XIX y principios del siglo XX. Con construcciones estilo europeo, que se encuentran repartidas en sus principales poblaciones. Destacan en Tepic, la Catedral y el Palacio de Gobierno, así como la exfábrica Textil de Bellavista, el exconvento de la Cruz, la Casa Fenelón, los puentes de San Cayetano y Jauja, el Rey Nayar y el Ángel de la Independencia; en Compostela, la Iglesia en su cabecera municipal; en Santiago Ixcuintla su Iglesia; la Casa Aguirre, en Tuxpan; y en la localidad de Coamiles las huellas del pasado prehispánico, cinceladas en piedra.

Asimismo, sobresalen los templos de los 20 municipios y las presidencias municipales de Tepic, Jala, Acaponeta y Santa María del Oro. Las exhaciendas de Chilapa, San Cayetano, Sentispac, Pozo de Ibarra, el Conde, Miravalles, la Escondida, Puga, Mora, San José de Mojarras, Xalisco, Jauja y San Luis de Lozada, que representan, además de un testimonio histórico-cultural, un fascinante atractivo turístico.

Predominan La Casa-Museo de Juan Escutia; los museos de: Amado Nervo, Emilia Ortiz, de Los Cuatro Pueblos, el Aramara, el de Antropología e Historia y el de Mexcaltitán, en la Isla del mismo nombre. Nayarit cuenta con una diversidad de atractivos culturales, entre los que se encuentran: el folklore étnico Huichol y Cora; sobresalen la Semana Santa Cora, la Judea en Jala, el 'Cambio de Varas' en la Casa Fuerte de El Nayar, que significa el cambio de poderes en los primeros días de cada año.

Qué decir de las fiestas tradicionales que son verdaderos puntos de concentración social, en su gran mayoría son de carácter religioso y se ven asociadas con exposiciones comerciales. Cada municipio o localidad cuenta con sus fiestas, danzas y tradiciones, de las más importantes en el Estado son: La Feria Nacional de Tepic en el mes de marzo; la 'Feria del Elote' o de La Purísima Concepción el día 15 de agosto en Jala y Xalisco; la Feria Abrileña de Tuxpan; la Feria de la Primavera en Santiago Ixcuintla; la veneración a la Virgen de la Candelaria el día 2 de febrero en Huajicori; así como de la Virgen de Guadalupe en el Santuario y en la iglesia del poblado de El Pichón en el municipio de Tepic.

Sus ricos recursos naturales sitúan a Nayarit como una entidad privilegiada, de exuberante vegetación y paisajes de belleza extraordinaria, sus litorales, de 289 kilómetros de longitud, se conforman de playas, esteros, islas, lagos, montañas, lagunas y manantiales. Además, las etnias Cora y Huichol, con su producción artesanal y sus fiestas tradicionales, son una invitación permanente para el turismo.

Sobresale la zona turística de Nuevo Vallarta, ubicada en el municipio de Bahía de Banderas, que acompaña la belleza de sus recursos naturales con la infraestructura hotelera y de comunicaciones formando un atractivo turístico de importancia internacional; la zona costa sur es poseedora de una vasta región de litoral con playas de gran belleza como: Punta de Mita, Destiladeras, La Cruz de Huanacaxtle, Sayulita y San Francisco.

Compostela, por su parte, cuenta con recursos turísticos importantes, sobresalen los atractivos de Rincón de Guayabitos, Lo de Marcos, Chacala, Chacalilla, La Peñita y otras; todos estos centros tienen infraestructura restaurantera y de 'trailerpark', en menor medida hotelera, exceptuando a Rincón de Guayabitos que cuenta con amplia infraestructura hotelera, bares y discotecas.

Al norte de la entidad, en los municipios de Tecuala y Santiago se encuentran las playas de El Novillero (considerada la más grande del país), las playas de Los Corchos y El Sesteo. Las playas del Rey, el Borrego, Islitas y la Bahía de Matanchén en el municipio de San Blas. Además de los paseos-balneario La

Tovara y El Cocodrilario. Las lagunas de Santa María del Oro, Tepetiltic y San Pedro, en San Pedro Lagunillas; en el municipio de Tepic La Presa Hidroeléctrica de Aguamilpa, con pesca y paseos. Todas con extraordinarios paisajes y escenarios que son ideales para practicar deportes acuáticos: esquí, vela, remo y pesca.

GASTRONOMÍA

La gastronomía de Nayarit ofrece gran diversidad de platillos típicos de la región, es una cocina basada en productos como el pescado y mariscos, donde hay que destacar el camarón, ostión y cazón; frutas como el mango y el plátano. La cocina de Nayarit es una llena de sabores y aromas, con la que hasta los paladares más exigentes quedarán satisfechos.

Entre los platos más representativos de esta región se encuentra el pescado zarandeado, elaborado con pargo, que se prepara en madera de mangle y asado sobre brasas ardientes. También el ceviche o cebiche de pescado, enchiladas y sopes de ostión, tamales de camarón, el tlaxtihuilli o caldillo de camarón, arroz con camarones y quesadillas de frijoles, entre otros.

El momento más dulce está representado por las cocadas, la jericalla, elaborada con leche, huevos, azúcar y canela; el arrayán cubierto, es frutilla silvestre con la que se prepara una pasta que se cubre con azúcar y se deja secar al sol, y las exquisitas gorditas de maíz.

Las bebidas de esta región están representadas por el tejuino, licor de nanche y tepache de piña.

ARTESANÍAS

Las artesanías de los Coras y Huicholes son sin duda uno de los principales atractivos de la Riviera Nayarit. Los antiguos pobladores de la Sierra Madre Occidental realizan procesiones rituales periódicas con rumbo a las costas de Nayarit, momento en que los habitantes locales y viajeros de todo el mundo pueden ver de cerca el modo magistral en el que crean hermosas imágenes saturadas de color en collares, pulseras, jícaras, máscaras y superficies de madera, o adheridas con cera a figuras talladas de animales. Los Coras y Huicholes emplean estambre y coloridas cuentas formando caprichosos patrones que reflejan la religión y costumbres de esos ancestrales pueblos.

Son motivos recurrentes en sus diseños únicos las figuras de jaguares, venados, coyotes, águilas y serpientes, todos ellos animales sagrados para las dos culturas. Sin embargo, hay que mencionar que Coras y Huicholes no retratan esos animales porque sí o simplemente por su belleza; todas las figuras en sus artesanías se muestran en perfecta armonía con el ser humano y guardan una estrecha relación con el peyote, la planta sagrada de esas culturas.

A lo largo y ancho de la Riviera Nayarit hay múltiples centros artesanales en donde se pueden admirar y adquirir estos objetos, además de los tradicionales 'cuerditos' para la familia. Aquí también encontrarán preciosos objetos provenientes del centro de Nayarit, como las elaboradas piezas de alfarería de Ixtlán del Río, curiosas piezas de cerámica azul de Ahuacatlán, muebles de madera y palma de Jala o piedras minuciosamente talladas de Santiago Ixcuintla.

Le invitamos a llevarse un pedacito de la Riviera Nayarit a casa; seguramente le ayudará a recordar todo lo bello que viva durante sus vacaciones en este hermoso destino turístico.

DEPORTES

El estado de Nayarit cuenta con un club de fútbol en la Serie A de la Segunda División de México, éste es el de Coras de Tepic.

MÚSICA / DANZAS

En Nayarit su gente baila al ritmo de los sones, es por eso que éstos predominan como el 'Son de la Majagua', 'El Gallito', 'El Buey', 'El Ardillo Armadillo' y 'La Fiesta Nayarita'. Sin embargo, también tocan 'El Jarabe Nayarita', o acompañan 'La Danza de los Machetes'.

ESTADO DE NUEVO LEÓN

El estado de Nuevo León es otro de las 32 entidades federativas de la República Mexicana y se ubica en el noreste de México. Colinda al norte con el estado de Texas (Estados Unidos), en una zona fronteriza con una extensión de 15 kilómetros; al sur, con San Luis Potosí, estado que comparte todo su límite; por el este Tamaulipas; por el oeste Coahuila y Zacatecas. La capital del Estado es la ciudad de Monterrey.

Una de las entidades consideradas grandes urbes junto con la Ciudad de México y el estado de Jalisco, es Nuevo León. Las tres poseen las mayores concentraciones poblacionales. Las tres tienen grandes industrias de diferentes productos y servicios. Sin embargo, Nuevo León es considerado un Estado con mayor producción metalúrgica pero que ha ido creciendo enormemente en muchas otras áreas productivas.

Flora: Se localiza en una región predominantemente semiárida, presenta condiciones geográficas que le permiten una vegetación diversa. Los matorrales ocupan más de la mitad de la superficie del Estado, mientras que los bosques de coníferas y encinos se encuentran en las zonas altas. La agricultura ocupa 28% de la superficie del Estado.

Fauna: En el matorral: zorra gris, rata canguro, murciélago, cuervo, pájaro carpintero, zopilote, águila real, víbora de cascabel, tortuga del desierto y falso camaleón. En el bosque:

gato montés, oso negro, musaraña, zorrillo, cacomixtle, ardilla, venado cola blanca, topo, ratón de campo y lechuza de campanario.

El traje de la mujer neoleonesa (o nuevoleonesa) consiste en una blusa blanca con un camafeo (broche) en el pecho, mangas anchas y esponjadas; la falda puede ser de poliéster, gabardina o paño de lana en colores oscuro o de tono pastel, con un corte a base de doce cuchillas con seis pliegues. La falda de la mujer tiene como característica que lleva grecas formadas con espiguilla o cinta corrugada (barratoda) y llega a la altura entre las rodillas y los tobillos. Este traje se acompaña de botines o zapatos de color blanco o negro. En su cabeza, la mujer debe portar un peinado en forma de cebolla y dos peinetas de cada lado, mientras que en la mano derecha debe llevar un abanico.

TURISMO

El estado de Nuevo León cuenta con dos Pueblos Mágicos que son Santiago y Linares. Algunos de los principales atractivos turísticos del Estado son el Paseo Santa Lucía, un extenso lago artificial. La hermosa caída de agua Cola de Caballo. El Cañón de Matacanes y el Cañón de Chipitín. El Parque Nacional Cumbres de Monterrey. Villa de Santiago. Bioparque Estrella. Las impresionantes Grutas de García. El Museo Horno 3 y, por supuesto, el Parque La Fundidora.

Durante el siglo XX, asociaciones promotoras de la cultura crearon espacios y tiempos en los medios masivos de comunicación, eventos y lugares donde se aprecia la poesía, la historia, el teatro, la danza, el cine, las artes plásticas y la narrativa.

Los municipios conurbados de Monterrey cuentan con el Teatro de la Ciudad, el auditorio Luis Elizondo, el Auditorio San Pedro, el Teatro Monterrey y el Teatro Nova. Cabe destacar al grupo teatral regiomontano que con maestría llevan a escena tanto obras clásicas como contemporáneas y de vanguardia. Además, el movimiento pictórico en Nuevo León ha dado importantes artistas cuya lista es muy extensa.

En Monterrey se tienen el Museo de Monterrey, la casa de la Cultura, el Centro Cultural Alfa, Arte y Cultura A.C., además de galerías particulares. Otros municipios tienen sus museos propios.

Como museo permanente de historia se cuenta con el Museo de Historia Mexicana, El Obispado. Como tradición, en el área cultural, destacan los eventos que año con año organiza el Gobierno del Estado como la Muestra de Teatro Español, el Festival Alfonsino, la Temporada de Conciertos de Otoño y el Festival de Artes Monterrey.

Para esparcimiento los habitantes de Monterrey disponen de la Gran Plaza, espacio de 150 mil metros cuadrados en el centro de la ciudad. Hay jardines, arboledas, andadores, monumentos, fuentes, teatros, biblioteca, archivo y estacionamientos. Asimismo, una serie de centros turísticos que se encuentran en otros municipios del Estado.

En el estado de Nuevo León existen muchos monumentos históricos de importancia en todos sus municipios, principalmente sus templos católicos, palacios municipales, y muchas casas particulares, los cuales fueron construidos en su mayoría en la época Colonial. Asimismo, hay otros de importancia que a continuación se mencionan:

Monterrey. Estatua a Diego de Montemayor, fundador de la ciudad de Monterrey; llegada del gobernador Martín de Zavala a Monterrey, pintura del artista Alfonso Alarcón. **Los Aldamas.**- Monumento a la memoria del general. Eugenio Aguirre Benavides y su estado Mayor. **Anáhuac.**- El primer monumento erigido a la madre en el país, está ubicado en la cabecera municipal; así como el monumento del general Lázaro Cárdenas y el obelisco de los Fundadores, en el que convergen los puntos cardinales, orna la fuente al centro de la plaza principal de Ciudad Anáhuac. **Apodaca.**- Monumento al maestro Moisés Sáenz; en la plaza del poblado El Mezquital, obra del escultor capitalino José L. Ruiz, develado en 1962. Monumento al Primer Poblador Europeo. Aramberri.- La Anacua de la Conquista, donde se ofició la primera misa, con un sencillo monumento. En el centro del panteón municipal, existe un obelisco donde estuvieron los restos del general José Silvestre Aramberri. **Bustamante.**- Zona de pinturas rupestres en el 'Chiquihuitios'. Templo de San Miguel Arcángel (1760). Casas habitación que circunda la Plaza de Armas. Monumentos dedicados al profesor Macario Pérez, a don Ignacio A. Santos González, a don Benito Juárez García y a Xicohténcatl Axayacatzin. **Cadereyta.**- Plaza de toros, es la más antigua en el norte de la República, se inauguró el 15 de agosto de 1853. Monumento a don Miguel Hidalgo, otro a la memoria de don Benito Juárez García, una fuente de Carrara, italiana, inaugurada en 1890. Todos ellos se localizan en la plaza principal, 'Miguel Hidalgo'. **Carmen.**- Templo de la Virgen de la Cueva, que se halla en la Hacienda del Jaral. Templo de la hacienda de los González y junto a éste, el ruedo donde antiguamente se hacían corridas de toros y jaripeos; las glorietas, que adornan la plaza, casi las únicas que quedan en el Estado, fueron construidas en 1870. **Cerralvo.**- Kiosco de la plaza Hidalgo, edificio de las Cureñas, también conocido como Casa de la Moneda, la Casa Polo Sur, el templo San Gregorio Magno y capilla de Lourdes. Fortificación en los barrios Italia. **China**.- Una pintura rupestre ubicada en el lugar conocido como 'La Cueva de los Indios', en el rancho 'El Nuevo Mirador'. **Doctor Arroyo**.- Monumento a los fundadores de la ciudad de Doctor Arroyo. **Galeana**.- Tiene la estatua ecuestre de Mariano Escobedo, originario de este municipio. **General Bravo**.- Monumento de los fundadores del municipio que representa a una pareja con un niño; busto del licenciado Arturo B. De la Garza; busto del general Bonifacio Salinas; el llamado 'Pico de la Máquina', y algunas casas que datan del siglo pasado. **Guadalupe**.- Monumento a la Santa Cruz, construcción de principios del siglo XX, a Miguel Hidalgo, al general Ignacio Zaragoza, a Francisco Barbadillo y Vitoria, a La Madre, a Lázaro Cárdenas (busto), a Plutarco Elías Calles (busto), a Benito Juárez (busto), a don Serafín Peña y Eloy Cavazos Ramírez (estos dos últimos guadalupenses). **Higueras**.- Monumento al fundador; capitán Diego González, ubicado en la Plaza Principal. **Hualahuises**.- El actual templo de este municipio (Hualahuises), San Cristóbal de los Hualahuises, es una réplica del primer templo que se construyó a orillas del río Hualahuises, en Potrerillos, donde se realizaron los primeros asentamientos humanos. **Iturbide**.- Escultura labrada en una pared de la Sierra a orillas de la carretera Linares, en el Cañón de Santa Rosa dedicada a los camioneros, del escultor neoleonés Federico Cantú. **Lampazos**.- El monumento dedicado a los hombres ilustres en la explanada de la presidencia municipal. **Linares**.- El casino de Linares (estilo francés). **Marín**.- Bustos de personajes ilustres: del profesor Pablo Livas, el del doctor Alfonso Martínez de la Garza y el del profesor Pedro M. Martínez, entre otros. **Mina**.- Monumentos a Francisco Javier Mina y al presbítero Benjamín Tapia Arroyo, entre otros.

Montemorelos.- El monumento a don José María Morelos y Pavón, es el más grande e importante que existe en la región citrícola, fue erigido en la loma de la Cruz e inaugurado el 22 de diciembre de 1969. **Monterrey**.- Palacio del Obispado, Catedral de Monterrey, Capilla de los Dulces Nombres, Antiguo Palacio Municipal de Monterrey, Edificio del Colegio Civil, Edificio de la Estación de Trenes, Casa del Campesino. **Parás**.- Monumento prehistórico de la cultura aborigen, llamado 'Frontón de Piedras Pintas'. **Rayones**.- En homenaje al famoso Pintor Pablo O'Higgins y para conmemorar el primer aniversario de su muerte, los pintores Armando Ortega Orozco, Silvia Tinoco y Daniel Hernández, realizaron en la parte frontal del local que ocupa el Auditorio Municipal un mural que lleva por nombre 'Canto de Vida y Esperanza de Rayones'. **Sabinas Hidalgo**.- Destacan murales de la escuela normal Pablo Livas y del Palacio Municipal; en este último, el óleo se hace alusión a la fundación del Real Santiago de las Sabinas. **San Nicolás de los Garza**.- El monumento a La Amistad, puente peatonal hecho de acero y concreto, en el cual destaca un arco de acero. Monumento a Alfonso Reyes, el regiomontano universal; a don Benito Juárez, en la plaza principal con la leyenda 'Da nobleza reconocer el error pero envilece permanecer en él'. **San Pedro Garza García**.- Cuenta con un gran número de monumentos importantes, se recomienda ver la monografía del municipio. **Santa Catarina**.- Se tienen registrados en el catálogo del I.N.A.H, 13 construcciones del siglo XIX; además del castillo de la Cultura en la Loma de la Cruz construido a mediados de este siglo y el monumento al libertador general. Francisco Morazán construido por allá de 1944 sobre una antigua Capilla, entre otros. **Santiago**.- Monumento al 'Patrón Apóstol Santiago'; Busto a 'Don Mariano Escobedo'. **Villaldama**.- En este municipio se encuentran diversos monumentos históricos, se recomienda ver la monografía del municipio.

GASTRONOMÍA

Las influencias judía, española y tlaxcalteca son algunas de las que han contribuido a enriquecer el panorama culinario de la región. 'Para comer bien sabrosón no hay como Nuevo León', es un lema muy a modo. Y fue que a falta de corderos, los judíos españoles utilizaron al cabrito como sustituto en sus comidas tradicionales. El famoso 'machito', hecho con tripa del caprino, tan popular en Monterrey, es una derivación del 'zarajo' de Castilla. La semita o cemita, ese singular pan dulce con nuez, también es herencia de conquistadores con antepasados sefarditas. La aportación indígena se aprecia, por ejemplo, en el otro pilar de la gastronomía neoleonesa: la carne seca o 'machacado de res'.

Debido a la falta de implementos para conservarla, lo único que pudieron hacer fue secarla al sol, ese sol abrasador que determina el clima de gran parte del Estado, durante una buena parte del año. El resultado de ese primitivo proceso es el delicioso 'machacado', platillo que ningún regiomontano o visitante excluye de su desayuno.

Pero el 'platillo rey' es el cabrito, que es reconocido como la gloria de la gastronomía de la entidad. En Nuevo León se come el cabrito al pastor, y dicen los que saben que el secreto de este platillo es el propio cabrito, que debe ser un animal tierno, de no más de 40 días de nacido y que jamás haya probado hierbas del campo, es decir que sólo haya sido alimentado con leche materna. El cabrito se asa abierto, a las brasas de leña de mezquite, y luego de dos horas de cocción lenta y precisa se sirve acompañado de frijoles charros, con carne de puerco, chile serrano, tocino y cilantro; pero si se le agrega cerveza a los frijoles, su nombre cambia a 'borrachos', en vez de 'charros'. En salsa o en sangre, son otras dos de las maneras en que se cocina el cabrito 'norestense'. Abundando en el tema de la carne, hay que decir que la región, gracias a su fama de tierra ganadera, es casi carnívora por excelencia. Aparte del cabrito y el machacado, los regiomontanos también degustan manjares como 'agujas a las brasas'; la carne zaraza, que son tiras de lomo servidas con guacamole, y la arrachera, un corte de carne originario de Nuevo León.

Según un estudio, Monterrey es la ciudad de mayor consumo de carne asada per cápita de todo el país (Hermosillo, Sonora, ocupa el segundo lugar). Pero esta afición carnívora va más allá del paladar. El fomento de la amistad, de la unidad familiar y de la alegría, es el ingrediente estrella y unas buenas cervezas de la región, el complemento ideal. El asado de puerco con chile colorado o un buen puchero, son otras de las delicias muy bien recibidas por los comensales neoleoneses. La carne zaraza es tradicional del municipio de Montemorelos.

Las papitas de 'la sierra' o papitas de Galeana provienen de este municipio ubicado al sur del Estado, que es uno de los principales productores de papa del país, pero ésta es una papa singular: pequeña pero de un sabor único.

Las 'tortas compuestas' son un platillo tradicional de Linares. Éstas se comen frías, por lo tanto son un platillo fresco, además de ser muy lucidor por su colorido. Las Glorias son una tradición de dulces de leche quemada y nuez que inició en 1932. Actualmente hay en Linares alrededor de 15 empresas que se dedican a su elaboración. Las perlitas o 'besos indios', el rollo, los encanelados, las revolcadas, la natilla y las marquetas en diferentes diseños, son otras de las golosinas tradicionales. También dan gusto al paladar las bolitas de leche de cabra o vaca, la calabaza en tacha cocida en piloncillo y las conservas de naranja de Montemorelos y las de otras frutas en Santiago y pueblos circunvecinos. No podemos dejar de mencionar el famoso pan de Bustamante, que se elabora según una tradición familiar y se hornea al estilo casero. Las empanadas de nuez, los turcos, las semitas, las hojarascas, son algunas de las delicias de harina que distinguen a este municipio y a los de la zona.

ARTESANÍAS

Productos de palma en la llanura costera, artículos de bejuco, mimbre e ixtle en la Sierra Madre Oriental, alfarería en la sierra y el altiplano.

DEPORTES

El estado de Nuevo León se ha convertido en un emporio futbolístico ya que posee dos grandes equipos en la Primera División que son, Los Rayados de Monterrey, y los Tigres de la Universidad Autónoma de Nuevo León. De igual forma, tienen un representante en la Liga Mexicana de Béisbol, éstos son los Sultanes de Monterrey. Cabe señalar que también tiene dos equipos en el fútbol americano estudiantil; los Borregos Salvajes del Tecnológico de Monterrey, y los Tigres de la Universidad Autónoma de Nuevo León. Se presume que en breve, el estado de Nuevo León podría tener un equipo de la National Football League (NFL).

MÚSICA / DANZAS

Nuevo León es famoso por su música norteña y otros grupos que pueden acompañar bailes como el chotis, la polka, la redova, igual quienes no tienen problema para interpretar un vals vienés, una maruska, una varsoviana o una contradanza. Como también pueden acompañar musicalmente 'jarabeados', 'zapateados', 'repuenteao' o un 'huapango norteño'.

ESTADO DE OAXACA

El estado de Oaxaca (pronunciado 'Oajaca') es una de las 32 entidades federativas de la República Mexicana. Se ubica al Sur del país, en el extremo Suroeste del Istmo de Tehuantepec. Colinda con los estados de Guerrero al Oeste, Puebla al Noroeste, Veracruz hacia el Norte y Chiapas al Este. Hacia el Sur posee casi 600 kilómetros de costa en el Océano Pacífico. Por su extensión, es el quinto Estado más grande del país y ocupa el 4.8 por ciento de su superficie total. Alberga una rica composición multicultural donde conviven más de 16 grupos étnicos. Al igual que los otros estados de la federación, Oaxaca posee una constitución, un código penal y un escudo propio.

TURISMO

Por su enorme belleza el estado de Oaxaca es uno de los más completos en cuanto a paisajes de México. Su variedad orográfica y climatológica hace que se concentren, en su territorio relativamente pequeño, diversos ecosistemas con especies vegetales y animales propias. Desde los bosques de pinos de las altas montañas del norte, hasta los fértiles valles cultivados del centro, pasando por los ecosistemas marinos cercanos a las playas del Pacífico y sus importantes reservas de agua dulce, todo tiene cabida en este vergel, que sabe explotar sus atractivos ofreciendo actividades apasionantes donde se combina la práctica del deporte con el disfrute de la naturaleza.

Oaxaca es un lugar muy turístico, ya que cuenta con muchos de éstos lugares por recorrer.

En la ciudad de Oaxaca se encuentra la casa que fue del señor Antonio Salanueva, la que en la actualidad ostenta el # 609 de la 6a. calle de García Vigil. Se conoce también con el nombre de 'Casa de Juárez' porque en ésta se hospedó el Benemérito de las Américas, don Benito Juárez García, cuando llegó de Guelatao en 1818. Posteriormente, Juárez fue presidente de México. Esta casa es ahora un pequeño museo.

Playas de Oaxaca. Oaxaca es famoso por sus playas, las tiene de todo tipo, por eso a continuación les enumeramos 14 de ellas.

Chacahua. Con lagunas que dan al mar, y unos atardeceres radiantes, Chacahua se ha convertido en un punto turístico obligatorio para los amantes de las playas mexicanas. De noche, el plancton brilla en la laguna, y la experiencia es espectacular. Está al poniente de Puerto Escondido. Se debe llegar en lanchita.

Chipehua. Una bahía en donde se puede practicar el surf, Chipehua tiene dunas de arena que dan al mar. Un paraíso surrealista, mitad desierto y mitad playa que vez tiene mayor afluencia de visitantes.

Playa Cangrejo. Ubicada en Morro Mazatán, Playa Cangrejo es un lugar tranquilo con olas intensas. Para armar su tiendita de campaña, acampar y desentenderse del mundo entero.

Punta Cometa. Es la montaña más saliente del Pacífico Sur en México. Punta Cometa es un paraíso natural que mezcla montañas, riscos y mar. Además de una espectacular vista, se puede observar una gran cantidad de fauna marina.

Puerto Escondido. Probablemente sea el destino más conocido. Desde hace más de 20 años, Puerto Escondido es refugio y paraíso para surfers de todo el mundo. Cuenta con restaurantes, bares y centros nocturnos. Para los madrugadores, hay muchos lugares para desayunar delicioso. Este sitio tiene aeropuerto.

Punta Zicatela. Si se mueven al Sur de Puerto y dejan atrás los centros nocturnos, restaurantes y cafés, encontrarán Punta Zicatela, un lugar mucho más tranquilo y más dedicado a la actividad que volvió famosa esta playa: el surf.

Carrizalillo. Ésta es una playa familiar, en Puerto Escondido, en donde se pueden hacer actividades como snorkeling y paseos en lancha por las playas cercanas. No olviden pescar lo que vayan a cenar y disfrutarán.

Mazunte. Esta pequeña playa es un paraíso casi virgen en donde las tortugas vienen a desovar. En últimos años ha tomado relevancia entre los turistas que buscan un espacio privado y relajado para gozar del sol, la naturaleza y el mar. Además, aquí se encuentra el Centro Mexicano de la Tortuga, un lugar para aprender y concientizarse sobre la importancia de esta especie.

Mermejita. Es una sorprendente playa virgen de arena negra. Mermejita cuenta con búngalos y casas para ir a convivir consigo mismo y con las bondades de la playa. ¿Necesitan algo más?

Zipolite. Es el estereotipo de la 'pachiplaya'. En Zipolite pueden acampar y disfrutar días enteros de olas, arena y buenas vibraciones, compartidas entre las enramadas. Se ha convertido en un destino concurrido durante Semana Santa, pero el resto del año, pueden tener la vista sólo para ustedes.

Playa La Boquilla. Cerca de Puerto Ángel, hay un lugar similar alejado del ruido, es un escondite perfecto para pasar un momento romántico y relajado. ¡Disfrútenlo!

San Agustinillo. Esta pequeña playa de poco más de un kilómetro de longitud es precisamente en donde la Sierra Madre del Sur llega al Pacífico. Este pequeño pueblo pesquero es ideal para pasar el día, y comer como campeón con la pesca del día.

El Venado. Es un pueblo muy pequeño el que alberga la Playa el Venado. El destino ideal para los que necesitan de espacio, silencio y días enteros para experimentar la sanación del sol, metiéndose en el mar y regresando al día siguiente. Les recomendamos llevar uno o más libros.

Huatulco. Probablemente es la playa más famosa de Oaxaca y la más desarrollada en cuanto a servicios y alojamiento se refiere. Huatulco es un excelente punto medio entre un macrodestino turístico y un pequeño escondite playero. Para todos los gustos y planes. Cuenta con aeropuerto.

A lo largo de la costa de Oaxaca se pueden encontrar varias lagunas idílicas rozando el Océano Pacífico. La flora y la fauna de estas lagunas costeras es excepcional, abundante y diversa. Pero el paisaje es simplemente impresionante, son pequeñas piezas de paraíso escondido esperando a ser descubierto. Bosque tropical, dunas y manglares proporcionan un refugio para una gran cantidad de especies migratorias y no migratorias por igual. Entre las lagunas costeras más importantes se incluyen Manialtepec y Chacahua, ambas bajo el cobijo de Puerto Escondido. Muchas de las lagunas más grandes ofrecen deportes acuáticos, restaurante y más.

Laguna de Tecomaxtlahuaca. La laguna encantada de Tecomaxtlahuaca es una pequeña de agua templada y cristalina de tonalidad verde esmeralda que, según el mito local, posee poderes

para curar. Es alimentada por un par de muelles sulfurosos con aguas cristalinas y rodeado de exuberante vegetación, la natación no se recomienda. Esta la laguna encantada se ubica a cuatro horas y media afuera de la población, a orillas de la Carretera Tecomaxtlahuaca - Huajuapan.

Laguna Encantada de Guelatao. La Laguna Encantada de Guelatao es pequeña y pintoresca, está en el tranquilo pueblo de Guelatao de Juárez, ubicado en las faldas de la Sierra Norte. Esta laguna tuvo un papel crucial en la historia de la vida de don Benito Juárez, el presidente de México más venerado del siglo XIX. El sitio cuenta con una estatua en su honor.

Laguna de Chacahua. Esta laguna está situada en el Parque Nacional de Chacahua y es el hogar de una gran variedad de fauna marina de las cuales algunas son endémicas de México y otras que están en peligro de extinción. La laguna está muy cerca de las playas de Chacahua, Cerro Hermoso y la aldea Zipotalito, Puerto Escondido. También es el hogar de una granja de cocodrilos.

Zonas arqueológicas

Las zonas arqueológicas del estado de Oaxaca son muy vastas. Ustedes tienen la posibilidad de visitar sitios de imponente belleza que son el origen de esta gran cultura. En las zonas de Monte Albán y Mitla, principalmente, están plasmados los orígenes de los mixtecas y zapotecas y, como consecuencia del pueblo oaxaqueño; aunque existan símbolos indescifrables en los relieves y estelas y aun en el propio estilo de las edificaciones, en ellas se escribió una historia.

Monte Albán. Monte Albán es la zona arqueológica más importante de esta entidad, de importancia regional única por el control religioso, político y económico que ejerció el estado zapoteco sobre la población del Valle de Oaxaca durante más de 13 siglos. Fue nombrada por la UNESCO Patrimonio Cultural de la Humanidad junto con la ciudad de Oaxaca el 11 de diciembre de 1987.

Atzompa. Fue uno de los conjuntos monumentales de Monte Albán. Su ocupación va del 650 al 900 d.C. Una peculiaridad de esta zona arqueológica es la existencia de tres canchas para el Juego de Pelota muy próximas entre sí, una de ellas de 45 metros de longitud, lo que la hace ser la más grande de la zona, incluyendo a Monte Albán.

Dainzú. Es una pequeña zona arqueológica en la que destaca la interesante galería en piedra de bajo relieve, que muestra a jugadores de pelota con atuendos prehispánicos.

Mitla. Principal centro ceremonial después de Monte Albán, la palabra Mitla o Mictlán es de origen náhuatl y significa 'Lugar de los Muertos' o 'Inframundo', en zapoteco se llama 'Lyobaa' que significa 'Lugar de entierros'.

Yagul. Existen evidencias sobre la ocupación de Yagul a partir de la época de Monte Albán 1 (500 años a.C.). Floreció como centro urbano tras la decadencia de Monte Albán (800 años d.C.). Más tarde tras un corto abandono, Yagul volvió a resurgir para constituirse como una ciudad-estado, en el Valle de Oaxaca, la cual prevaleció hasta poco antes de la llegada de los conquistadores españoles.

Lambityeco. Lambityeco significa 'Lambi', es una variante zapoteca de la palabra 'alambique' que seguramente se refiere a los hornos en donde se hervía agua salada, 'pityec' significa montículo en zapoteco. Entonces, Lambityeco se traduce al zapoteco como 'montículos de alambique'.

Villa de Zaachila. La Zona Arqueológica de Zaachila es importante porque está considerada como la última capital del poderío zapoteco. Para la época de la Conquista, las fuentes dicen que se hallaban en poder de los mixtecos, esto confirmado a través de los hallazgos encontrados en dos de sus tumbas, lo que refuerza su importancia para el estudio cultural de Oaxaca.

San José El Mogote. San José El Mogote está considerado como uno de los asentamientos mesoamericanos más importantes del Valle de Etla en Oaxaca. Sus habitantes, descendientes de los trabajadores de una antigua hacienda llamada El Mogote que provenían de distintas localidades del Valle, conservan sus tradiciones indígenas sin tener una pertenencia étnica específica. Vale la pena estar allí.

Digno de ver en Oaxaca. El Municipio de Santa María El Tule, está a 13 kilómetros de la ciudad de Oaxaca por la carretera federal 190. El increíble y fantástico árbol legendario, se halla plantado en el atrio de la sencilla Iglesia de Santa María de la Asunción. Se trata de un enorme sabino de más de 40 metros de altura, 42 metros de diámetro, 705 metros cúbicos de volumen y un peso de aproximadamente 500 toneladas; dimensiones que ha alcanzado a lo largo de sus aproximadamente 2000 años de antigüedad. Algunos libros especializados, hablan de él como el árbol más grande y antiguo del mundo. Para hacerse una idea de su tamaño, se puede decir que su sombra puede cobijar a más de 500 personas y que su perímetro es abarcado por 30 personas agarradas de la mano, sin duda, es una de las maravillas naturales del estado de Oaxaca.

GASTRONOMÍA

Con la comida oaxaqueña, el gusto entra por ojos, nariz y garganta; si alguien no lo cree, todo es cuestión de abrirle el apetito, ¿qué tal con una copita de mezcal?, y de ahí el refrán: 'para todo mal, mezcal y para todo bien, también', que no es oaxaqueño pero debería serlo, a juzgar por la pulimenta que han alcanzado los artesanos de este agave sensacional. Mezcal aparte, un bocadillo que más vale probar, para no quedarse sin los guisos fuertes, son los chapulines doraditos, empanadas de amarillo, salsita de gusanos de maguey, totopos, quesillo, chorizo bien frito o memela con asiento.

De la mesa regional, un buen caldo de guías de calabaza, espinazo en tomate, mole en todas sus variedades: amarillo, coloradito, verde, almendrado y chichilo, incluyendo el mole negro. Además de los moles, imposible hacerle el feo al estofado o unos chiles rellenos y después unos tamales en hoja de plátano. Claro que ello no evita que aparezcan por allí una sopa de ejotes con chepil o de garbanzo y frijol tostado y molido, un caldillo de nopales, tal vez el 'manchamantel' o el coloradito.

El chocolate, molido en metate, como debe ser, y agua o leche, queda un espumoso brebaje que puede ser ingerido frío o caliente. Hay también unas aguas de Casilda, que se hacen de horchata con tuna y nueces, de chía, de limón rallado, etc. Y si de postres se trata, aquí no hay pero que valga. Si la gloria está en los cielos, la repostería de Oaxaca es uno de sus anticipos.

ARTESANÍAS

Cada artesanía de Oaxaca posee un valor significativo, pues está confeccionada en base a técnicas milenarias transmitidas de generación en generación. Las piezas decorativas son muy originales, y cada viajero las adquiere durante su viaje para tener un recuerdo de este magnífico lugar.

Los textiles que identifican a la ciudad de Oaxaca son, en especial, los productos de mantelería, característicos por sus inigualables diseños de reminiscencia prehispánica y colonial. Se elaboran en telar de pedal y lanzaderas, con hilo de algodón, de color natural y teñidos con tintes naturales y artificiales. Los artículos de mayor producción son: servilletas, tapetes, cortinas, colchas, fundas y toallas. Son inconfundibles por sus diseños y colores de gran originalidad que identifica a cada región.

Hay varios tipos de artesanía de Oaxaca, de Teotitlán del Valle, Mitla y Tlacolula, provienen las cobijas, jorongos, alfombras y tapetes, elaborados en telar de pedal, con hilo de lana, al natural y teñida con tintes naturales. De Mitla y Santo Tomás Jalieza: rebozos, vestidos, huipiles, blusas, gabanes, chales, bolsas, fajas, tapetes, servilletas y manteles, elaborados con hilo de algodón, lana y estambre. De San Antonino Castillo Velasco; vestidos y blusas bordadas con hilo de seda. De Tlaxiaco, Tuxtepec y Huautla de Jiménez, los trajes regionales de origen prehispánico: huipiles, enredos y quexquémitls (jorongo en forma de 'v'). De la región del Istmo de Tehuantepec, vistosos trajes regionales.

En el mercado de artesanías de Oaxaca ustedes hallarán trabajos de alfarería; loza vidriada, de fondo blanco y café, con diseños floreados, muy común en la capital y los pueblos de los valles centrales. Se producen: platos, tazas, fruteros, jarrones, jarras, floreros, juegos de té y juguetes. La alfarería de Atzompa, próxima a la ciudad, es muy famosa por su loza vidriada, de color verde. Allí elaboran ollas, cazuelas, jarros, chirmoleras, vajillas y juguetes. Otro tipo de alfarería importante en la ciudad es el barro negro de San Bartolo Coyotepec, inconfundible por su coloración, completamente negra, con acabados brilloso y opaco. Se producen artículos decorativos empleando la técnica de modelado a mano, pastillaje y calado.

Los artesanos de Oaxaca confeccionan cántaros de cuello angosto, alargados, cántaros para mezcal, fruteros, lámparas, adornos y juguetes. Cuando se organizan las muestras de artesanías del estado de Oaxaca es posible degustar comidas regionales, presenciar espectáculos y apreciar los múltiples trabajos realizados por los lugareños.

DEPORTES

El estado de Oaxaca no es ajeno a los deportes y por ello tiene representantes tanto en el fútbol como en el béisbol; los Alebrijes de Oaxaca en la División de Ascenso, y los Guerreros de Oaxaca en la Liga Mexicana de Béisbol, respectivamente.

MÚSICA / DANZAS

En Oaxaca predominan los sones, jarabes y chilenas. La danza más significativa y mundialmente reconocida es 'La Guelaguetza'. Pero hay otras como; 'La Danza de la Tortuga', 'Del Tigre', 'De los Tejorones Viejos', 'De las Mascaritas', 'De los Chareos', 'Del Torito', 'Del Toro de Petate', 'De los Diablos' y 'Danza de en la Costa', etc.

ESTADO DE PUEBLA

El estado de Puebla es una de las 32 entidades federativas de la República Mexicana. Su capital es Puebla de Zaragoza. Colinda al Este con el estado de Veracruz; al Poniente con el Estado de México, Hidalgo, Tlaxcala y Morelos y al sur con los estados de Oaxaca y Guerrero. Puebla no tiene salida al mar, y presenta un relieve sumamente accidentado. Su superficie es de 34.251 kms², en la cual vivían más de cinco millones de personas que convierten a este Estado en el quinto más poblado del país. Asimismo, en la región de la Sierra Norte de Puebla (que forma parte de la Sierra Madre Oriental) es donde se concentra la mayor población de hablantes nativos de náhuatl a nivel nacional.

El estado de Puebla ha sido de gran importancia en la historia de México. Dentro de él se han hallado los restos más antiguos del cultivo de maíz en la región de Tehuacán; fue el escenario de ciudades prehispánicas tan importantes como Cantona y Cholula. Durante la época Colonial, la ciudad de Puebla llegó a ser la segunda ciudad en importancia de la Nueva España, gracias a su ubicación estratégica entre la Ciudad de México y el puerto de Veracruz. A finales del siglo XIX, el Estado fue uno de los primeros en industrializarse, gracias a la introducción de telares mecánicos que favorecieron el desarrollo de las actividades textiles.

Sin embargo, en fechas más recientes, Puebla es uno de los estados más pobres del país. Municipios de las regiones Mixteca, de la Sierra Norte y de la Sierra Negra se han convertido en expulsores de población, cuyos destinos principales son la Ciudad de México, y desde hace dos décadas, los Estados Unidos de América.

TURISMO

La ciudad de Puebla es una de las joyas históricas más notables de México; es estandarte de patriotismo gracias al arrojo de quienes combatieron a los invasores franceses en la famosa batalla de 1862. Sin embargo los vaivenes de tan rico pasado se remontan a una época mucho más lejana, antes incluso que en los tiempos de esplendor de Cholula en las cercanías de la actual ciudad de Puebla. Cuando los conquistadores españoles llegaron, Cholula no sólo destacaba como centro comercial sino como sede del culto al mítico Quetzalcóatl, inspirador de leyendas en las que el hombre y el dios se encarnan al unísono en una misma perspectiva fantástica. La pirámide de Tepanapa (en el Pueblo Mágico de Cholula, a 10 kilómetros de Puebla) es la más grande del mundo, con sus 450 metros por lado y 65 de altura (más grande que la Keops de Egipto), aquella mole de roca edificada por varias pirámides superpuestas, dedicada al dios de la lluvia Chiconahui Quiáhuitl, se ostenta con magnificencia como triunfo de una fe perdida y, al mismo tiempo, como un logro arquitectónico de enormes proporciones. Un recorrido por sus ruinas y callejas permitirá observar los murales que se conservan, en los que son representadas múltiples narraciones o se despliegan motivos simbólicos como testimonio único de quienes antiguamente dieron vida a dicho centro ceremonial.

Puebla, una ciudad con tal magnetismo, no tardaría en convertirse al paso de los siglos en uno de los centros urbanos de mayor afluencia, teniendo como base una rica herencia arquitectónica, alimentada por una profunda sucesión de tradiciones y manifestaciones culturales de maravillosas formas y colores.

La Ciudad de Puebla contiene los mejores lugares para el entretenimiento familiar; sitios llenos de historia antigua o paisajes montañosos sin igual, que el visitante podrá disfrutar de mil formas, desde el paseo más simple a las más desafiantes actividades.

La Catedral Basílica. Frente al zócalo vemos las torres de la impresionante Catedral Basílica construida con severo estilo herreriano, ambas con 73.93 metros de altura y consideradas las más altas de todo el país. Francisco Becerra y Juan de Cigorondo proyectaron en 1575 la edificación de dicho templo dedicado a la Inmaculada Concepción de María, pero tomaría su forma actual tras un trabajo de readaptación emprendido en 1640 con la llegada del obispo Juan de Palafox y Mendoza a dicha ciudad. Un recorrido para los turistas, quienes admirarán sus colosales bóvedas y brillantes decorados, dura aproximadamente 30 minutos.

Cantona. Ubicado al noroeste de la capital de Puebla, se halla otro sitio interesante que abarca 12 km², convirtiéndolo en una de las ciudades prehispánicas más grandes de Mesoamérica. La zona arqueológica posee tres unidades con más de 3 mil patios habitacionales, 24 juegos de pelota, la Acrópolis y otras estructuras.

Fuertes de Loreto y Guadalupe. Un recorrido por Puebla nos lleva hasta el acceso de los Fuertes de Loreto y Guadalupe, precedido por un espléndido arco sobreviviente de los que custodiaron por siglos las entradas a la Angelópolis. En la cara sur del arco se observa el escudo de la ciudad y en el remate el arcángel San Miguel, patrono de la misma. En el cerro fueron construidas un conjunto de ermitas que se convirtieron más tarde en capillas. A fines del siglo XVII la ermita de Loreto se reconstruyó según la tradición de la Casa de Loreto; los muros exteriores circundaron la capilla interior, compartiendo con ella la techumbre y la única puerta, de manera que el edificio exterior rodea el interior como un corredor cerrado.

El Parián. En la Antigua plazuela de San Roque, construida en 1801, se encuentra el Mercado de artesanías El Parián, lugar en donde los turistas se deleitan adquiriendo objetos elaborados con talavera (como sus famosas lozas), ónix, vidrio, barro; saboreando dulces típicos o comprando prendas y textiles de maravillosos colores y bordados.

El Callejón de los Sapos. Es una explanada rodeada por típicas casas virreinales y es punto de encuentro para cientos de paseantes. Existen en él bazares de antigüedades, bares y restaurantes, así como el espíritu del mariachi y los tríos de boleristas que esperan en su plazuela para ser contratados y deleitar el oído de quienes celebran el amor a la vida.

El Museo Amparo. Este famoso museo está dedicado a la memoria de la señora Amparo Rugarcía de Espinosa Iglesias, esposa de un prominente empresario poblano fundador y patrocinador del recinto. Es notable por su museografía, que se basa en la adaptación de espacios coloniales para la exhibición de piezas arqueológicas y artísticas. Contiene invaluables piezas cuyo origen abarca desde la época prehispánica hasta la contemporánea, haciéndolo destacar como uno de los museos más importantes de América Latina.

La Casa del que Mató al Animal. Es una antigua mansión del siglo XVI de la que solamente se conserva el enmarcado o portada, con excelente labrado plateresco (estilo arquitectónico de rica ornamentación que combina elementos góticos y clásicos) que recrea escenas de cacería y grutescos (adornos caprichosos de bichos, sabandijas, quimeras y follajes, llamados así por ser imitación de los que se encontraron en las grutas formadas por las excavaciones de las ruinas romanas). La leyenda cuenta que una serpiente monstruosa asolaba a la ciudad y engulló al hijo del propietario. El desesperado padre ofreció la mano de su hermosa hija a quien matara al animal, lográndolo un joven humilde pero valeroso. La mansión perteneció al Mayorazgo de Pérez Salazar, una de las familias más antiguas de la ciudad. La Casa del que Mató al Animal se modificó en los siglos XIX y XX; es actual sede de un conocido diario. Se llega fácil, a una cuadra del zócalo y a unos pasos de la Catedral Basílica.

Santuario de Nuestra Señora de los Remedios. Fue construido en Cholula en 1594 para dedicarlo a la Virgen de los Remedios. El templo presenta en su portada un arco sencillo, tiene dos torres idénticas y en su interior cuenta con un vistoso altar de estilo neoclásico al igual que el resto de la decoración; fue construido encima de la Gran Pirámide de Cholula, vestigio arqueológico conformado por varios pisos superpuestos al original. Los conquistadores construyeron muchas iglesias sobre los edificios prehispánicos, como en este caso.

Edificio de la Universidad Autónoma de Puebla. Éste fue un antiguo Colegio Carolino. Sus fachadas tienen puertas balconadas que conducen a tres patios interiores. Entre sus elementos destacados está una escalera imperial, justo en el vestíbulo principal, que recuerda al antiguo Colegio del Espíritu Santo por los grandes cuadros al óleo que la adornan. También cuenta con Observatorio, Biblioteca La Fragua y el Salón Barroco.

Biblioteca Palafoxiana. Considerado como un Monumento Histórico de México por decreto presidencial, gracias a su acervo bibliográfico, este lugar más que Biblioteca es un auténtico Museo Bibliográfico. En sus estantes se guardan 43 mil volúmenes en lenguas muertas como el hebreo, latín, sánscrito, caldeo y griego, con temas variadísimos, que van de teología a derecho canónigo, entre otros. Posee importantísimos textos como: la Crónica de Nuremberg, el libro más antiguo que data de 1493, Doctrina Cristiana, Atlas Ortelius y la Biblia Políglota. En su visita, el turista también podrá apreciar un retablo barroco, una pintura al óleo que representa a la Virgen de Trapana y otra a Santo Tomás de Aquino, además de la elegancia del lugar, reflejadas en sus mesas de ónix y marquetería y una estantería ricamente tallada.

Fuente de la China Poblana. Los materiales de la fuente son cantera labrada, petatillo y talavera, su base es de 30 metros de diámetro aproximadamente. En el centro, se extiende una enorme columna que sostiene dos tazones con diseños mixtilíneos y pedestal donde se apoya la escultura de cuerpo entero de la famosa China Poblana, que mide 3 metros de altura.

Museo Regional de Antropología e Historia de Puebla. Es uno de los recintos culturales más importantes del Estado. Posee una amplia colección de objetos, esculturas, documentos, fotografías y armería que ilustran el desarrollo cultural del Estado, desde la época prehispánica hasta la Revolución. Además, cuenta con una sección de exposiciones temporales, biblioteca y librería.

Museo de Arte Colonial Religioso. Importante museo que exhibe pinturas al óleo, objetos destinados al culto y muebles de este convento y de los de Santa Rosa y de las Capuchinas, todas, expresiones artísticas de la época colonial. Se ubica dentro del ex Convento de Santa Mónica.

Museo de Arte José Luis Bello y González. Este museo tiene 15 salas de exposición permanente en la que se muestran obras de arte: pinturas, muebles mexicanos, cerámica de talavera, marquetería poblana, mayólicas, acuarela sobre papel arroz, un órgano monumental del siglo XVII y un piano inglés con arpa vertical descubierta de principios del siglo XVIII, entre otras cosas.

Museo de Arte Popular Poblano. Este fantástico lugar se divide en siete salas que representan sietes regiones del Estado, en cada una se expone una detallada muestra de artesanías, en forma permanente. Es destacada la típica cocina poblana, cubierta completamente de azulejos y surtida de mobiliario y utensilios propios de épocas pasadas. Se halla dentro del ex Convento de Santa Rosa.

Tzicatlacoyan. Se ubica a 23 km de la ciudad de Puebla. Es un mundo subterráneo que le ofrece un paisaje pétreo muy especial; sus grutas y cavernas de estalagmitas y estalactitas, ríos, manantiales y galerías lo convierten en un sitio perfecto para practicar el espeleísmo. El recorrido puede hacerlo en compañía de un guía, con el equipo de seguridad e iluminación necesario.

Parque Nacional Izta-Popo. Los volcanes Popocatépetl e Iztaccíhuatl son dos íconos de México, acompañados de una leyenda de amor indígena. Lo cierto es que son la segunda y tercera cima más alta del país, con 5,452 y 5,220 msnm, respectivamente. Extendiéndose a lo largo de más de 25 mil hectáreas, entre laderas y los majestuosos paisajes, se puede acceder al Parque Nacional localizado a 55 km. de la Ciudad de Puebla. En la Sección Actividades pueden detallarse más las opciones de diversión y aventura que el parque brinda. Entre los bosques de pino y encino, en pleno contacto con la naturaleza, el turista puede practicar ecoturismo, excursionismo, campismo, montañismo y senderismo.

Parque Nacional La Malinche. A 35 km. de Puebla, en los límites con el estado de Tlaxcala, se encuentra el volcán La Malinche, que alcanza los 4,461 msnm de altura, y que es el atractivo principal y el nombre de este hermoso espacio natural. Es un bosque de pinos, encinos y oyameles, de clima templado en la zona media y frío en las cumbres, con aristas de rocas y cañadas perfectas para el montañismo, donde pueden observarse ardillas, venados, zorrillos, coyotes, tejones, serpientes; además cuenta con el Albergue La Malinche.

Reserva de la Biosfera del Valle de Tehuacán. Se trata de la biosfera más grande del planeta y una de las regiones más ricas en recursos vegetales de la República Mexicana, poseyendo más de 800 especies de plantas. Aproximadamente el 10 por ciento de sus animales han sido llevados de otros continentes o del propio país, el resto son especies nativas de las cuales 50 por ciento son endémicas, destacando por su hermosura, el águila real. La Reserva queda a 108 km. de la ciudad de Puebla.

Parque Zoológico Africam Safari. Uno de los principales atractivos turísticos de la capital poblana, por su cercanía y por ser ideales para toda la familia es el Africam Safari. El parque cuenta con más de 400 variedades de plantas nativas y más de mil 500 animales que se conducen con entera libertad en el campo. Existen antílopes, bisontes, osos, leones, jirafas, rinocerontes, hipopótamos y chimpancés. Además, para completar la aventura, se cuenta con acceso a áreas especiales como la Caverna de Murciélagos, Jardín Botánico, un Mariposario y espacios para acampar. Se ubica a sólo 16 km. sobre la Carretera Capitán Carlos Camacho.

Agua Azul. Dentro de la ciudad de Puebla, los pequeños de la casa y la familia en general, hallarán un fantástico sitio para la diversión. Es un balneario de aguas termales acondicionado con ocho albercas, una de ellas con olas y chapoteaderos. Además cuenta con canchas de básquetbol, fútbol, frontón, frontenis y juegos infantiles; servicio de vestidores, regaderas, baño de vapor, restaurante-bar, sanitarios y tienda de artículos deportivos.

Arquitectura Histórica. La mayor riqueza cultural e histórica de Puebla está en su arquitectura de variados estilos y técnicas: barroco, renacentista y clásico. La belleza de sus más de 5,000 edificios produjo que la ciudad fuera catalogada por la UNESCO en 1987, como Patrimonio Cultural de la Humanidad.

Historia de un mito. En 1519, con la pirámide de Tepanapa ya enterrada, la población ascendía a cien mil habitantes y Hernán Cortés, aliado de los vecinos tlaxcaltecas, visitó Cholula invitado por Moctezuma que le había tendido una emboscada para acabar con él. Pero Cortés, avisado por sus aliados y en compañía de éstos, atacó primero derrotando a los aztecas y permitiendo que la ciudad fuera saqueada por los tlaxcaltecas. Para celebrar esa victoria, Cortés prometió -según cuenta la leyenda- levantar una iglesia por cada día del año. Algo que no cumplió; Cholula sólo tiene en la actualidad 39, una buena cantidad para sus noventa mil habitantes. Esto echa por tierra esa versión que aseguraba que Cholula tenía 365 iglesias.

GASTRONOMÍA

En Puebla, ustedes tendrán la magnífica oportunidad de paladear sabores sumamente especiales, diferentes o simplemente exquisitos, con el sazón de una tradición culinaria celosamente guardada y que nació de dos culturas entremezcladas, la española y la indígena. Y por si fuera poco, a esta tradición de sabores llegaron influencias orientales y francesas, las que la convirtieron en una de las cocinas de mayor variedad y reconocimiento a nivel mundial. La cocina poblana es famosa tanto dentro como fuera de México. Fue en Puebla donde se originó el mole, una deliciosa salsa hecha a base de chocolate, canela, nueces, cacahuates, tortillas, pan, plátanos machos y varios tipos de especias y de chiles.

El mole poblano comúnmente se sirve con pollo, y es típico de la ciudad. Otros platillos que se originaron en Puebla son los Chiles en Nogada y las chalupas, el pipián verde y rojo, tamales, cemitas, chicharrón y carnitas, arroz a la poblana, chileatole, quesadillas y memelas, tlacoyos, adobo, mole de panza, pozole blanco y barbacoa de carnero.

Aunque no es propio del lugar, los 'tacos árabes' que son una tortilla de trigo envuelta (pan de pita), que tiene como relleno carne de puerco sazonada y asada; también son muy solicitados por los turistas que gozan de su especial salsa picante.

Dulces típicos. Éstos fueron hechos por la congregación de las monjas de Santa Clara y de Santa Rosa; las cuales le dieron su toque especial a toda la gran gama de dulces típicos como tortitas de Santa Clara, el camote poblano, los borrachitos, los muéganos, macarrones, envinados, las marinas de nuez, piñón y leche quemada, limones rellenos de coco, alfajor de nuez y pepita, duquesas, caracoles, molletes, dulces cristalizados de diversas frutas, cocadas, jamoncillo, caballitos de panela, galletas, polvorones, gomitas de figuras, cacahuate y nuez garapiñados, barquillos de merengue, tortillas de maíz quemado, entre otros.

Bebidas. La clásica pasita, el rompope, diversas bebidas alcohólicas de frutas, tepache, pulque, aguas frescas, el champurrado, atole y chocolate.

ARTESANÍAS

De la artesanía regional, la Talavera Poblana es quizás la más representativa de todas, ya que tiene una tradición de varios siglos, desde que se fundó la ciudad de Puebla, en tiempos de la Colonia Española, y que se ha mantenido hasta la actualidad. La cerámica o loza vidriada, tiene su origen en la ocupación islámica a la Península Ibérica, donde la convivencia entre las culturas musulmana y judío cristiana, dio paso al florecimiento de un nuevo arte denominado Mudéjar, que tomó un fuerte auge en España durante varios siglos de ocupación.

DEPORTES

Los poblanos son amantes de los deportes, por eso es que tienen equipos en la Primera División de Fútbol y en la División de Ascenso; los Camoteros de Puebla y los Lobos de la Benemérita Universidad Autónoma de Puebla, respectivamente. De igual forma tienen un representante en la Liga Mexicana de Béisbol, los Pericos de Puebla.

MÚSICA / DANZAS

El estado de Puebla es rica en temas musicales tales como: 'Qué Chula es Puebla' y 'La China Poblana'. Pero también en danzas como las 'De los Quetzales', 'De los Negritos', 'De los Tecuanes o Tecuanis' y 'De la China Poblana', por supuesto.

ESTADO DE QUERÉTARO

El estado de Querétaro es una de las 32 entidades federativas que conforman la República Mexicana. Está situado en el centro del país. Su nombre proviene del purépecha k'erhiretarhu (k'eri=grande, ireta= pueblo rhu=lugar) o k'erendarhu, (k'erenda=peñasco y rhu=lugar) que significa lugar de piedras grandes o peñascos, estos topónimos eran referidos a la ciudad de Querétaro, pero finalmente el Estado adoptó el nombre de la ciudad capital. El Estado, en otomí se dice Maxei; y en náhuatl, Chichimecalco (lugar de los chichimecas).

Querétaro limita al Noreste con San Luis Potosí, al Este con Hidalgo, al Sur con el Estado de México y Michoacán, y hacia el Oeste con Guanajuato. En el corazón de México, a un poco más de 200 kilómetros al norte de la capital del país, se localiza el estado de Querétaro, cuya capital es Santiago de Querétaro. Es un cofre de tesoros que invita al descubrimiento y al asombro de quienes lo visitan. Agrícola y ganadero, Querétaro es un Estado con un creciente índice de desarrollo industrial y puerta de entrada hacia al norte, centro y sur del mapa mexicano. Su acelerado desarrollo empresarial contrasta con la belleza sin igual de la ciudad capital. Su centro histórico de estilo colonial fue declarado Patrimonio Cultural de la Humanidad por la UNESCO.

En Querétaro se fraguó la Independencia de México, de igual manera, en Querétaro redactaron la Constitución de 1917.

Su clima es seco en la mayor parte de la entidad, con excepción del norte, donde se registra un clima templado, moderado y lluvioso, con temperatura media anual de 18° C.

TURISMO

Querétaro

Centro Histórico. Conocida como 'La Perla del Bajío', el centro de Santiago de Querétaro, capital, es un excelente lugar para comprender el porqué. Caminar en sus calles armoniosamente trazadas y admirar las construcciones barrocas que datan de los siglos XVII y XVIII. No se pueden perder Los Arcos, el Templo de San Francisco, el Acueducto, la Catedral, la Casa de la Corregidora, el Jardín Zenea, el Museo Casa de la Zacatecana, entre otros. Pero también gocen de sus restaurantes, bares y plazas.

Casa de la Corregidora. Actualmente es el Palacio de Gobierno y es considerado uno de los edificios más importantes de la Independencia ya que desde ahí Doña Josefa Ortiz de Domínguez, el 15 de septiembre de 1810, dio aviso al capitán Ignacio Allende que la conspiración había sido descubierta. Su fachada es sobria, con sus distintivos ventanas y balcones. Sin embargo, su interior tiene mucha historia por contar.

Acueducto de Querétaro. Una de las construcciones emblemáticas de la ciudad, la terminaron de construir en 1735 y sus 74 arcos ocupan una longitud de 1,280 metros. Consciente del problema del abastecimiento de agua, Don Juan Antonio de Urrutia y Arana fue quien financió la mayor parte de la construcción. Aunque, según la leyenda, lo hizo por amor a una monja clarisa que se lo pidió. Sea cual sea la historia verdadera, el acueducto es un símbolo de la ciudad.

Museo de Arte. El MAQRO está ubicado en un hermoso edificio que es una obra arquitectónica digna de admirarse. Alrededor del Claustro Alto y Bajo, y de su Patio Barroco, encontrarán ustedes las salas permanentes que están divididas en cuatro colecciones: Manierismo, Arte Europeo, Barroco y la Academia de San Carlos. Tienen también exposiciones temporales y otro tipo de eventos culturales.

Museo de la Ciudad. Ubicado en lo que fue el Convento de las Capuchinas, allí se llevan a cabo múltiples exposiciones y eventos culturales a lo largo del año. Aunque su calendario está cambiando constantemente, siempre encontrarán alguna exposición de arte; así como talleres de danza, canto, escritura, por sólo mencionar algunos. Es el lugar al que hay que dirigirse si quieren empaparse de cultura y, por supuesto, conocer el bello edificio que lo alberga.

Museo Casa de la Zacatecana. Dicen que la zacatecana que habitó esta casa mandó matar a su esposo y luego ella mató al ejecutor del asesinato enterrándolos a ambos en las caballerizas. Pero 'el que a hierro mata, a hierro muere', al poco tiempo alguien asesinó a la mujer aunque nunca se supo quién. La casa quedó deshabitada por mucho tiempo porque decían que espantaban. Ahora ustedes pueden disfrutarla porque en ella se exhiben mobiliario, pinturas, cerámica, escultura, relojes y cristos del virreinato y del siglo XIX.

Museo Regional. Ubicado en lo que fue el Convento Grande de San Francisco, construido en el siglo XVI, en sus salas encontrarán piezas que cuentan la historia de Querétaro y

México. Comenzando con el periodo prehispánico para lo cual se exponen piezas arqueológicas, pasa por la época virreinal y finalmente relata la importancia de Querétaro en la historia mexicana. El edificio en sí es también pieza del museo, ya que fue testigo de la historia.

Parque Cerro de las Campanas. En las afueras de la ciudad y ubicado sobre una colina éste parque cuenta con una gran carga histórica a nivel nacional pues fue ahí en donde fusilaron a Maximiliano de Habsburgo en mayo de 1867. Podrán ver la placa del lugar exacto en donde el emperador se entregó al ejército de Escobedo. Ahora es un lugar idóneo para escapar de la ciudad y pueden visitar la capilla construida en 1900, cuando Austria y México reanudaron relaciones.

Zona Arqueológica El Cerrito. El lugar fue ocupado por civilizaciones prehispánicas por más de 1,500 años; desde teotihuacanos en una primera etapa, y después toltecas, chichimecas, tarascos y otomís. Sus estructuras son realmente monumentales ya que fue un importante centro religioso y político. Son varias las estructuras pero sobresalen la Gran Pirámide, el Palacio, la Plataforma Cuadrangular, la Plaza de la Danza y la Plaza de las Esculturas.

El Tranvía Turístico. Este funcional tranvía les llevará por el Centro Histórico de la ciudad donde atentos guías les relatarán los hechos más sobresalientes dependiendo de la ruta que escojan. Puedes elegir entre la ruta relacionada con la Fundación de la Ciudad, la de Santa Rosa de Viterbo y Antigua Estación de Ferrocarril, el Segundo Imperio o incluso una al sitio arqueológico El Cerrito. Además, si lo suyo es caminar, también pueden optar por el recorrido peatonal.

Parque Bicentenario. Éste es un excelente lugar para pasar un día en familia divirtiéndose con las múltiples atracciones que hay a su disposición. Pueden subirse a una lancha, pasear en pontón, sentir la adrenalina de la tirolesa, entrar a la casa del terror o montarse a la montaña rusa, por sólo mencionar algunas. El lugar cuenta también con un divertido parque acuático con toboganes, chapoteadero y albercas. Se encuentra en el área de Jurica y Juriquilla.

Miel Ontiveros. En este lugar hallarán una visita guiada para conocer cómo se extrae la miel y la jalea real. El recorrido inicia por el Museo, donde conocerán la historia de la apicultura, para después colocarse el traje adecuado para visitar al apiario y convivir con las abejas e interactuar con las máquinas para extraer miel. Finalmente, visiten la tienda con línea de productos culinarios, cosméticos y medicinales.

Alquimia. Ubicado en una calle de mucha actividad nocturna, éste bar es un clásico de Querétaro y un lugar al que deben dirigirse si están buscando pasar un agradable rato con amigos. La entrada cuenta con bancos altos y la típica barra al estilo cantina que le dan el toque antiguo, también hay otra sección con sillones y un ambiente más íntimo. Cerca de la Plaza de Armas, escápense para disfrutar de un merecido descanso.

Mercadito Queretano. Si están en la ciudad de Querétaro el primer sábado de cualquier mes, no dejen de visitar este mercado en donde se reúnen productores locales para ofrecerles una gran variedad de artículos; como pan o delicias caseras, pero también encontrarán quesos, vinos, dulces, mermeladas, salsas, carnes, escabeches y más, que podrán llevarse para deleitar sus paladares.

La Fábrica. Éste es un lugar en donde se promueve la expresión artística queretana, fue creada en 2004 por Alonso Barrera para que interactuaran diferentes manifestaciones creativas. Cuando lo visiten tendrán oportunidad de ver presentaciones de su foro y también contarán con la Casa Tíbet que difunde el budismo, un lugar para comprar arte mexicano y un café cuya apuesta es la multiculturalidad. Así que dense una vuelta porque siempre encontrarán algo por hacer y probar.

Amealco

Cerro de los Gallos. Es un lugar excelente para practicar 'bici de montaña', en este cerro hallarán múltiples senderos y pendientes que le darán suficiente aventura a su pedaleo. Con la bondad de la naturaleza, también podrán acampar disfrutando de bonitos paisajes y un aire limpio, con ese olor a árbol tan distintivo del lugar. No olviden llevar agua y comida pues no hay lugares para abastecerse una vez ubicados en el cerro.

Martes de Mole. Una de las comidas más preciadas y antiguas de México, también tiene su versión queretana y el día para probar este delicioso platillo son los martes. La tradición comenzó cuando los comerciantes cerraban los martes para descansar y empezaron a hacer mole rojo. Ahora ustedes pueden probarlo en algunos sitios específicos, aunque si es martes en cualquier lugar lo encontrarán.

Corredor Artesanal. Tanto Amealco como sus alrededores se distinguen por las piezas elaboradas en barro y en ceramic, que son pintadas con gran maestría por manos indígenas. También son famosas las muñecas de trapo y piezas hechas con semillas, así como textiles bordados a mano. Todo esto y más podrán encontrar en este corredor que se instala los fines de semana en torno de la Plaza Principal, cuando los artesanos llegan a vender sus piezas.

Bernal

La Peña de Bernal. Éste el tercer monolito más grande del mundo, es un paraíso terrenal para quienes practican la escalada con sus aproximadamente 300 metros de altura. Enclavado en la Sierra Gorda, la naturaleza que lo rodea y el Pueblo Mágico de Villa de Bernal a sus pies, son otros motivos más para visitar este lugar. Cada 21 de marzo llegan miles de turistas a esta peña para recargar energía. Recuerden que necesitan cierta experiencia para escalar hasta la cima.

Ruta del Queso y el Vino. En pleno bajío de Querétaro, se encuentran los ranchos, queserías y viñedos que conforman una importante zona de productores del queso y el vino, ahí hallarán desde los que se elaboran artesanalmente hasta otros más sofisticados.

Templo de San Sebastián. Ubicado en la Plaza Principal fue construido en el siglo XVIII siendo el inmueble más importante de la villa. Aunque arquitectónicamente no tiene un estilo definido, sus brillantes colores que contrastan con la peña que tiene al fondo lo hacen realmente bonito y pintoresco. En el jardín que está a un costado, podrán caminar o tomar un descanso en las bancas y gozar de una típica nieve regional. Prueben la de 'guamushi'.

El Castillo. A un costado de la Plaza Principal encontrarán esta construcción civil de la época virreinal que hoy además de ser oficinas gubernamentales, también alberga el Museo de la Máscara. Con una apariencia de castillo medieval es emblemático de este pueblo y su reloj también es histórico ya que fue puesto por órdenes de Porfirio Díaz. Entren al pequeño museo que como su nombre lo indica, exhibe máscaras de diferentes regiones del país.

Fuente Danzarina. Cuando visiten Bernal, procuren quedarse hasta el anochecer cuando podrán presenciar otro tipo de espectáculo digno de admirarse. Los fines de semana en la explanada de la peña, la fuente cobrará vida en un magnífico show de luces y sonido, teniendo como espectacular fondo la peña. Se unen la creatividad del hombre y la naturaleza para dejarles algo extasiante. No olviden llevar su cámara pues pocas veces podrán presenciar algo similar.

Centro Artesanal La Aurora. En Bernal, la tradición artesanal gira alrededor del manejo del telar. En este centro podrán encontrar una gran variedad de artículos elaborados con lana cruda en estos telares centenarios. Cojines, cobijas, suéteres, rebozos, tapetes y más, son sólo algunos de los productos que podrán adquirir. En su visita también podrán presenciar la maestría con la que los artesanos queretanos trabajan el telar. Ciertamente es un espectáculo verlos.

Casa Museo del Dulce. Entre otras cosas, Bernal es famoso por sus dulces elaborados a base de leche de cabra, como obleas y natillas. En este museo nos narran la historia de la elaboración de estos manjares dulces. A lo largo del recorrido que inicia en una cocina tradicional, nos irán explicando los inicios del dulce típico, desde la época prehispánica, la fusión con lo colonial y la elaboración actual. Al final podrán degustar el producto principal: La natilla.

Cadereyta

Centro Histórico. Considerada la puerta a la Sierra Gorda, durante la Colonia fue un lugar muy transitado por misioneros, oficiales y mineros. Convertida en alcaldía mayor, su centro muestra los magníficos inmuebles que quedaron como testigos de la historia. Visiten su Templo de San Pedro y San Pablo, el de El Refugio, las casonas coloniales, el Palacio Municipal y más. Sin duda gozarán de un agradable paseo en este hermoso Pueblo Mágico.

Quinta Fernando Schmoll. Fundado en 1920 por la bióloga Carolina Wagner y su esposo Fernando Schmoll, este invernadero ahora es atendido por la cuarta generación de la familia y es uno de los más importantes en América Latina en cuanto a conocimiento de cactáceas americanas y susculentas. El lugar es magnífico por su gran variedad de plantas entre las que verán biznagas, sábilas, magueyes, nopales y más. Podrán comer típicos platillos regionales en la Quinta Wagner.

Concá

Cascada de Chuvejé. Aproximadamente a 18 km partiendo de Pinal de Amoles hacia Jalpan, a mano derecha hay un camino de terracería que conduce a la entrada del parque natural donde se encuentra la Cascada Chuvejé, la cual es considerada una de las más grandes en el estado de Quéretaro con casi 30 metros de altura y rodeada por montañas. El sitio cuenta con lugar para acampar, as adores y estacionamiento. Las actividades que podrán practicar en el lugar son senderismo, el camping y la observación de aves.

Ezequiel Montes

Viñedos La Ronda. En 1972, Don Vittorio planta su primer viñedo en la región queretana iniciando una nueva aventura en la elaboración de vinos. Ustedes pueden ser parte de esta aventura al visitar estos viñedos en donde podrán observar la uva Salvador o la Cabernet Sauvignon, por mencionar sólo dos de las 7 que se producen en el rancho. Sin duda será una magnífica experiencia ya sea que sólo visiten estos viñedos o varios de la Ruta del Queso y Vino.

Jalpan de Serra

Zona Arqueológica de Tancama. En medio de la Sierra Gorda se halla este sitio arqueológico cuyos edificios están concentrados alrededor de 3 plazas: El Mirado, Santiago y de La Promesa. Cuando la visiten se encontrarán con 62 edificios de diferentes tamaños y formas que, según lo investigado, fueron construidos por la cultura huasteca. Además, gozarán del paisaje que en sí es un espectáculo, así que agreguen este lugar a su itinerario a su paso por la Sierra Gorda.

Reserva de la Biosfera Sierra Gorda. Se extiende desde Querétaro hasta la parte Nororiental del estado de Guanajuato. Dentro de ella viven varias especies en peligro de extinción, como el jaguar, los guacamayos verdes y las mariposas Humboldt. Es la séptima reserva de México en tamaño y la más diversa en ecosistemas. Por la riqueza cultural de la flora y fauna, su riqueza natural y las misiones franciscanas, se cataloga como la principal biosfera del centro de México. Podrán experimentar la impresionante belleza de la Reserva a través de tours, caminatas, cabalgatas o en bicicleta. Lo más recomendable es que contraten los servicios de un guía.

Sótano del Barro. Éste es un tazón natural, este sótano tiene una gran variedad de fauna entre la que está la guacamaya verde cuyas parvadas salen de la fosa por la mañana, haciéndolo un espectáculo impresionante. La vista en sí también es magnífica pues el sótano tiene un diámetro de 500 metros y una caída de 450, haciéndoles sentir como si estuvieran frente al abismo. Para llegar, atravesarán 26 kilómetros de terracería y 2 horas al cruzar un denso bosque.

Museo Histórico de la Sierra Gorda. Inaugurado en 1991 en lo que fue una fortaleza construida en 1576 y reconstruida a finales de ese mismo siglo, el lugar busca rescatar la gran riqueza cultural que se encuentra en la Sierra Gorda. Empieza con una síntesis histórica de la región y a través de grabados y objetos antiguos y contemporáneos, nos ofrece un panorama de los pobladores de la zona. La última sala está dedicada a los sobrevivientes pames de algunas comunidades de Tancoyol.

Presa Jalpan. Alimentada por el río Jalpan, alrededor de esta presa gozarán de un espectacular paisaje serrano en donde podrán tomar fotografías únicas mientras dan largas caminatas. Con lobinas, tilapias, carpas y espejos, es un lugar idóneo para practicar la pesca. También pueden dar paseos en lancha o recorrer los alrededores en bicicleta. Por la belleza de este lugar, sea cual sea su actividad, no se podrán equivocar al visitarlo.

San Joaquín

Grutas los Herrera. Con formaciones de estalactitas y estalagmitas, que son conocidas con varios nombres según a lo que asemejan, se calcula que la caverna existe desde hace 400 o 600 millones de años, aunque fue descubierta en 1978. Son sólo 6 las salas que pueden visitar, pero será un divertido recorrido con su guía que les irá mostrando las formas. Además, el lugar está rodeado de un magnífico paisaje que les encantará.

Grutas La Esperanza. Después de una corta caminata a través de un bosque, llegarán a este orificio en el cerro que da entrada a la caverna en donde encontrarán formaciones de estalagmitas y estalactitas. Al llegar bajarán por una escalera de caracol y comenzará la parte más divertida del recorrido. Durante él, el guía les mostrará las diferentes figuras que tienen estas formaciones, poniendo a trabajar su imaginación.

Zona Arqueológica de Ranas. Enclavada en la Sierra Gorda, los cerros sirvieron como fortaleza natural a esta civilización de la época prehispánica y forma parte de la expresión cultural que se conoce como serrana, además de ser parte de una importante ruta comercial. En medio de este espectacular paisaje encontrarán terrazas y edificios fabricados con núcleos de piedra y lodo, además de 5 canchas del juego de pelota. Visítenlo, no se arrepentirán.

Zona Arqueológica de Toluquilla. Ubicada en la parte superior de un cerro en la Sierra Gorda, este sitio tiene mucha relación con el de las Ranas y la posición estratégica de ambos que les daba a sus habitantes, control sobre los asentamientos menores de los alrededores. Parte de una ruta comercial, desde aquí se controlaba el cinabrio con el que ungían a los muertos. Su conservación es excepcional y pueden distinguir escalinatas, callejones, calles, muros y otras edificaciones.

San Juan del Río

Puente de la Historia. Construido en 1711 en la parte más angosta del río, ya que las crecientes de agua dificultaban el paso de las caravanas, este puente fue durante mucho tiempo la única entrada a San Juan del Río y por él pasaron desde cargamentos minerales hasta tropas insurgentes. Incluso llegó a ser el más utilizado entre la ciudad de México y el Bajío. Aquí verán pasar miles de patos blancos, canadienses y europeos, que migran al río de San Juan cada año.

Museo de la Muerte. Alojado en las instalaciones del viejo cementerio de la Santa Cruz del siglo XVIII, abrió sus puertas en 1997 para que el visitante comprendiera mejor las expresiones tan particulares en relación a la muerte en México. Nos explicarán desde los ritos funerarios prehispánicos, nos muestran altares tradicionales y podrán visitar tumbas del antiguo cementerio. En fin, es todo un viaje hacia la muerte. Alrededor del Día de Muertos, siempre montan un altar.

Templo de Jesusito de la Portería. Antes como el Hospital de San Juan de Dios, en la portería del templo quedó plasmada la imagen tan venerada en este tiempo, de ahí el nombre de Jesusito de la Portería. El lugar se ha vuelto muy conocido entre los fieles ya que se le adjudican a la imagen muchos milagros realizados. Si quieren disfrutar ampliamente de esta devoción, las fiestas se llevan a cabo entre el 31 de julio y el 6 de agosto, semana en la que hay más festejos religiosos, como bautizos entre otros.

Templo la Parroquia de San Juan Bautista. La primera iglesia de San Juan del Río se encuentra frente a lo que es ahora la Plaza de los Fundadores pero que entonces era un panteón. Sin embargo, esa pequeña iglesia hecha de tierra fue derrumbada en 1700. El templo tal como lo conocemos hoy se construyó entre 1710 y 1731 y era la iglesia de los indígenas. Su brillante color hace que sobresalga en esta plaza, a pesar que su construcción es sencilla.

Templo y ex Convento de Santo Domingo. Este convento fue fundado en 1690 con el objetivo de dar atención a los misioneros que en su paso a la evangelización de la Sierra Gorda caían enfermos. Su historia continúa cuando el 6 de septiembre de 1823 llegaron a él las urnas fúnebres con los cráneos de Miguel Hidalgo, Ignacio Allende, Mariano Jiménez, y los restos de Francisco Javier Mina y Pedro Moreno. En éste lugar fueron velados, hecho por el cual vale la pena ser visitado.

Convento y Misión de Bucareli. También, en medio de la Sierra Gorda, encontrarán esta misión que parece un castillo medieval y cuyo objetivo al momento de su construcción fue congregar a chichimecas fugitivos de la Misión de Tolimán y de la Misión de San José Vizarrón. Al interior del convento podrán ver las celdas, patios y una capilla inconclusa. Ahí, abrieron un pequeño museo en donde exhiben alrededor de 450 volúmenes de teología escritos en latín y algunas herramientas de minería.

Tequisquiapan

Templo de Nuestra Señora de la Asunción. En la Plaza Principal de este encantador pueblo, se encuentra este templo construido en 1874 con un estilo neoclásico. Sus brillantes tonos y gran tamaño lo hacen sobresalir. El 15 de agosto es visitado por las comunidades aledañas ya que festejan a la Virgen de la Asunción. En el bonito jardín al frente y los tradicionales portales rodeándolo, es el lugar ideal para sentarse y disfrutar de la vista del templo, así como de la fuente y el kiosco.

Monumento al Centro Geográfico. Denle una vuelta a este monumento que está en pie más como dato curioso e histórico que como un hecho real. En 1916, bajo el mandato de Venustiano Carranza y en plena Revolución Mexicana, se declaró a Tequisquiapan como centro geográfico del país, construyéndose este monumento para darle validez al dato. Ahora se sabe que eso es falso, pues parece que el verdadero centro está en el desierto de Zacatecas, pero el monumento sigue en pie.

Las Minas de Ópalo. En la localidad de La Trinidad se encuentra la Mina La Carbonera, en medio de un cerro. Su interior está lleno de ópalos de varios colores, a los que después les dan forma convirtiéndolos en joyería y bellas piezas decorativas. En este paseo llegarán a la entrada en vehículos 4x4 y podrán recoger sus propias piedras en el camino. Por supuesto que también entrarán al taller, en donde podrán adquirir las piedras ya pulidas.

Termas del Rey. Es un lugar en donde podrán divertirse en compañía de toda la familia pues cuenta con albercas, toboganes, áreas verdes, juegos infantiles, zona de asadores, áreas deportivas e incluso un lago. Y para que no se preocupen de nada, también encontrarán un mini súper y restaurante. Si prefieren pasar más de un día de diversión en el lugar, ahí podrán hospedarse, pues cuenta con zona de camping.

Fantasía Acuática. Éste es un lugar cuyo objetivo es que pasen un agradable día en un ambiente exclusivamente familiar. El parque cuenta con varias albercas en donde podrán nadar y divertirse, incluso los más pequeños. Los más grandes pasarán un rato agradable en sus múltiples toboganes. Y para diversión de toda la familia hay palapas y áreas verdes. Si quieren hospedarse ahí, el lugar cuenta con área de camping y hotel.

Recuerden que también Tequisquiapan forma parte de la Ruta del Queso y el Vino.

Mercado de Artesanía. La artesanía típica de Tequisquiapan son piezas tejidas con varas de sauce, hojas de palma y raíz de sabino que significa la cestería. De esta forma, su mercado es un verdadero deleite y lo encontrarán lleno de canastitas, paneras, cajitas, mantelitos y cualquier otro artículo tejido que se les ocurra. De hecho, el mercado es conocido como el Paraíso de la Cestería. También encontrarán otro tipo de productos artesanales de los alrededores, así que vale la pena ir y conocerlo.

GASTRONOMÍA

La gastronomía de Querétaro cuenta con prácticas que se han llevado a cabo en esta región a partir de la época de la Colonia en el siglo XVI. Es por eso que a través de los años se ha buscado dar continuidad a ingredientes prehispánicos como el maíz, el chile, las cactáceas y las frutas que dan identidad a esta cocina mexicana.

Platillos típicos son las carnitas de puerco, pollo almendrado, pollo en huerto con peras, manzanas y duraznos, lengua mechada, sopa de elote, sopa a la queretana, tamales de muerto, de queso con chile y los de azúcar; los quesos de Tequisquiapan, pacholas, mamanxa, taquitos de carnitas estilo San Juan del Río, mazamorra de elote, guichepos, gorditas de migajas, huaraches, enchiladas queretanas, barbacoa y el chicharrón de res.

Postres típicos son los camotes, la capirotada, el mantecado, las trompaditas y las embarradillas, acicalado, frutas al horno, camote con miel, los buñuelos, jamoncillos a la biznaga, limones rellenos de coco, las natillas, los dulces de leche.

Bebidas típicas. Respecto a las bebidas sobresalen el atole de aguamiel, el menjengue, la prodigiosa.

ARTESANÍAS

En especial la cantera, porque en su territorio abunda la piedra caliza, los artesanos de la comunidad de Escolásticas han hecho de la cantera el material de sus expresiones artísticas. La cantera labrada adquiere forma de fuente, maceta, escritorio, decora casas o edificios.

Muebles, mimbre, ópalos y hierro forjado. Durante la mayor parte de su historia, la población tequisquiapense fue mayoritariamente indígena. En principio, su producción artesanal obedecía a los orígenes de una cultura armónica y sencilla. En Tequis podrán encontrar la más típica acrobacia manual en delicados trabajos de vara de sáuz y raíz de sabino, canastitas tejidas de palma, telas bordadas y hasta talabartería y otros artículos de piel. Las extracciones mineras de la zona han aportado una mezcla de astronomía y buen gusto: ópalos, vidrios y cuarzos; así como otras suertes de joyería, distinguida y sutil.

El punto más indicado para hacer las compras es el Mercado de Artesanías, en cuyos locales pueden pasar horas. Tequisquiapan es también famoso por sus muebles y artículos de madera, lo mismo que por sus trabajos en hierro forjado.

Itxle. El ixtle proviene del maguey, esta planta tan recurrente en tierra mexicana y que se conoce también como agave. Esta fibra, tan versátil como dura de trabajar, se encuentra en textiles, alimentos y medicinas. Una de las mejores maneras de conocer esta artesanía típica de la región es asistir a la Feria del Ixtle y el Nopal, que se lleva a cabo en el mes de abril, normalmente en la última semana, en el parador artesanal 'La Canoa' en Villa Progreso.

Uno de los lugares más visitados en Querétaro, por su presunta relación con el fenómeno OVNI, es la Peña de Bernal considerada el tercer monolito más grande del mundo y está ubicado en el poblado de Bernal, perteneciente al municipio de Ezequiel Montes. A través de estudios se sabe que esta peña se formó luego que un volcán culminó su actividad, que la lava del interior se solidificó y la erosión que sufrió a través de los años terminó por desaparecer los restos del volcán. La lava sólida enquistada, es lo que constituye y da forma a este monolito.

DEPORTES

La gente de Querétaro se ha distinguido siempre por su amor a los deportes, hace décadas llegó a tener equipos de fútbol y béisbol a nivel profesional. En la actualidad sus representantes en la Primera División del fútbol mexicano son los Gallos Blancos.

MÚSICA / DANZAS

En Querétaro se escucha la música de Huapango. Las danzas son muy apreciadas, como las de 'Los Conchos', la 'Chichimeca', la de 'Pastoras' y la de 'Apaches'.

ESTADO DE QUINTANA ROO

El estado de Quintana Roo es una de las 32 entidades federativas de México y se ubica al Este de la Península de Yucatán, en la frontera con Centroamérica. Colinda con los estados de Yucatán hacia el Noroeste y Campeche al Oeste; al Norte con el Golfo de México; al Sur el Río Hondo delimita su frontera con Belice y unas 'mojoneras' (señales de piedra colocadas en su sierra) con su frontera con Guatemala. Las playas al oriente de su territorio son bañadas por las aguas del Mar Caribe, es por ello que este Estado es conocido en el mundo como el 'Caribe Mexicano'. Es junto con Baja California Sur, la entidad más joven del país (ambas promovidas de Territorio Federal a Estado Libre y Soberano, el 8 de octubre de 1974).

En Quintana Roo predomina el clima tropical con lluvias en verano, excepto en el Suroeste y el Sureste, donde persiste una temperatura tropical con intensas lluvias periódicas e invierno seco en las comarcas del Norte. En síntesis, el clima mayoritario en las regiones Centro y Este es el tropical, con lluvias en otoño. Al Oeste también es tropical, pero con lluvias intensas en verano. Al Norte, el clima es de sabana con lluvias periódicas e invierno seco. La temperatura media anual en el Estado es de 26° C. La época de secas comprende de febrero a mayo, y la de lluvias de mayo a octubre, aunque con frecuencia llega hasta enero, en forma de chubascos procedentes del Norte.

TURISMO

Chetumal

Bacalar. Éste es un sitio paradisiaco, un excelente destino para escaparse del caos y disfrutar de una tranquila estadía gozando de su clima y hermosas vistas. Es especialmente famoso por su laguna de siete colores a la orilla de la cual podrán hospedarse en bungalows ecológicos. Además de su rica gastronomía, disfruten del Museo de la Piratería, de algún evento en la Casa Internacional del Escritor o el Cenote Azul. ¡No olvides comprar una típica hamaca!

Museo de la Cultura Maya. Fue inaugurado en 1994, el museo está dividido en 8 secciones que comprenden un amplio periodo de esta civilización. Desde su expansión por México, Guatemala y Belice, su relación con la naturaleza, su arquitectura y desarrollo urbano, el comercio, la interacción con otras culturas y con los conquistadores españoles, son algunas de sus temáticas principales. Este lugar cambiará tu visión en relación a esta civilización.

Mahahual. Este precioso pueblo de pescadores es el lugar ideal para escapar del caos de las grandes ciudades. Desde su pequeño muelle podrán hacer recorridos por todas sus costas, bañarse en sus cálidas aguas color turquesa, practicar buceo y snorkel para admirar su impresionante flora y fauna subacuática. O simplemente relajarse sobre su blanca arena. Un paraíso que les dará la bienvenida con lo mejor que la naturaleza tiene para ofrecerles.

Santuario del Manatí. Lo conocen como 'El corral de Daniel' porque ahí habita desde hace algunos años un manatí con ese nombre, por supuesto, es uno de los principales atractivos. Al ser el Área Natural Protegida más importante del Estado, comprenderán que su importancia va más allá de Daniel. Cuando lo visiten comprenderán la importancia de la conservación de esta especie y todo el trabajo que hacen para evitar su extinción.

Zona Arqueológica Calakmul. Ubicado en el sureste del Estado, este asentamiento prehispánico llegó a ser la capital del estado maya y enemiga de Tikal. En el sitio hay un total de 117 estelas y muchas tumbas funerarias de donde se han recuperado vasijas e indumentaria de los funcionarios. Situada en medio de la selva, no sólo les impresionarán sus monumentales construcciones, sino también la gran diversidad de flora y fauna que la rodean.

Zona Arqueológica Kohunlich. En plena selva encontrarán una de las zonas arqueológicas más impresionantes de la cultura maya. De lo más significativo del lugar es el sistema de captación de agua en todas sus calzadas y edificios. Otras estructuras que deben conocer es el Templo de los Mascarones, la Plaza y el Palacio de las Estelas, la Gradería y El Rey, así como algunas residencias. Entre su importancia histórica y belleza natural, el sitio vale la pena visitarlo.

Zona Arqueológica Dzibanché. Uno de los asentamientos más grandes e importantes del sur de Quintana Roo, Dzibanché cuenta con varios edificios de enorme monumentalidad y calidad. Se encuentran divididos en 4 grupos: Tutil, Lamay, Kinichná y Dizbanché, que podrán recorrer libremente admirando las magníficas plazas y construcciones. Resalta el gran tamaño de la acrópolis, por lo que les sugerimos llegar temprano para que tengan el mayor tiempo posible para recorrerla.

Zona Arqueológica Chicanná. En la lengua maya significa 'la casa de la boca de la serpiente' y es considerada por algunos como un centro elitista de la región Río Bec debido al ornamento en sus construcciones. Pueden visitar más de una docena de construcciones, varias situadas alrededor de la Plaza Principal. La más notable es la Estructura II, con Itzamná, dios creador de todas las cosas, representado en la fachada central.

Cancún

Tulum. No sólo está considerada por muchos una de las mejores y más hermosas playas de México y el mundo, en este sitio se conjuga historia, cultura y la espectacular naturaleza. Ya sea que vayan a visitar su Zona Arqueológica o pasar un día en su agradable playa con agua cálida, es un destino que te recompensará con su belleza. Cuenta también con alojamiento ecológico, convirtiéndose en uno de los mejores recintos si lo que buscan es paz y tranquilidad.

Xel-Ha. Considerado el acuario natural más grande del mundo, en Xel-Ha disfrutarán de múltiples actividades acuáticas como nado con delfines, snorkel o sea trek, que es básicamente una caminata subacuática. El lugar, por supuesto, cuenta con todos los servicios necesarios para que sólo se preocupen por pasar un día agradable. Son más de 20 las atracciones que podrán disfrutar, así que no pierdan tiempo y planeen bien su visita.

Xcaret. Sin duda el parque eco-arqueológico más importante del país, en Xcaret sus aventuras se llevarán a cabo en medio de la selva maya y a un lado del Mar del Caribe. No sólo podrán disfrutar de la naturaleza de la zona con paseos en ríos subterráneos o nadando con delfines, también hay varios espectáculos que recrean tradiciones mexicanas, como los 'voladores de Papantla' o representaciones prehispánicas. Organicen bien su tiempo para que les rinda más.

Holbox. Con 43 kilómetros de largo, esta pequeña isla es un verdadero paraíso terrenal. En ella podrán practicar todo tipo de actividades; desde visitar la laguna Yalahua, recorrer el pequeño poblado en bicicleta, tomar un tour para nadar con el tiburón ballena, visitar Isla Pájaros o solamente relajarse en sus hermosas playas. El colorido pueblo cuya principal actividad es la pesca y el turismo, les dejará maravillados.

Museo Maya de Cancún. En éste que es el tercer espacio museístico más importante para el INAH (Instituto Nacional de Antropología e Historia), encontrarán las colecciones arqueológicas de la cultura maya más importantes del país con piezas de Palenque, Chichén Itzá, Comalcalco, entre otros lugares. Temáticas desde la arqueología de Quintana Roo, hasta la civilización maya son tratadas en este museo. Sin duda es una visita que no deben perderse a su paso por Cancún.

Isla Mujeres. Para muchas personas es el mejor destino de la zona e incluso prefieren hospedarse en ella. Pero aunque sólo vayan a pasar el día, la isla les sorprenderá por su belleza terrestre y acuática. Con varios arrecifes, es el lugar ideal para practicar buceo. Sus playas les invitan a darse un chapuzón en su agua cálida. Al sur podrán pasear en los manglares. Ahí mismo tendrán todos los servicios turísticos necesarios para no preocuparse por nada.

Museo Subacuático de Arte, MUSA. Tal como su nombre lo indica, este museo se encuentra en las profundidades del Mar Caribe ofreciéndoles una experiencia única cuando lo visiten. El objetivo es mostrar cómo pueden interactuar el arte y la naturaleza. Las esculturas que han sido sumergidas, están hechas de materiales que promueven la vida coralina. Consta de dos galerías; Salón Manchones y Salón Nizuc, el primero a 8 metros y el segundo a 4. Sumérjanse y quedarán maravillados.

Ventura Park. Éste es un nuevo concepto que ofrece Cancún, el cual es un Mega Parque Temático conformado por 7 atracciones, entre las cuales encontrarán actividades y atracciones para todos los gustos. Atrévanse a subirse a la montaña rusa, aventarse de una tirolesa, nadar con delfines o en una alberca de olas y manejar en una pista de go-karts, entre muchas otras cosas. El Parque cuenta con varios paquetes para que puedan gozar de todos los atractivos.

Jungle Tours. Es el tour de snorkel más conocido de Cancún, se lleva a cabo a través de la Laguna Nichupté a bordo de una lancha para recorrer los sinuosos canales de la laguna, para llegar finalmente al arrecife en Punta Nizuc, ahí, un grupo de guías les ayudarán a identificar las especies más importantes del arrecife. El tour incluye instrucciones de seguridad y un guía bilingüe les enseñará las señales de mano antes de la salida para que puedan realizar el recorrido de manera segura.

Parque Garrafón. Este parque natural les ofrece diversión en el paraíso terrenal sobre el que se encuentra. Podrán disfrutar de paseos en kayak, snorkel, recorridos a los acantilados, nado con delfines, tirolesa o tours en bicicleta. Si prefieren una experiencia más relajante, cuentan con una alberca panorámica, así como hamacas y camastros. Busquen el paquete que más se adapte a su gusto, para que aprovechen al máximo su visita.

Parque Nacional Isla Contoy. En esta isla las aguas del Mar Caribe se unen con las del Golfo de México y es uno de los refugios más importantes de aves marinas del Caribe mexicano. En el arrecife Ixchalé, que marca el inicio de la segunda barrera arrecifal más extensa del mundo, abundan peces y corales. Además de las múltiples aves que llegan, durante el verano podrán observar tortugas marinas. Sólo se permiten 200 visitantes al día, así que programen bien su visita.

Parque Xenses. Este sitio les ofrece experiencias sensoriales, olfativas, auditivas y táctiles, las cuales pondrán en juego su mente y sus sentidos haciendo uso de los elementos de la naturaleza como son; 'el agua, la vegetación y la tierra', y con la ayuda de efectos visuales mediante simulaciones, recorridos sensoriales, distintas ambientaciones temáticas, circuitos, tirolesas, animales, películas 3D, pozas y albercas artificiales, toboganes, etc. Disfrutarán en total de 17 actividades por distintos escenarios. Dos circuitos el Xensatorium y el Sensorial, especialmente diseñados para reactivar sus sentidos y despertar aquellos que aún no saben que tienen.

Río Secreto. Considerada una de las mejores expediciones 'verdes' en Latinoamérica, pasear por este espectacular río les dejará maravillados. Sus paredes están formadas de estalactitas y estalagmitas las que, durante millones de años han sido testigos del paso del tiempo. En su visita podrán viajar a través de Xibalbá, el inframundo maya, caminar por sus cuevas y nadar en el río. Una experiencia que les dejará impactados por su incomparable belleza.

Capitán Hook. ¿Les gustaría disfrutar una rica cena con las delicias del mar a bordo de un galeón español del siglo XVIII? Pues es justo lo que podrán hacer si abordan el Capitán Hook. Durante la cena disfrutarán de recreaciones de épicas batallas piratas en el ambiente mágico del Caribe Mexicano. Una experiencia que se quedará grabada en la mente de toda la familia y en donde además podrán disfrutar del delicioso buffet.

Parque Xplor. Con todo un mundo subterráneo por descubrir, el parque Xplor les ofrece las mejores aventuras selváticas y acuáticas para que grandes y pequeños disfruten de esta maravilla natural. Recorrer ríos subterráneos en balsas, atravesar la selva a bordo de un vehículo anfibio, volar en cualquiera de sus 14 tirolesas o nadar en los ríos subterráneos son algunas de las actividades a realizar. Pasen un agradable día explorando lo mejor de la Riviera Maya.

Zona Arqueológica El Rey. Es la Zona Arqueológica más importante de la isla de Cancún, se cree que los primeros pobladores la habitaron 300 años antes de nuestra era en casas construidas con madera y con techos de palma. Sus bellas pinturas murales incluyen representaciones de deidades mayas y elementos religiosos. Formado por 47 estructuras, les sorprenderán las construcciones en medio de la magnífica naturaleza que las rodea.

Ka'Yok' Planetario de Cancún. Mucho más que un planetario, este espacio busca acercarles a la ciencia y la tecnología de una forma agradable y divertida. El lugar cuenta con un Museo del Agua, auditorio y observatorio. Además, resalta la importancia de la civilización maya en el mundo actual y les invita a visitar las zonas arqueológicas de la región. Por supuesto, también podrán gozar de múltiples proyecciones astronómicas y científicas.

Cozumel

Parque Nacional Chankanaab. Está ubicado dentro del Parque Nacional Marino de Cozumel, su nombre significa 'pequeño mar'. En sus instalaciones podrán practicar buceo o snorkel, admirando los impresionantes arrecifes, peces coloridos y esculturas bajo el agua. También pueden disfrutar de un show de leones marinos, el cocodrilario, la Casita Maya, réplicas prehispánicas y mucho más. Uno de los sitios más visitados en Cozumel, su estadía es garantía de diversión.

Parque Nacional Arrecifes de Cozumel. Cozumel es la tercera isla más grande de México y su arrecife coralino forma parte de la segunda barrera de coral más grande del mundo. Además, es considerado entre los más importantes sitios para el buceo y el snorkel en el mundo. Los mejores sitios para bucear son los arrecifes Paraíso, Yucab, San Francisco y Santa Rosa, por supuesto, siempre con la ayuda de algún operador.

Museo de la Isla de Cozumel. En este museo se exhiben objetos prehispánicos rescatados de sitios arqueológicos y de los galeones hundidos por los piratas. Estar en él es echar una ojeada al pasado.

Zona Arqueológica San Gervasio. A pesar de ser un asentamiento prehispánico, recibe el nombre del propietario del rancho ganadero sobre el cual se encontraba. Por estar ubicado en el manto acuífero más grande de la isla, fue el mayor asentamiento de la misma. También cuenta con un santuario de Ixchel, la diosa de la fertilidad y el amor. A la fecha, las mujeres mayas lo visitan una vez en su vida. Es un lugar lleno de historia y rodeado de un magnífico entorno natural.

Playa y Parque Ecoturístico Punta Sur. Ésta es la reserva ecológica más grande de Cozumel y el parque está lleno de atracciones para toda la familia. En el sitio podrán observar cocodrilos en su hábitat natural, dar paseos en kayak o un tour de snorkel, observar aves, subir al histórico Faro Ceralain y visitar el Museo Cultural y de Navegación. Aunque si lo prefieren, también cuentan con una hermosa playa típica de la zona para relajarse bajo el sol.

Submarino Atlantis. Si se maravillan con las profundidades del océano y los tesoros que ahí se esconden pero prefieren mantenerse secos, su solución es descubrir estas bellezas a bordo de un submarino. Y para eso está el Atlantis, a bordo de él harán un maravilloso viaje a Chankanaab, un parque marino protegido. Durante el trayecto observarán enormes corales y peces multicolores. Una excelente forma de disfrutar la profundidad del mar sin meter un pie en el agua. El tour completo tiene una duración de 2 horas, de los cuales 45 minutos son a 34 metros bajo el mar.

Holbox

Nado con Tiburón Ballena. Conocido también como 'el gigante gentil', nadar con el tiburón ballena será una experiencia inolvidable. Durante los meses de verano, entre junio y septiembre, es justo lo que podrán hacer en Holbox que es el lugar de concentración para estas bestias solitarias. No tienen que ser expertos buzos para nadar con ellos, aunque si prefieren también pueden quedarse a admirarlos desde la embarcación. El paseo vale la pena. La temporada empieza a finales de mayo y termina el 15 de septiembre.

Parque Estatal Lagunas de Yalahau. Este parque tiene de todo; sitios arqueológicos, 203 cenotes, 4 lagunas con una impresionante belleza natural, manglares y una cantidad impresionante de flora y fauna. Así que es un lugar ideal para todo tipo de actividades; nado en sus cenotes o lagunas, caminatas entre su riqueza natural, visita a los sitios arqueológicos. Cuando vayan se quedarán maravillados de su riqueza histórica, cultural y natural.

Isla Pasión. Esta pequeña isla de 40 km de largo se encuentra ubicada a 15 minutos en lancha de Holbox. Su belleza les invitará a relajarse en una atmósfera tranquila, gozar de sus playas tropicales semivírgenes y de su principal atractivo; la extensa variedad de pájaros en su hábitat natural.

Isla Pájaros / Isla Morena. Este refugio natural de aves es un lugar sumamente tranquilo en donde podrán admirar flamencos, patos, pelícanos y varias aves más (en ella habitan alrededor de 150 especies), también es conocida como Isla Morena. Por la excesiva presencia de pájaros, las playas de la isla no se prestan tanto para que se acuesten sobre su arena y disfruten del sol, sin embargo, pocos espectáculos naturales se igualan a éste. No duden en visitarla porque realmente quedarán sorprendidos.

Plaza Comercial El Pueblito. Esta pequeña plaza les ofrece todo lo necesario para complementar su estancia en Holbox. El lugar cuenta con varios locales en donde podrán deleitar su paladar, recomendamos en particular el sushi. Es normal adquirir artesanía típica de la zona. Además, el lugar no 'agrede' al ambiente natural que lo rodea, sino que se fusiona con él. Así que no duden en visitarla entre nados con tiburones, buceo y su merecido descanso en la playa.

Isla Mujeres

Playa Lancheros. Es un lugar popular en la isla, Playa Lancheros cuenta con un restaurante al aire libre en donde podrán disfrutar del típico pescado Tikin Xic. Su arena no tiene la textura tan fina como la de algunas playas vecinas, sin embargo, hay palmas que hacen que sea un lugar muy agradable. Si van con pequeños, su suave oleaje también la vuelve un sitio ideal para que naden, siempre y cuando se mantengan cerca de la costa.

Museo Capitán Dulché. Este club playero es un sitio ideal para escaparse el día entero. Además de disfrutar de su excelente restaurante, podrán relajarse en alguno de los camastros ubicados en la playa, descansar bajo la sombra de su espectacular jardín y visitar el museo dedicado al Capitán Dulché, Ramón Bravo y Jacques Cousteau. Con un salón para 250 personas, también es el lugar ideal para que lleven a cabo su evento; ya sea boda, cumpleaños o comilonas familiares.

Parque Escultórico Punta Sur. Al rincón en donde se asoman los primeros rayos del sol, llegaron en 2001, 23 piezas escultóricas realizadas por diferentes artistas de varias partes del mundo. Ahí se inauguró este parque que mezcla la belleza de su entorno natural, con el arte moderno. Aquí fue en donde los españoles encontraron figuras femeninas, por eso el nombre de la isla. También es el lugar en donde se ubica el templo de la diosa Ixchel, que es visitado por las mujeres mayas.

Hacienda Mundaca. La historia que envuelve esta hacienda es una muy particular, pues el pirata de renombre Fermín Antonio Mundaca la mandó construir para La Trigueña, la mujer que amaba, y así ganarse su amor. Sin embargo, la mujer se casó con otro y Mundaca murió con el corazón triste. Es un excelente lugar para caminar mientras recuerdan esta triste historia. En el arco de piedra de la entrada podrán leer 'La entrada de La Trigueña', aunque nunca la cruzó.

Mahahual

Malecón. Y porque a todos nos gusta dar un paseo con hermosos paisajes y en el momento justo en que empieza a bajar o a subir el sol, no deben dejar de aprovechar la oportunidad de hacerlo en este malecón. Recientemente renovado, a lo largo del paseo se encontrarán con restaurantes y tienditas en donde podrán detenerse a comer y curiosear. Llévense su cámara, porque las playas que atraviesan los 1,700 metros del malecón son muy bellas.

Banco Chinchorro. Esta barrera de arrecifes de coral es la segunda más grande del mundo y uno de los atractivos naturales más espectaculares del Caribe. Esto, lo ha convertido en uno de los lugares preferidos para quienes practican buceo. Corales pétreos, esponjas, abanicos, látigos de mar y varios peces, son algunas de las cosas que verán. Y con presencia de tierra firme, se podrán quedar en alguno de los cuatro islotes.

Maya Lost Mayan Kingdom. Deslícense y vuelen en esta más reciente atracción en Mahahual en un día lleno de diversión, risas y adrenalina en sus 2 circuitos de tirolesas, 12 toboganes con caída de hasta 25 metros, expedición en el Río Perdido donde flotarán en una llanta para atravesar el parque o, si lo que desean es relajarse, diríjanse a la piscina o cenote natural y para los más pequeños, en el parque existen toboganes diseñados para ellos, un área de campamento y la isla de los monos, rodeada por una zona de picnic para que los padres puedan relajarse, descansar y comer.

Playa del Carmen

La Quinta Avenida. Éste es el corazón de Playa del Carmen, en donde están instalados todo tipo de negocios así como agradables bares, ricos restaurantes, tienditas de artesanías, boutiques, spas y mucho más. Al recorrerla también se encontrarán con Calle Corazón, un callejón con galerías de arte, cafés y restaurantes. Sin duda es un paseo obligado durante su estancia en Playa del Carmen y uno que no se arrepentirán de hacer.

Playa Mamitas. Ofreciéndoles una de las vistas más bonitas desde la Riviera Maya, junto con su arena suave y limpia, así como el agua azul turquesa, es uno de los mejores lugares para relajarse y no hacer otra cosa que disfrutar de su estancia en la playa. El acceso es gratis, pero si quieren usar algún camastro les pedirán 'un consumo mínimo' de su servicio de restaurante. Algo que no les costará trabajo hacer ya que cualquier cosa que pidan será garantía.

Ecopark Kantun-Chi. Ubicado en el corazón de la Riviera Maya, en éste parque podrán disfrutar de las aguas cristalinas de los cenotes y grutas. Divide sus actividades en 3 grupos; cenotes, grutas, y flora y fauna, así podrán visitar lo que les parezca más atractivo aunque no hay dudas pues los paisajes son asombrosos en toda la región. Exploren 4 cenotes principales del parque a pie, en kayak o haciendo snorkeling, o caminen por los pasillos de formación natural en la caverna Grutaventura para ver estalactitas. Al realizar el recorrido necesitarán entre 2 a 4 horas para disfrutar del parque y las cuevas.

Akumal. Esta playa cobró fama cuando se convirtió en uno de los destinos preferidos para practicar buceo y snorkel, ya que desde ahí pueden acceder a numerosas cuevas y ríos subterráneos. Muy cerca también pueden visitar cenotes o adentrarse en la selva en un paseo a caballo. Si la visitan entre mayo y octubre, tendrán la oportunidad de ver desovar a las tortugas marinas. Así que diríjanse a uno de los mejores destinos de la Riviera Maya para realizar alguna de las actividades que se pueden practicar: pesca deportiva, snorkel, buceo, windsurf, kayak, exploración de cenotes, los paseos en bicicleta y caminatas por la jungla.

3D Museum Wonder. Es un museo de arte ilusión 3D, el más grande en América Latina. En él encontrarán más de 60 obras elaboradas durante años a base de tiza de colores, fabricadas por el artista Kurt Wenner, que provocan en el espectador intrigantes sensaciones de abismo o confusión en manifestaciones de la perspectiva, ilusión y la geometría junto con las técnicas de dibujo y pintura clásica. Entre las pinturas que se pueden observar e interactuar se encuentran; Catching the Wave, Flying over the Bosphorous, Breeders' Cup, entre otras.

Zona Arqueológica de Cobá. El tamaño e importancia de este asentamiento, sólo se compara con Chichén Itzá en esta zona. Con 70 kilómetros cuadrados y una red de 45 caminos, Cobá ejerció un gran control territorial en la región, dominando el norte de lo que ahora es Quintana Roo y el oriente de Yucatán. En su visita podrán ver construcciones residenciales, ceremoniales y funerarias. Y, aunque no todos los edificios han sido explorados, sus dimensiones les maravillarán.

L'Aquarium Playa del Carmen. Ubicado en el sótano, la planta baja y el primer piso del centro comercial Calle Corazón, está éste más reciente acuario, el tercero en el país. Exhibe alrededor de 4 mil ejemplares de 200 distintas especies, dividida en tres grupos; invertebrados, de ornato y de granja. En el grupo de los invertebrados se pueden apreciar corales, estrellas de mar, caracoles y medusas (un espacio con luces y espejos que hace que parezca infinito); en el de ornato, peces payasos y cardenales de Banggai y otras especies: y en el grupo de la granja hay peces como el pargo rojo, cazón, langosta y camarón. También verán tiburones silver, leopardo y gata, además de una exhibición de 400 ejemplares de corales.

Puerto Morelos

Parque Nacional Arrecifes de Puerto Morelos. Forma parte del Gran Cinturón de Arrecifes del Atlántico Occidental, que es la segunda barrera arrecifal más grande del mundo, en esta área habitan miles de plantas, peces e invertebrados, algunos considerados amenazados. Así que cuando se sumerjan en las profundidades, no duden que gozarán de un maravilloso espectáculo multicolor. Ahora que existe la tecnología para ello, les recomendamos preparar su cámara resistente al agua.

Cenote Las Mojarras. Con un diámetro de 65 metros, este cenote abierto cuenta con agua dulce y fresca durante todo el año. Su nombre lo toma de las múltiples mojarras que habitan en él y que podrán observar nadando y brincando. En el lugar se instaló una tirolesa y una plataforma de 6 metros, por si quieren poner a prueba su valentía. Este paraíso natural es un excelente lugar para divertirse, explorar y admirar el hermoso paisaje que lo rodea.

Jardín Botánico Dr. Alfredo Barrera Marín. Fundado en 1982 para proteger la flora de la región, esta área selvática de 65 hectáreas es el jardín botánico más grande del país. Sus secciones son múltiples y se dividen según el tipo de planta; cactáceas, ornamentales, palmas, medicinales, por mencionar sólo algunas. El lugar también cuenta con un campamento chiclero, cabaña para lectura, zona arqueológica, parque natural y puentes colgantes. Como verán, no es un jardín cualquiera.

Croco Cun Zoo. En este zoológico podrán disfrutar mientras observan a los animales en su hábitat natural e incluso, si se atreven, caminar entre cocodrilos. A través de un recorrido interactivo, podrán convivir con los animales mientras guías preparados les explican todo lo relacionado a estas pequeñas (o no tanto) bestias. Es un lugar muy recomendable que se preocupa por la conservación de la flora y fauna local, en donde toda la familia se divertirá.

Punta Allen

Reserva de la Biosfera de Sian Kaan. El Área Natural Protegida más grande del Caribe Mexicano, su extensión abarca 520,000 hectáreas de maravillas arqueológicas y naturales. En un paso comercial entre Tulum y Muyil, se han ubicado 23 sitios arqueológicos. También hubo plantíos de chicle hasta mediados del siglo XX. Y, para saciar su lado aventurero, hay múltiples cenotes, muchos de los cuales se conectan con ríos subterráneos y manglares.

Tulum

Zona Arqueológica de Tulum. Con una ubicación privilegiada, el asentamiento de Tulum es el único que se encuentra a un lado del mar y desde él podrán apreciar las aguas de color turquesa del Caribe. El Castillo es su edificación más representativa y, al estar al borde de un acantilado, sin duda también el más fotografiado. Y por supuesto que durante su visita, les recomendamos escaparse a las playas más tranquilas de la zona. Su día estará completo, no lo duden.

Cenote Dos Ojos. Al visitar éste lugar se llevarán una de las experiencias más espectaculares en cuanto a buceo. El lugar es sumamente seguro para practicar este deporte y los guías les acompañarán a lo largo del recorrido en grupos muy pequeños. Lo único que tienen que hacer es disfrutar de la belleza del cenote. Como dato interesante, su sistema de cuevas subacuáticas tiene alrededor de 61 kilómetros de largo, ubicándose entre los diez más grandes del mundo.

Parque Tankah. Tankah se encuentra ubicado a corta distancia del poblado de Tulum, sobre el sistema de ríos subterráneos Sac Actun, el más extenso del mundo. Su belleza es única por tener la laguna más bonita de la Riviera Maya. Dentro del parque se encuentran el cenote Naval, que se puede cruzar a través de dos tirolesas para después abordar canoas y remar de regreso por él; el cenote Cueva, un cenote semi-abierto en el que se divertirán con la tirolesa de salto que aterriza en el agua con plataforma para clavados y el cenote Azul, que les invitará a relajarse en sus cristalinas aguas. Podrán visitar el lugar a través de un operador, sugerimos contactarlo con anticipación.

Xcalak

Parque Nacional Arrecifes de Xcalak. Es uno de los pocos arrecifes vírgenes que quedan en la Costa Maya, se localiza en la costa baja de Quintana Roo frente al Mar Caribe. Los humedales que se encuentran en esta zona son hábitats únicos que albergan una gran variedad de flora y fauna acuáticas y silvestres; son de gran interés sus aguas, ya que son propicias para la anidación de aves acuáticas. La reserva resguarda paisajes submarinos sorprendentes, enmarcados sus increíbles arrecifes, que hacen de este destino uno de los más solicitados para la práctica del buceo y el snorkel en el país. Contrate los servicios de un operador para realizar estas actividades.

GASTRONOMÍA

La Gastronomía en Quintana Roo es uno de sus principales atractivos, sobre todo en las zonas turísticas como Cancún,

Playa del Carmen, Cozumel, Isla Mujeres, Holbox, Bacalar, Chetumal, Tulum, Xelhá, Akumal, Majahual, pues Quintana Roo es un destino que cuenta con más de 3,000 restaurantes que ofrecen lo mejor de la cocina maya, mestiza, nacional e internacional.

Por tratarse de un oasis con playas, mar y selva, la mayoría de los platillos quintanarroenses son a base de productos frescos del mar y la selva, siendo la especialidad los mariscos y peces; sin embargo, la gastronomía en esta entidad es muy amplia, por lo que es fácil encontrar diversos establecimientos que ofrecen desde platillos vegetarianos o los exquisitos sabores de la cocina maya, la cocina del sur mestizada con Belice y sabores ingleses, la exquisita comida caribeña típica de la costa e islas, y lo más sofisticado de la comida gourmet en restaurantes en las principales ciudades.

La tradicional comida mestiza y maya es rica en especias, granos y carnes de pavo, faisán, pollo, puerco, tepezcuintle, armadillo, conejo, etcétera; el frijol, maíz y los chiles serrano y habanero, son ingredientes que se emplean como relleno en numerosos platillos.

Al deambular por Quintana Roo ustedes podrán visitar uno de los tantos puestos gastronómicos en todos los pueblos y ciudades y probar las delicias de esta tierra. Pasear y conocer costumbres y tradiciones y disfrutar de deliciosos platos que incluyen desde langosta, mero, caracol o robalo hasta sofisticados guisos mayas con especies de la selva. Disfrute de los platillos típicos como el pan de cazón o el Tikinxic (pescado cocinado al estilo de barbacoa maya). Quintana Roo les promete un festín de sabores y aromas.

ARTESANÍAS

Quintana Roo tiene 860 kms. de litoral, por lo cual con el aprovechamiento de los desechos marinos, se origina la rama artesanal. En un principio, la elaboración de esta artesanía se limitaba a la colección de conchas. Actualmente se realizan cortes de las conchas del caracol, adecuando los diseños a las formas caprichosas de las especies marinas. En algunos aspectos, se realizan productos utilitarios como lámparas, utensilios y accesorios de cocina. Entre las variantes que se le han agregado a la actividad, se encuentra el tallado y calado de la concha del caracol rosado, (strombus gigas) con reproducciones de los dioses mayas.

DEPORTES

El estado de Quintana Roo, aparte de ser un paraíso, tiene en sus ciudadanos un enorme gusto por los deportes, con el Atlante en la División de Ascenso del fútbol, Los Pioneros de Cancún, de la Serie A de la Segunda División; y los Tigres de Quintana Roo en la Liga Mexicana de Béisbol.

MÚSICA / DANZAS

En Quintana Roo los músicos 'mayapax' gozan de gran prestigio, gracias al valioso servicio que brindan a la Santísima Cruz. "Dios les otorgó la virtud de tocar sus instrumentos y un día despertaron con ese don. Fue dictado por Dios sólo a unos pocos, quienes han tenido el cuidado de transmitir la tradición a las generaciones siguientes". El repertorio de los intérpretes del 'mayapax' está conformado por sones antiguos, imprescindibles en el ritual maya católico. Cada son tiene un lugar específico en el desarrollo de las festividades. Su carácter sagrado ha permitido que se conserven casi intactos. Su ejecución es ceremonial a diferencia de 'las jaranas' del resto de la Península, que más bien son festivas. Entre sus bailables típicos están 'La Jarana' y el 'Baile de los Chicleros'; y entre sus danzas están la de 'Cabeza de Cochino' y 'La Danza Criolla o Degollete'.

ESTADO DE SAN LUIS POTOSÍ

San Luis Potosí es una de las 32 entidades federativas de los Estados Unidos Mexicanos. Se ubica en la región norte-centro del territorio nacional y ocupa un área muy amplia del altiplano mexicano. Con su extensión territorial de 63,068 kms²., es el decimoquinto mayor Estado de la República Mexicana.

Colinda al Norte con el estado de Nuevo León, al Noreste con el de Tamaulipas, al Este con el de Veracruz, al Sureste con el de Hidalgo, al Sur con los estados de Querétaro y Guanajuato, al Oeste con Zacatecas y al Suroeste con el estado de Jalisco.

El estado de San Luis Potosí cuenta con 58 municipios, los cuales se encuentran distribuidos en cuatro zonas geográficas principales: Región Huasteca, Región Media, Región San Luis y Región Altiplano.

TURISMO

San Luis Potosí

Centro Histórico. La ciudad fue establecida en torno de la Plaza Fundadores alrededor de 1592 y a su paso dejó impresionantes monumentos históricos, algunos incluso que iluminados de noche ofrecen un espectáculo inolvidable. La catedral, el jardín de San Francisco, la Capilla de Loreto, la Casa de la Virreina, el Templo del Carmen, son sólo algunos de estos magníficos testigos del tiempo. Recuerden que la gastronomía potosina ¡es única!

Caja del Agua. Uno de los símbolos distintivos de la ciudad, es esta estructura circular elaborada con cantera rosa y con un estilo neoclásico, la que recibía el agua de la Cañada del Lobo para que se abastecieran los potosinos de este vital líquido. Con 4 macetones rodeándola, es una verdadera belleza y de ahí el orgullo que sienten los potosinos hacia ella. Además, su conservación es excelente.

Museo Laberinto de las Ciencias y las Artes. Ubicado en el Parque Tangamanga I, este museo está dedicado al fomento de la ciencia, el arte y la tecnología a través de entretenimientos y aventuras inesperadas. En sus salas temáticas los más pequeños contarán con múltiples exhibiciones interactivas que desarrollarán su gusto por el aprendizaje. El lugar también cuenta con una sala de exposiciones temporales de gran nivel internacional.

Parque Tangamanga. Considerado uno de los parques urbanos más grandes de México, fue inaugurado en 1985 y ahora es un importante pulmón de la ciudad y el lugar al que hay que dirigirse para ejercitarse, pasar el día o realizar alguna actividad cultural. El lugar cuenta con varias secciones, así que además de canchas deportivas, áreas de esparcimiento y juegos infantiles, podrán disfrutar de museos y espectáculos al aire libre.

Centro de las Artes. Desde 1904 y hasta 1999, éste lugar fue utilizado como centro penitenciario, de hecho aquí estuvo preso Francisco I. Madero. Aún conserva la esencia de su arquitectura penitenciaria, pero fue adaptado para fomentar las expresiones artísticas del Estado. El lugar cuenta con una importante galería que exhibe propuestas plásticas contemporáneas y es sede de varios espectáculos culturales. Revise su agenda cultural.

Museo Regional Potosino. Inaugurado en 1952, este museo es un reflejo de la historia de los potosinos desde la evangelización hasta la revolución agrarista. El edificio que lo alberga es de gran importancia histórica pues llegó a ser el convento franciscano más grande de México y conserva la pintura mural más antigua de la ciudad. A lo largo de sus salas podrán ver importantes colecciones de piezas arqueológicas prehispánicas y de pintura virreinal.

Teatro de La Paz. El lugar ocupa una sección de lo que fue el Convento del Carmen y fue diseñado por el arquitecto José Noriega. Su construcción terminó en 1894 para después ser remodelado entre 1944 y 1949 bajo la dirección del arquitecto Francisco Cossío. Aunque no asistan a algún espectáculo, su fachada de cantera rosa con un estilo neoclásico les dejará maravillados, así que vale la pena que se den una vuelta.

Museo Francisco Cossío. Hoy es la Casa de la Cultura, pero a principios del siglo XX fue construida como la casa de campo Quinta Vista Hermosa para ser ocupada por el comerciante Gerardo Meade Lewis y su esposa Joaquina Sáinz-Trápaga. Ahora es una de las principales instituciones culturales de México. En sus salas podrán admirar arte y objetos desde las eras geológicas, pasando por la cultura prehispánica, Arte Occidental de los siglos XVI al XX e incluso producción plástica de la actualidad.

Cascada El Meco. Mejor conocida como 'El Mirador', esta cascada cuenta con una caída de 35 metros de altura. Se encuentra ubicada a 10 km de la Cascada El Salto en medio de la vegetación sobre roca caliza, la cual podrán observar desde 'El Mirador' sobre la carretera. En las inmediaciones del sitio encontrarán además un hotel y restaurante.

La Casa del Artesano. Con una gran riqueza y variedad cultural del Estado, este lugar busca difundir ese patrimonio histórico, cultural y tradicional de la artesanía potosina. Piezas y objetos de alfarería, textiles, tejido de fibras vegetales, metalistería, orfebrería, joyería, juguetería, pintura popular y mucho más, podrán encontrar al visitar este lugar. Ya sea que estén buscando un recuerdo, algún regalo o una pieza típica, como los famosos rebozos, ¡visítenlo!

Ruta del Mezcal. Las fábricas de mezcal que conforman esta ruta del Altiplano Potosino y Zacatecas tienen una historia de más de 200 años, algunas todavía están en función. Hallarán en la Ruta 1: La Fábrica de Mezcal Laguna Seca, Santa Isabel, Zaragoza de Solís. En la Ruta 2: Santa Teresa y lpiña en Ahualulco; y las Fábricas Saldaña y La Pendencia en Pinos, Zacatecas.

Aquismón

Sótano de las Golondrinas. Es el sexto abismo más grande del mundo, su caída libre es de 376 metros y la profundidad total de 512. Pero al visitarlo no crean que sólo verán un gran hoyo en la tierra pues todas las mañanas, al salir el sol, las golondrinas salen en parvadas rumbo a Tamaulipas en busca de alimento y regresan al caer el sol. Esta danza circular es impresionante y podrán ver también al periquito ocasional y los depredadores cazando sin piedad.

Sótano de las Huahuas. Éste es un agujero creado en la tierra resultado del colapso de suelo calcáreo, mide 478 metros de profundidad con un diámetro de 60 metros y en este impresionante hueco habitan principalmente los vencejos de pecho blanco y el perico verde quien recibe su nombre étnico llamado Huahuas, de ahí el nombre de este sótano. La experiencia comienza con la salida de cientos de aves, pero también es posible bajar a la cueva para observarla desde adentro.

Casacada de Tamul. Uno de los saltos de agua más espectaculares por su belleza en México y el más grande del Estado, esta caída es de 105 metros y llega a alcanzar los 300 metros de ancho, según la cantidad de lluvia que cae. A su lado podrán practicar todo tipo de actividades ecoturísticas; ciclismo de montaña, rappel, senderismo y más. Consideren que tienen dos opciones para admirarla, en lancha desde abajo, o desde arriba, a través del poblado El Sauz.

Ciudad Valles

Centro Histórico. Considerada la puerta a la huasteca potosina, esta ciudad tiene un interesante centro. Su edificio más antiguo es la Parroquia de Santiago Apóstol, que data del siglo XVI y como contraste, a unas cuadras está la moderna Catedral. Descansen en el Jardín Hidalgo o la Alameda, compren en el Mercado Municipal. Y no se vayan sin probar las enchiladas huastecas, el caldo loco, los bocoles, el bolim, las acamayas, los pemoches, las chochas y el zacahuil.

Xilitla. En medio de la selva encontrarán este poblado que se distingue por su clima húmedo a pesar de estar muy alejado del mar. Al caminar por sus calles tendrán una idea de la opulencia durante su época cafetalera, ya que verán grandes casonas e importantes iglesias. Las Pozas, el jardín surrealista, les llevarán a otro mundo.

MÉXICO LINDO ¡DESPIERTA!

Puente de Dios. Ubicado en la Huasteca, éste es un lugar excelente para disfrutar de la naturaleza y practicar actividades ecoturísticas. Su belleza les dejará extasiados pues cuenta con una cascada de 25 metros y dos pozas con agua azul cristalina ideales para nadar, así como una caverna dentro del río que parece iluminada cuando pegan los rayos del sol. En el sitio encontrarán todos los servicios necesarios para disfrutar al máximo su paseo.

Cascadas de Micos. En total son 7 las caídas de agua que se dividen entre ellas por pozas de agua azul turquesa que toman esta tonalidad por los minerales que contienen. Cuando vean las pozas, no podrán evitar meterse a nadar y es justo el tipo de aventura que deben aprovechar. En el lugar podrán practicar rafting en un trayecto que les deleitará por el paisaje y que les llenará de emoción con las caídas.

Cascadas de Tamasopo. Son 3 las cascadas que podrán admirar en este lugar, con la enorme ventaja que éstas se han mantenido inalteradas por la mano del hombre. El sitio es excelente para disfrutar de la tranquilidad de la naturaleza y de este balneario natural. También podrán acampar, haciéndolo un excelente destino si lo que buscan es alejarse del bullicio ya que el único ruido que escucharán es el del agua al caer.

Zona Arqueológica Tamtoc. Ésta es considerada la capital prehispánica de la región huasteca, el lugar nos da un indicio de la forma en la que vivieron aquellos primeros habitantes. En una extansión de 175 hectáreas, hay varias estructuras que podrán visitar como aquellas ubicadas en el Conjunto de la Noria, que sirvieron como altares. También podrán pasear por varias plazas con construcciones espectaculares y todo rodeado de una impresionante vegetación típica de la región.

Huasteca Potosina

Jardín Escultórico Surrealista. El inglés James Edward vivió de la fortuna heredada de su familia por ser el único varón de ésta y se instaló en Xilitla en 1944, en donde comenzó a sembrar orquídeas y coleccionar animales exóticos. Con un fuerte interés por el surrealismo, James comenzó a construir esculturas con influencia gótica y egipcia. Una maravilla en medio de la selva, aquí podrán ver ustedes escaleras que no llegan a ninguna parte, castillos, casas y columnas, todas inconclusas.

Real de Catorce

Pueblo Fantasma. Lo que fue un prominente pueblo minero, es ahora un testimonio de aquella opulencia y al visitarlo será inevitable sentir nostalgia por un pasado desconocido. La plaza de toros, la Capilla de Guadalupe, el antiguo panteón de San Francisco y el Centro Cultural Casa de Moneda, son algunos monumentos que deben visitar. También hay paseos a sus alrededores, como el centro ceremonial Wirikuta. Aunque es un pueblo fantasma, hay todo tipo de servicios.

Parroquia de la Purísima Concepción. Construida en el siglo XVIII, su fachada es de estilo neoclásico con elementos dóricos, el piso es de pino, tiene un órgano tubular de 1,200 flautas que data de 1834 y fue construido por José Tomás Tello de Orozco; el altar es de estilo neogótico construido a principios del siglo veinte, las paredes de la parte trasera del templo están adornadas con una multitud de retablos que los peregrinos dejan como ofrendas, una expresión de arte popular que conmueve por la sencillez y la ingenuidad de las pinturas y las oraciones.

Cerro del Quemado. Ubicado en Wirikuta, para los wixaritari es el lugar en donde nace el sol. Desde su cima, a 1800 metros de altura, podrán admirar la inmensidad de la sierra y el bajío que yace a sus pies. Arriba se encuentra el Centro Ceremonial de los Huicholes, conformado por 3 círculos concéntricos hechos de piedra. No sólo por su magnífico paisaje, sino por lo sagrado del lugar deben darse una vuelta. No hay duda, sentirán mucha energía. Al llegar a las principales calles del Centro pregunten por los caballerangos, los cuales podrán identificar con un gafete de la Secretaría de Turismo, para realizar la ruta a caballo. Las fechas para llevar a cabo la visita al Cerro desde Real de Catorce son únicamente de noviembre a febrero.

Centro Cultural. Construido en 1863 como Casa de la Moneda, el edificio fue restaurado en 2007 abriéndose como Centro Cultural. Ahora es un lugar en donde se organizan talleres, exposiciones, campamentos, espectáculos y otro tipo de eventos culturales para que toda la familia disfrute. Cuando visiten Real de Catorce, no dejen de asomarse a este lugar ya que podrán ser espectadores de un magnífico evento.

Paseo Calle Lanzagorta. En esta calle encontrarán todo lo que necesiten a su paso por Real de Catorce. Aquí podrán sentarse a disfrutar la rica gastronomía del lugar, tomarse un café, contratar alguno de los tours a los alrededores, acceder a la plaza, la Iglesia o el Centro Cultural, o comprar el típico recuerdito para llevarlo de vuelta a casa. Éste es el centro neurálgico del pueblo fantasma y un lugar por donde sin duda pasarán aunque no se lo propongan.

Safari Fotográfico. A bordo de una willy, en otras palabras un jeep viejito, podrán incursionarse en el mundo que rodea a Real de Catorce con el objetivo principal de captar las magníficas imágenes que se te presentarán durante el recorrido. Les llevarán al Cerro del Quemado, al pueblo de San José Coronado, la mina La Generala, el bosque Alamitos de los Díaz, entre otros lugares. Ustedes sólo preparen su cámara y disparen. Las willys las podrán encontrar en una de las calles de la Plaza Principal, los tours tienen una duración aproximada de 6 horas, dependiendo de los lugares que visiten.

Río Verde

Museo Interactivo Colibrí. Con el objetivo que niños y jóvenes se interesen en las ciencias, se construyó este edificio para albergar al Museo Colibrí. A través de juegos y exposiciones interactivas, los niños se divertirán y en el proceso adquirirán interés por el conocimiento científico. El lugar también cuenta con una sala para exhibiciones de arte y maquetas de dinosaurios. Al finalizar su recorrido, podrán jugar libremente en sus jardines.

Parque Natural Media Luna. Es un excelente lugar para pasar el día, la laguna recibe su nombre porque tiene la forma de una media luna. Con una temperatura de 30°C es ideal para que naden, practiquen buceo o den un paseo en lancha. Su agua es cristalina y permite una visibilidad de hasta 30 metros. Incluso podrán ver los nacimientos de agua al fondo, que suman un total de 6. A sus alrededores hay zonas para acampar y restaurantes, así que no hay pretexto para no ir.

Grutas de la Catedral y el Ángel. Ubicadas en la comunidad de Alamitos, ustedes tendrán un agradable paseo en donde podrán admirar las caprichosas formaciones de la naturaleza. Durante el recorrido a estas grutas el guía retará su imaginación al irles señalando las formas que han tomado las estalagmitas y estalactitas. Por supuesto, en una verán la forma de una Catedral y en la otra de un Ángel. No lo duden, gozarán un magnífico paseo.

Santa María del Río

Escuela El Rebozo. Esta prenda tradicional, el rebozo, es uno de los símbolos de mexicanidad y este lugar, que surgió en los primeros años de la década de los cincuentas, buscó rescatar la tradición de su elaboración artesanal, es decir, con telares de cintura. En este lugar podrán adquirir esta fina prenda en una gran variedad de estilos y colores. Son tantos los rebozos que podrán admirar, que tendrán problemas para decidirse por alguna de estas obras de arte.

GASTRONOMÍA

En la cocina potosina existe variedad de platillos, dentro de los cuales y más representativos están el Zacahuil; un gigantesco tamal que puede medir hasta dos metros y se elabora con masa de maíz quebrado y enchilado, el relleno puede ser de carne de puerco o de pollo, con chile chino o piquín; se cuece en horno de leña y va envuelto en hojas de plátano. Lo venden en el Tianguis.

Otro platillo que tiene una enorme popularidad en la región es el Asado de Boda; guisado que se prepara a base de chile ancho y se condimenta muy bien, se le añaden trocitos de cerdo y se acompaña con arroz blanco.

Más platillos con los cuales deleitarse; enchiladas potosinas, tacos rojos potosinos, pancita, hamburguesas estilo potosino, carnitas, chicharrones, gorditas; fiambre potosino, gorditas al pastor, gorditas de cuajada, birria, chalupas, tamales rojos;

pipián y tortas de camarón. No muy apreciados por toda la gente, son los ratones blancos de campo que venden cocinados primordialmente en el mercado principal de la ciudad capital.

Sus postres, los dulces elaborados con tuna y fruta representativa del Estado; con ella se fabrica el colonche, bebida embriagante y el queso de tuna.

ARTESANÍAS

San Luis Potosí goza de una artesanía conformada por piezas de barro poroso. También decoran con coloridos pinceles ollas y cántaros. Pero sin duda alguna, la mejor artesanía de la entidad es la elaboración de textiles, ya sea en lana o en algodón. Se elaboran morrales, quechquemitl (jorongo en forma de 'v'), sarapes, cobijas, jorongos, mantelería, colchas y demás prendas típicas que llevan un adorno bordado en punto de cruz.

Pero la prenda más popular es el rebozo de seda. También elaboran joyería moderna de oro y plata, trabajos en hierro forjado y en madera, de ésta sobresalen los muebles de cedro rojo, de huacalillo y los tallados.

DEPORTES

San Luis Potosí es una plaza futbolística, pero desgraciadamente ha tenido equipos de corta vida. Ahora tiene representante en la División de Ascenso con el Atlético San Luis.

MÚSICA / DANZAS

Como sucede en toda la región de Las Huastecas, la música preferida son los ricos huapangos acompañados con violín, jarana y quinta (guitarra de 5 cuerdas). Entre sus danzas están las 'De los Chichimecas'. 'La Danza de las Varitas', con acompañamiento de violín y flauta de carrizo. 'El Zacamzón', con arpa, guitarra y rebelito (violín pequeño). Otras danzas son 'La Grande o Politzón', 'La Palo Volador' y 'Los Huehues'. Pero también son famosas sus 'coplas'; una persona le canta a otra un tipo de verso y la otra le corresponde de igual manera.

ESTADO DE SINALOA

El estado de Sinaloa es una de las 32 entidades federativas de la República Mexicana, se halla situado al Noroeste del país, en la costa del Golfo de California. Limita al Norte con Sonora, al Este con Chihuahua y Durango, y al Sur con Nayarit. Es el Estado más poblado de la región Noroeste de México y su capital es Culiacán. Le siguen en importancia y tamaño Mazatlán, un importante destino turístico con bellas playas, Los Mochis y Guasave.

Sinaloa es el Estado agrícola de México; pero cuenta además con una de las más grandes flotas de pesca del país. Culturalmente es conocida por su música típica, la de la Banda o Tambora; por la hulama, versión regional del juego de pelota prehispánico, que aún se practica. Sinaloa está ubicada en una región fértil, cuenta con 11 ríos y 11 presas; con 656 kilómetros del litoral pertenecientes en su mayoría al Golfo de California y el resto al Océano Pacífico. Tiene también 12 bahías y 15 esteros. Sinaloa se divide en 18 municipios.

TURISMO

Culiacán

Centro de Ciencias de Sinaloa. Dentro de este centro podrán llevar a cabo múltiples y divertidas actividades para todas las edades, desde visitar las diferentes salas del Museo Interactivo, hasta disfrutar de una proyección en su Planetario, incluso participar en algunos de los tantos talleres y visitas a laboratorios. El lugar no sólo será entretenido para niños, jóvenes y adultos, también saldrán con mucho conocimiento y una nueva visión del mundo.

Parque Ernesto Millán Escalante. También conocido como Parque EME o Parque Culiacán 87, el lugar tiene un lago artificial, así como espacios recreativos, deportivos y culturales, en un área de 52 hectáreas para que todos se diviertan. Ya sea que pasen tiempo en los juegos mecánicos, en sus canchas, en el lago o bajo la sombra de un árbol, es el lugar ideal para un día de campo. Busquen las actividades organizadas por el mismo parque, entre ellas hay divertidos eventos.

Catedral de Nuestra Señora del Rosario. Para sustituir a la antigua parroquia de la Villa de Culiacán, se inició la construcción de esta catedral colocándose la primera piedra en 1842 aunque se concluyó hasta 1885 ya que la obra se interrumpió por algunos años. Construida de ladrillo y piedra, su estilo es neoclásico y su fachada se distingue por su sencillez. Al interior destacan decoraciones neoclasicistas, aunque el retablo principal se sustituyó en 1956.

Museo de Arte de Sinaloa. También conocido como MASIN por su abreviatura, está situado en una de las construcciones más antiguas de Culiacán ya que data de principios del siglo XIX. Desde sus inicios y hasta 1990, fue sede de diferentes dependencias gubernamentales. En 1991 abrió sus puertas como museo y ahora se exhiben más de 400 piezas de arte. Entre ellas hay obras de Pedro Coronel, Rufino Tamayo, José Luis Cuevas, del Dr. Atl y otros, incluyendo un autorretrato de 1906 de Diego Rivera.

Jardín Botánico Culiacán. Este bello jardín botánico cuenta con más de mil diferentes plantas pertenecientes a alrededor de cien familias. Sin embargo, en el lugar no sólo podrán disfrutar y aprender sobre ellas, pues también se han invitado a numerosos artistas mexicanos y extranjeros, para que hagan obras de arte contemporáneo. La arquitectura del sitio está pensada para convivir armónicamente con la naturaleza. Así que será una muy agradable visita, en todos los sentidos.

La Lomita. La iglesia Santuario de Guadalupe, mejor conocida como La Lomita, se construyó entre 1958 y 1967 en la cima de un cerro desde donde se puede observar gran parte de la ciudad. Lo que sobresale en su interior son los 5 vitrales que hacen alusión a diferentes pasajes de la Virgen de Guadalupe. Ya sea que busquen el lugar ideal para las fotos panorámicas, o les interese más el arte religioso, éste es el destino para satisfacer ambos gustos.

El Fuerte

Centro Histórico. Ustedes podrán recorrer el centro del Pueblo Mágico tomándose el tiempo para disfrutar de sus múltiples construcciones coloniales entre las que destaca la Iglesia del Sagrado Corazón de Jesús, la Plaza de Armas, el templo de San Juan de Carapoa, sus portales y más. Con un estilo neoclásico, las fachadas de las antiguas casas que ahora conforman el centro son dignas de admirarse. Algunas incluso las han convertido en lindos hoteles donde podrán pernoctar.

Tehueco. Es un lugar en donde se mezclaron las creencias prehispánicas con católicas, el lugar es uno de los 7 centros ceremoniales de la región. Por ahí pasa el Río Fuerte y es el entorno natural que rodea al pueblo, la principal fuente de subsistencia. Visiten el centro ceremonial, la vieja misión jesuita, su Iglesia de Dolores y el Museo Comunitario Miguel Ángel Morales Ibarra. Todos, testimonios del sincretismo ideológico. En el lugar existe un Museo Comunitario donde se exhiben principalmente objetos de la tradición ceremonial de Semana Santa Yoreme; vestimentas, máscaras e instrumentos musicales. Figuran también objetos que hablan de la vida cotidiana y de labores en tiempos pasados.

Museo Mirador El Fuerte. En este museo existe una réplica del fuerte que se construyó para protección de los ataques indios mayos durante el siglo XVII. Dentro de esta fortaleza encontrarán piezas que fueron elaboradas por los mayo yoreme, así como múltiples fotografías que nos muestran cómo viven estas comunidades. También hay algunas sorpresas en sus pasillos; piezas antiguas, cañones e incluso una carroza fúnebre.

Cerro de la Máscara. En aproximadamente 17 mil metros cuadrados de terreno, podrán admirar alrededor de 300 petroglifos, tallados sobre roca, entre varios montículos divididos en 15 conjuntos. El lugar no ha sido tan investigado ni estudiado como otras zonas arqueológicas, sin embargo, se sabe que fue un centro ceremonial de sus antiguos pobladores. Aunque no se conozca la historia completa, vale la pena visitar este lugar y admirar los grabados milenarios.

Los Mochis

Museo Regional del Valle de El Fuerte. En lo que fue una antigua casa habitacional, se encuentra este museo que nos narra a través de sus colecciones el choque entre los indígenas y los diferentes extranjeros que llegaron a la región. El resultado es el mestizaje, ahora característico de la raza sinaloense. Sus salas son un paseo por la historia de la región del Valle de El Fuerte desde la época prehispánica hasta la historia contemporánea.

Plazuela 27 de Septiembre. Surgiendo casi de forma espontánea, esta plaza es el lugar de reunión de los habitantes de la localidad ya que su agradable ambientación la vuelve ideal para relajarse y disfrutar del día en sus bancas y jardines. Su kiosco está ahí desde 1920, sólo un año después que se comenzó con el trazo de la plaza y la iglesia del Sagrado Corazón de Jesús. Disfruten de ella bajo la sombra de sus árboles o caminando por sus andadores.

Jardín Botánico Benjamín Francis Johnston. Ubicado dentro del Parque Sinaloa, en sus orígenes fue el jardín privado de la familia de Don Benjamín, uno de los grandes aportadores del ingenio azucarero de Los Mochis. Ahora es un área de esparcimiento de 16 hectáreas que podrán disfrutar en un día de campo. Entre andadores, el jardín de las rosas, los restos de la Casa Grande, juegos infantiles, el Jardín Xerofito y más, para que pasen un agradable rato en familia.

Bahía de Topolobampo. Desde esta bahía pueden hacer una gran cantidad de cosas; tomar el ferri para llegar a La Paz, tours que les darán un recorrido por sus múltiples ensenadas, esteros e islas, disfrutar de la biodiversidad que encontrarán en sus costas bañadas por el Mar de Cortés o visitar las dunas. Hay tours para todos los gustos, haciéndolo un destino ideal si se encuentran en el área de Los Mochis ya que entre paisajes, su flora y fauna, quedarán maravillados.

Isla del Farallón. En medio del Mar de Cortés se encuentra esta saliente rocosa marina que es la segunda más grande de su tipo en el mundo. Por su ubicación y clima, es hábitat natural de focas y lobos marinos, y parada para múltiples aves migratorias. El lugar se vuelve por lo tanto ideal para relajarse y contemplar la naturaleza. Además, sus amaneceres y atardeceres son espectaculares, no importa si están cerca de ella o la tienen al fondo de su paisaje.

Pérgola del Cerro de la Memoria. Éste es el lugar ideal para contemplar la ciudad con una espectacular vista panorámica. Aunque el camino pavimentado sólo llega hasta la pergola (balcón), muchas personas hacen el resto del recorrido a pie ya sea para ejercitarse o para ver de cerca a la Virgen Reina del Valle de El Fuerte. Hasta donde sea que decidan llegar, aquí es el lugar al que deben dirigirse para fotografiar la ciudad o disfrutar de la puesta o salida del sol.

Malecón. Considerado uno de los malecones más largos del mundo, tendrán 8 kilómetros de hermosos paisajes del Océano Pacífico, desde el monumento a Pedro Infante hasta el Night Club Valentino. A lo largo de su recorrido, pasarán por restaurantes, bares, acantilados, hoteles y mucho más, así que nunca se cansarán del paseo. Si estarán varios días, procuren recorrerlo en diferentes etapas; y si les gusta correr, tienen muchos kilómetros haciendo que tu corrida matutina o vespertina nunca sea aburrida.

Acuario Mazatlán. Este acuario es mucho más que un espectáculo de peceras, ya que una de sus principales funciones es educar a los visitantes en temas de protección y conservación de la naturaleza. Disfrutar en él de varias actividades, como nado con tiburones y lobos marinos, espectáculo de aves y buceo, entre otros. El lugar cuenta con museo de mar, jardín botánico y una agradable palapa bajo la que podrán descansar.

Plazuela Machado. Es una de las más antiguas de la ciudad, en 1837 la ordenó construir el rico comerciante Don Juan Nepomuceno Machado y ha sido restaurada recientemente para que la gente pueda descansar a la sombra de sus árboles, disfrutando de su arquitectura española y francesa. Su kiosco se agregó en 1881 con su primera remodelación, así que ahora gozarán del panorama completo para relajarse.

Parque Acuático Mazagua. El lugar ideal para pasar el día en familia y refrescándose del fuerte sol del puerto, Mazagua cuenta con múltiples albercas para diversión, incluso de los más pequeños. Si prefieren algo más emocionante, también hay toboganes que satisfarán su lado aventurero. Si, por el contrario, quieren relajarse, pueden tomar el sol disfrutando de botanas y bebidas. En el lugar cuentan con todos los servicios de seguridad necesarios, para que estén tranquilos.

Isla de la Piedra. Para acceder a ella, lo podrán hacer en una de las tradicionales lanchas del puerto que con gusto les llevarán dejándoles descansar un rato, para luego regresar por ustedes. Una vez en la isla, tendrán una maravillosa vista del Océano Pacífico que les permitirá relajarse con el sonido del mar. Tendrán a la mano múltiples restaurantes, bares y palapas en los que serán atendidos, así como tienditas con todo lo necesario para un día de playa.

Muelles Marítimos. Si ustedes son de los que disfrutan de las grandes embarcaciones, diríjanse a los muelles de Mazatlán en donde podrán ver la flota pesquera más grande del país, así como la llegada y salida de los cruceros turísticos. El lugar no sólo es impactante por el tráfico de barcos, sino también porque representa las captaciones económicas más grandes de México.

Les recomendamos caminar por los muelles disfrutando de la brisa del mar cuando esté por caer el sol.

Museo Arqueológico de Mazatlán. En una casona que data de finales del siglo XIX y principios del XX, se encuentra este museo con una colección de alrededor de 200 piezas el cual depende del INAH. La temática que encontrarán varía según la sala. Una, muestra el medio ambiente de Sinaloa y Mesoamérica, otras dos están dedicadas a costumbres funerarias, una cuarta está relacionada con historia colonial en el Estado, y la quinta es para exposiciones temporales.

Las Tres Islas. Como bien podrán intuir por su nombre, el conjunto cuenta con tres islas: Lobos, Venados y Pájaros, y están localizadas justo enfrente de la zona turística mazatleca. En la más grande, Venados, contarán con casi dos kilómetros de playas y podrán ver pinturas rupestres, Pájaros está compuesta por roca volcánica y en Lobos admiren los lobos marinos que llegan a ella. Son un símbolo del puerto, procuren aprovechar su estancia en Mazatlán para visitarlas.

Catedral Basílica de la Purísima Concepción. Construida a finales del siglo XIX, se exhibe imponente en el centro de la ciudad abriendo sus puertas para quien quiera visitar su interior. Su estilo es ecléctico, mezclando algo de gótico, renacentista, romano y morisco. Exhibe 14 esculturas europeas que representan el Vía Crucis. Aunque cuenta con múltiples joyas entre pinturas, esculturas, candiles y más, lo que sobresale es el órgano parisino.

Paseo del Centenario. Aunque el paseo ya existía desde el siglo XIX, fue reinaugurado en 1910 por motivos del primer centenario de la Independencia, bautizándolo con el nombre actual. Rodeando el Cerro del Vigía, el lugar cuenta con varias pérgolas desde donde podrán disfrutar de vistas espectaculares, sobre todo al salir o meterse el sol. Un agradable paseo que les ofrecerá las mejores fotos panorámicas de este bello puerto, así que no olviden sus cámaras.

Santuario el Verde Camacho. El Verde Camacho es un centro de conservación y reproducción de la tortuga marina, zona natural protegida creada en 1998. Con más de 21 kilómetros de extensión, es el principal hábitat para la anidación de la tortuga golfina en el Noroeste de México. Cuenta con 2 salas de conservación y el campamento que trabaja todo el año, pero principalmente durante el periodo de julio a noviembre. Se pueden realizar paseos de senderismo guiados y observación de las actividades por la conservación de las tortugas.

Teatro Ángela Peralta. Conocido en sus inicios como Teatro Rubio, fue inaugurado en 1874, aunque los detalles lujosos se concluyeron en 1881. Funcionó como tal hasta 1940, para pasar a ser cine en 1963, posteriormente quedó en total abandono hasta que en gran parte fue destruido con el ciclón de 1975. Fue hasta 1992 cuando reabrió sus puertas después de 5 años de remodelación, con la utilización de fieles reproducciones del diseño original. Ahora se pueden disfrutar de todo tipo de eventos en él.

Playa Olas Altas. Es sin duda la playa más icónica de la ciudad ya que se encuentra en el Viejo Mazatlán, a un lado del centro. Sus arenas se mueven constantemente, así que no importa cuánto la visiten, siempre tendrán una vista diferente. Aprovechen también que está por la sección más antigua del malecón para dar un paseo o para sentarse en alguno de sus bares o restaurantes.

GASTRONOMÍA

La cocina sinaloense es muy rica en sabores. Su desarrollo de la producción agrícola, ganadera y pesquera hace posible la elaboración de platillos agradables al paladar y rica en proteínas. Esto se explica a partir de la existencia de especies marinas como el camarón, langosta, jaiba y el calamar. Diversos platos se preparan con peces como el pargo, lisa, guachinango, robalo, marlín, sierra, etcétera.

En Sinaloa también se adereza una serie de platillos que tienen su origen en la actividad ganadera; además de sus afamados cortes, están el caldillo, el chilorio y el asado placero. La cacería de palomas, codornices, patos e incluso venados es usual entre los indígenas, que secan la carne y le agregan limón antes de asarla a la leña. Éstos, conservan sus antiguas tradiciones alimenticias y hallan su sustento en productos del campo; frutas y raíces, frijol, maíz y trigo. El arte culinario sinaloense, que reúne las costumbres de españoles, indios y negros, se ve reforzado a lo largo de los años con la llegada a estas tierras de griegos, chinos, japoneses, ingleses, alemanes, franceses, libaneses, judíos y norteamericanos.

Rico menú casero son sus tamales tontos, mixcocos de frijol y puerco enchilado, frijoles puercos, menudo blanco, colache de calabacitas, puntas de calabaza con queso, acelgas con garbanzo, caldo de zuzule, caldo michi, machaca, cocido, sopa de pescado, pozole, pozolillo, albóndigas de camarón, chicharrón de camarón, tortitas de camarón y nopales, machaca de lisa o de mantarraya, pollo tierno con arroz, gallina en caldo, quelites con puerco, borrego tatemado, pulpos y calamares preparados de distintas formas. El Toni-col es un delicioso refresco originario de El Rosario, Sinaloa, con sabor a vainilla, hecho con las límpidas aguas de un río subterráneo. Quienes lo conocen se enamoran de él, y cuando lo hallan lo compran por cajas y ¡hasta lo llevan fuera del país!

Entre los platillos típicos destacan las tostadas de ceviche, tacos de camarón, empanadas de marlín, tamales barbones de camarón, camarones rellenos, caldo de camarón, albóndigas de pescado, chicharrón de pescado, chicharrón de calamar, pescado zarandeado, pescado chino, camarón Sinaloa, campechanas y aguachile.

ARTESANÍAS

Desde Choix hasta Escuinapa los antepasados realizaron tallados en madera, cerámica, piedra, cestería y tejido en palma, que son las raíces de lo que hoy toma nuevas formas y materiales, pero que mantienen su esencia.

Éstas predominan así; en Choix, el bordado y el tejido en fundas de almohada, servilletas y sábanas para uso diario. La talla en madera en máscaras representativas de sus danzas populares, son otras de sus artesanías. De El Fuerte, su alfarería se manifiesta en ollas y cazuelas, sus esculturas talladas en madera pintadas a mano y en piedra, instrumentos musicales, tejidos en palma y curtido en pieles. En Badiraguato, la producción es la alfarería como ollas para el agua. También destaca el curtido de pieles para artículos como muebles, huaraches y sillas para montar. En Mocorito, Salvador Alvarado y Angostura, conservan sus formas rudimentarias en la alfarería, la talla en madera, la cestería y el tejido a palma, en el que usan el bordado en estambre e hilaza. En Rosario y Escuinapa se realizan muebles de amapa y la cerámica se limita en ollas para el agua, la producción de barcinas es frecuente, ya que en ellas se conserva el camarón. En Novolato, Culiacán, Cosalá y Concordia, hay textiles y bordados, los bules decorados, el curtido de pieles, cestería y fabricación de muebles. Mazatlán se distingue por los productos hechos con caracoles, estrellas de mar, y otros meramente decorativos; recuerdos para el turista.

DEPORTES

Por el gran amor que su gente tiene por los deportes, es que el estado de Sinaloa cuenta con tres equipos de béisbol en la Liga del Pacífico; los Venados de Mazatlán, los Tomateros de Culiacán y los Cañeros de Los Mochis. En lo concerniente al fútbol, los Dorados de Culiacán es un equipo que ha estado fluctuando entre la División de Ascenso y la Primera División, pero siempre está en la lucha por instalarse en la división mayor. De la misma manera, los Murciélagos de Los Mochis militan en la División de Ascenso. Mención especial merece el reconocimiento a los grandes boxeadores que han nacido en el bello estado de Sinaloa.

MÚSICA / DANZAS

Mucha de la fama que goza Sinaloa, es precisamente por su música de Banda. Y son las Bandas Sinaloenses las que se lucen tocando 'El Sinaloense', 'El Niño Perdido', 'El Torito' y 'El Corrido de Sinaloa'. Una de las danzas folclóricas más conocidas es 'La Chiclanera'.

¿Quieren realizar un viaje alucinante? Hagan el del tren Chihuahua-Pacífico, también conocido como El Chepe, que sale de Chihuahua al amanecer (6 de la mañana) hacia Los Mochis, Sinaloa, o viceversa. Quienes ya lo han hecho varias veces, dicen que el viaje se puede hacer en un solo día y no deja de ser impresionante, pero aconsejan realizarlo entre 3 y 5 días para vivir realmente una experiencia única.

Durante todo el tiempo se puede hacer este paseo, bajo sol, lluvia o nieve, dependiendo de la época del año.

El trayecto de este viaje consta de 6 puntos desde la salida de Chihuahua, que continúa por Creel, Batopilas, Cerocahui, Divisadero y Barrancas del Cobre, en esta última hallarán la Tirolesa más larga del mundo, así como el tercer

Teleférico más largo (3 kilómetros). Durante este paseo podrán apreciar desde el tren lo más alto de las montañas y abajo impresionantes y profundas cañadas. Algo maravilloso, no hay duda.

En territorio chihuahuense los platillos más populares son los cortes de carne, la carne salada, pescado, caldillos y quesos, en especial el menonita. Todo acompañado con la bebida llamada 'Tesgüino' (maíz fermentado).

Una vez que hayan llegado a El Fuerte (Sinaloa) ya no verán más montañas puesto que estarán a nivel del mar. Y prepárense a cambiar de menú ya que allá lo más popular son los langostinos, pescados y mariscos de la región, así como en algunos sitios una espectacular birria.

El viaje terminará en Los Mochis, en donde el aroma de mar invadirá sus sentidos. El Chihuahua-Pacífico es una experiencia formidable.

ESTADO DE SONORA

Sonora es una de las 32 entidades federativas de los Estados Unidos Mexicanos. Se encuentra al Noroeste del territorio. Existen dos posibilidades del origen del nombre Sonora, el primero proviene del ópata Xunuta, 'lugar de maíz', el segundo proviene del Tohono (papago), Sonota, que significa 'lugar de plantas'. El estado de Sonora colinda con los estados de Chihuahua al Oriente, Sinaloa al Sur y Baja California al Noroeste; al Norte comparte una extensa frontera con el estado de Arizona de los Estados Unidos de América y hacia el Poniente colinda con el Mar de Cortés o Golfo de California. El Estado se divide en 72 municipios y ocupa el segundo lugar nacional en extensión, ocupa un 9.2% del total del territorio mexicano. El territorio está conformado por cuatro provincias fisiográficas: La de la Sierra Madre Occidental, Sierras y Valles paralelos, desierto y la costa del Golfo de California.

TURISMO

Hermosillo

Museo de Arte de Sonora. Este moderno y amplio museo cuenta con cerca de 5 mil metros cuadrados de construcción y consta de 4 niveles para realizar sus actividades y exhibiciones. En este espacio se busca promover la creación artística y, en general, la difusión del arte. Por lo tanto se imparten conferencias, se organizan conciertos, ciclos de cine, talleres artísticos y más.

Centro Ecológico. Para promover el cuidado del medio ambiente a través de la conciencia ecológica, este centro ubicado en el hábitat natural del desierto sonorense les permitirá conocer la flora y fauna típica de la región. Para ello cuenta con 2 áreas; una cubierta y otra descubierta. Por el extremo calor durante el verano, les recomendamos que lleguen temprano. Durante el invierno, busquen las horas de sol.

Cerro de la Campana. Inaugurado en 1909 como mirador de la ciudad, es el lugar ideal para que tomen esas fotos panorámicas de 'La ciudad del sol'. Recibe su nombre porque al verse de oriente a poniente parece una campana, aunque también dicen que al golpear sus rocas suenan igual a una. También es conocido como el 'Coloso de Hermosillo'. Procuren llegar hasta la cima para captar esas fotos de revista.

Delfinario Sonora. El delfín es considerado uno de los animales más inteligentes del mundo, en este delfinario podrán admirar de cerca a este hermoso animal. El lugar ofrece show de delfines y lobos marinos, un observatorio de acrílico, nado con delfines e incluso Terapia Asistida por Delfines (TAD). No sólo podrán disfrutar de una experiencia única en la vida, también aprenderán mucho sobre estos maravillosos mamíferos.

Álamos

Plaza de Armas. Desde su construcción en el siglo XIX, parece paralizada en el tiempo, rodeada de imponentes arcos, callejones y caminos empedrados, balcones y espacios de descanso que nos transportan al pasado. Se encuentra puntuada por altas palmeras washingtonia y un templete de hierro forjado, sobresalen el estilo morisco de su quiosco central y, a su alrededor se encuentra la Parroquia de la Purísima Concepción, de estilo clásico y barroco, el símbolo más representativo del pueblo.

Museo Costumbrista de Sonora. Está situado en un inmueble con todas las características del siglo XIX y considerado como monumento histórico nacional. Ofrece una visión global del Álamos minero de plata, en la edad de oro. Este museo posee un interesante acervo de fotografías, documentos y maquinaria de antaño; además de actividades artísticas, talleres, presentaciones de danza, teatro, pintura y escultura.

Bahía de Kino

Museo Étnico de los Seris. Este pequeño museo busca divulgar los antecedentes, organización política y social, historia, demografía, hábitat, indumentaria, vivienda, artesanía, festividades y cualquier otra cosa relacionada con los seris, actualmente el grupo indígena menos numeroso de Sonora. Exhibe cerca de 500 piezas entre artefactos, artesanías, objetos ceremoniales y fotografías, algunos con más de 100 años de antigüedad.

Bahía de San Carlos

Cerro Tetakawi. Enclavado en la orillas del Mar de Cortés, éste cerro es el icono con el que se identifica a San Carlos. Aquí sobrevivieron los indios yaquis, seris y los guaymas; su nombre se debe a los yaquis y significa 'Tetas de Cabra', desde lo alto se puede apreciar una maravillosa panorámica de la playa y alrededores de la bahía.

Playa Los Algodones. Es una hermosa playa con arena fina de color blanco y suave oleaje, que está rodeada por dunas de arena blanca por las cuales la playa recibe su nombre. Es un precioso sitio para disfrutar de actividades acuáticas como buceo, pesca o windsurf. Aprovechen también para dar un paseo en lancha y ver las maravillas que alberga el Mar de Cortés. El lugar es excelente para acampar pero hay múltiples hoteles si buscan este hospedaje.

Caborca

Templo Histórico de Caborca. También conocido como Iglesia de la Purísima Concepción de Nuestra Señora de Caborca, es el símbolo de la ciudad. Fue construido por los misioneros Franciscanos, cuyos trabajos corrieron a cargo de unos arquitectos conocidos como los hermanos Gaona entre 1797 y 1809. Este templo tiene mucha semejanza arquitectónica con otra misión de Kino en Arizona, San Xavier del Bac.

Petrograbados La Providencia. Aquí se encuentra la mayor concentración de petrograbados o petroglifos en América. Este arte rupestre está plasmado en muchos cerros en el área de lo que antes era la Mina de Cobre La Providencia. Se caracteriza por tener muchas figuras de animales, principalmente berrendos y borregos cimarrones (típicos en la región). Este arte en piedra se encuentra disperso en otros sitios cercanos a Caborca: El Mójoqui, Lista Blanca, Potrero de Balderrama, Rancho La Cueva, Sierra del Álamo, Cerro El Nazareno, El Antimonio, Sierra La Basura, Sierra La Gamuza, Santa Felícitas, y muchos otros menos conocidos.

Ciudad Obregón

Museo de los Yaquis. En lo que era una casa de huéspedes construida en 1890, se encuentra este pequeño museo que abrió por primera vez sus puertas en 2008. Centrado alrededor de la preservación de la cultura yaqui, sus 11 salas nos llevan a conocer su historia, lingüística, valores, tradiciones, fiestas, música y más. Hay 2 salas dedicadas a los niños en donde podrán jugar mientras aprenden sobre esta tribu.

Laguna de Náinari. Este lago artificial construido en 1956 es el escenario perfecto para pasar un día relajado o ejercitándose en contacto directo con la naturaleza. Ha sido sede de varios eventos deportivos y es ideal para darle una vuelta corriendo. Aquí podrán comprar un coco y acomodarse bajo la sombra de un árbol. No olviden llevar migajas de pan para alimentar a los patos, pájaros e incluso tortugas.

Presa El Oviachic. Construida entre 1947 y 1952, es la represa más grande de la cuenca del río Yaqui y se encuentra al pie de la Sierra Madre Occidental. Conocida también como Presa Álvaro Obregón, se ha convertido en un lugar recreativo en donde pueden realizar actividades como pesca, paseo en lancha, esquí acuático, entre otros. El paisaje de los alrededores es espectacular, haciéndolo también el lugar idóneo para explorar y acampar.

Nacozari

Museo Silvestre Rodríguez. Es la antigua casa del compositor Silvestre Rodríguez. Muestra colecciones icono-documentales de la música sonorense, de los famosos compositores Silvestre Rodríguez y Manuel Acuña, así como artefactos únicos de la historia de la ciudad como una pieza de rueda de la máquina 501 en la que Jesús García perdió la vida.

Máquina 501. Aquí tienen una réplica de la famosa locomotora en honor al héroe de Nacozari, Jesús García Corona.

Nogales

Museo de Arte de Nogales. El lugar está ubicado en uno de los 3 edificios que donó el expresidente Adolfo López Mateos. Inaugurado en agosto del 2012, es el primer museo de la ciudad en sus más de 100 años de existencia. De ahí que éste espacio que se ocupa de difundir el arte, tenga una importancia y trascendencia tan grande. Además de su colección de arte, se llevan a cabo exhibiciones temporalis, así como eventos culturales.

Parroquia de La Purísima Concepción. Construida en 1886, fue la primera iglesia católica de Nogales y, por lo tanto, ahora es emblemática de la ciudad. Cuando recién se abrió, el edificio era básicamente un salón con un par de ventanas y rara vez era visitado por un sacerdote. Fue hasta finales del porfiriato que la iglesia sufrió sus mayores cambios cuando se recubre su fachada con hiladas almohadillas de piedra toba, se agrega una torre y se levantan sus paredes.

Pasaje Morales. Una de las mejores formas de disfrutar de esta ciudad fronteriza, es caminando en su Pasaje Morales. Una calle que ha sido cerrada al tránsito vehicular para que el peatón pueda andar tranquilamente en ella. Recorra sus dos cuadras en busca del souvenir de su visita a Nogales, o sólo disfruten viendo las múltiples artesanías de la localidad. Ésta es una gran forma para disfrutar de las cálidas tardes de la ciudad, al aire libre.

Puerto Peñasco (Rocky Point)

Malecón. Recorrer los 450 metros de este malecón que recientemente fue remodelado, es una oportunidad para disfrutar de la brisa del mar, comer en sus múltiples restaurantes, tomar una bebida en alguno de sus bares o cantinas, o buscar el souvenir en las tienditas que venden artesanías y productos típicos. En su plaza se encuentra el símbolo de la ciudad; la estatua El Camaronero, en donde con frecuencia se celebran festejos.

El Pinacate y Gran Desierto de Altar. Esta región volcánica es una de las más inhóspitas del desierto sonorense y sus paisajes son verdaderamente impactantes. Aunque podrían pensar lo contrario, cuenta con una gran diversidad biológica y ahí se encuentra alrededor del 18% de la fauna registrada por Sonora, 41 especies de mamíferos, 237 de aves y 45 de reptiles. Un paisaje desértico como pocos en el mundo que no se arrepentirán de visitar.

Islas de San Jorge. Estas islas de formaciones rocosas son de gran importancia por la cantidad de aves migratorias que pasan por ellas. Por ese motivo en 1978 fueron declaradas Área de Reserva Federal. Si lo que buscan es practicar algún tipo de deporte acuático, aquí es a donde se deben dirigir ya que sus aguas son ideales para el buceo por su gran cantidad de criaturas marinas, e incluso hay lugares en donde pueden practicar la pesca y otros deportes acuáticos.

Playa Las Conchas, Mirador, Sandy Beach y La Choya. Con 110 kilómetros de litoral encontrarán varios puntos en donde podrán disfrutar de un día placentero en la playa. En sus aguas templadas podrán practicar deportes acuáticos como jet ski, pesca, buceo, windsurf, nado y más. Si prefieren disfrutar del sol, sus limpias playas y fina arena también son ideales para que se relajen el día entero, solo o acompañado. Un municipio aún joven, sus playas son el destino ideal para alejarse de la ciudad.

San Luis Río Colorado

La Ciénega de Santa Clara. Este humedal se alimenta casi en su totalidad por las aguas del Canal Welton-Mohawk y es parte de la Reserva de la Biosfera Alto Golfo California y Delta del Río Colorado. Es refugio de más de 200 especies de aves migratorias así como residentes. Como parte de las actividades pueden pasear en canoa, observar flora y fauna, tomar fotografías, caminar por el sendero y hay una zona para acampar. Las temperaturas llegan a 50°C, así que hidrátense muy bien.

Golfo de Santa Clara. En el punto en donde nace o termina el Mar de Cortés, según como se vea, pueden literalmente tener un pie en el mar y otro en el desierto. Este pequeño poblado tiene como actividad principal la pesca, y su belleza y clima lo hacen un destino ideal prácticamente durante todo el año. Disfruten de sus playas y sus dunas, ya que esta combinación se fusiona en gran armonía.

GASTRONOMÍA

De la gastronomía sonorense hay que destacar los productos en que se basa su cocina, como las carnes y sus famosos cortes; el trigo, nueces, bellotas, membrillos y cítricos. Además no hay que olvidar los excelentes pescados y mariscos procedentes del mar como por ejemplo el pargo, sardina, jurel, así como la jaiba, el camarón, los callos de hacha y las almejas, entre otros. En las poblaciones costeras como en la capital se pueden encontrar estas delicias. Es una cocina llena de mezclas de sabores que los paladares más exigentes disfrutarán con toda seguridad.

Los platos típicos de esta región están representados por la carne machaca, carne seca con huevos o tacos con este mismo ingrediente. Mochomos, carne de res o ternera frita acompañados de las indispensables tortillas de harina. Frijoles refritos, hechos con frijol pinto o peruano, manteca de puerco, chile colorado y quesos cotija, requesón y Oaxaca, sin olvidarnos de las ricas sopas como la de mariscos. Algunas de las salsas picantes son elaboradas con 'chiltepín', un chile proveniente de una pequeña planta silvestre que nace en el monte y cuyo fruto es mucho más picoso que el habanero.

Las 'tortillas de agua' o 'sobaqueras' son el acompañante por excelencia de las carnes. Éstas son parecidas a las tortillas de maíz pero mucho más delgadas, tanto como una hoja de papel, y tan grandes como una sábana que podría cubrir a un bebé, algunas incluso llegan a medir ¡hasta 165 centímetros de circunferencia!

En cuanto al dulce típico hay que destacar los elaborados a base de maíz, como el delicioso 'botarete yaqui', 'las espumas del mar' y el 'pinole' de Sonora, además de las 'coyotas', que son una especie de empanadas redondas, aunque de consistencia más dura. En su forma tradicional éstas son elaboradas sólo con piloncillo, pero se ha innovado con otros ingredientes como cajeta, nueces, mermelada de distintos sabores y jamoncillo de leche.

La bebida típica es la 'bacanora', además del mezcal conocido aquí como lechuguilla, y el tejuino.

ARTESANÍAS

En Punta Chueca y Bahía Kino, los indígenas seris elaboran con gran maestría infinidad de figuras zoomorfas talladas en madera de 'palo fierro'. Igualmente, las mujeres seris fabrican unas excepcionales cestas con fibras vegetales del árbol llamado torote y del ocotillo. Estas fibras tienen la peculiaridad de hincharse al contacto con el agua, lo que aunado a la perfección de los tejidos hace que algunas de tales cestas sirvan para contener líquidos.

En Sonora se encuentran piezas ornamentales talladas en madera. Objetos de palma, latón y vidrio. Cerámica, mobiliario y textiles. En Guaymas, objetos ornamentales fabricados a base de conchas y caracoles marinos. Y en Pitiquito, prendas de vestir y diversas artesanías de piel.

La cestería surge de un proceso de larga duración, determinado por las dificultades de la recolección del material y de la elaboración de las piezas. Las canastas o 'coritas' están hechas de fibra de la planta torote. Los colores aplicados a la fibra se obtienen de cosahui (café) y mezquite (negro). Como herramienta, usan una aguja elaborada a partir de un hueso de venado.

Dentro de la artesanía utilitaria, pero de tipo cerámico, se encontraban antiguamente las ollas de 'cascarón de huevo', recipientes de amplio uso doméstico. La cerámica también tenía y tiene otras intenciones; con ella se elaboran tanto recipientes como figuras zoomorfas o humanoides, obras que tienen los mismos motivos utilizados en la escultura en palo fierro, aunque de un carácter rústico.

DEPORTES

También con una gran afición por 'la pelota caliente', el estado de Sonora tiene tres equipos en la Liga del Pacífico de Béisbol; los Naranjeros de Hermosillo, los Yaquis de Ciudad Obregón y los Mayos de Navojoa. Sin embargo, también cuenta con un representativo en la División de Ascenso del fútbol mexicano; los Cimarrones de Sonora. Asimismo el estado de Sonora es cuna de grandes púgiles.

MÚSICA / DANZAS

Los géneros musicales que se escuchan en Sonora son; polkas, huapangos norteños, chotis (o Chotís) y country (al estilo estadounidense, por su vecindad). Sin duda, la más famosa de este Estado es 'La Danza del Venado', reconocida a nivel mundial que es originaria de la comunidad Yaqui de Sonora y norte de Sinaloa; dentro de Sonora existen otras etnias indígenas muy importantes como los Seris, Mayos, Guarijíos, Yúmare, Pápago y Kikapú y cada una tiene una Danza o Ceremonia en particular: La danza 'Cava-Pizca' y 'Tuguardas', de los Guarijíos; 'Ritual de la Vikita', de los Pápago. De los indios Pimas, la ceremonial 'Yúmare'. De los Indios Seris, las danzas 'Conca'ac' y de 'La Caguama'. Y también 'Las Pascolas', igual, de la comunidad Yaqui.

ESTADO DE TABASCO

El estado de Tabasco es una de las 32 entidades federativas de la República Mexicana, está situado en el sureste del país, tiene un territorio de 24,578 km². Su capital es la ciudad de Villahermosa. El Estado se extiende por la llanura costera del Golfo de México, con su porción meridional sobre la sierra del norte de Chiapas. Colinda, al Norte, con el Golfo de México y el estado de Campeche, al Sur con el estado de Chiapas, al Este con el estado de Campeche y la República de Guatemala y al Oeste con el estado de Veracruz.

El estado de Tabasco es un paraíso, un edén, ubicado en el sureste mexicano en donde se hallan importantísimas zonas arqueológicas de las civilizaciones maya, olmeca y zoque. Su territorio abarca 25.267 kilómetros cuadrados, ocupando el vigésimo cuarto lugar a nivel nacional.

Sin embargo, no teniendo Tabasco un extenso territorio como algunos otros estados de la República Mexicana, en esta zona tropical se encuentran numerosos ríos caudalosos, costas, lagunas, pantanos y puertos. Estos dos últimos son el de Dos Bocas y el de Frontera, siendo el primero el de mayor importancia del estado.

Al estado de Tabasco se le conoce como 'La Esmeralda del Sureste' y mundialmente es reconocido entre las entidades que conforman la llamada 'Puerta del Mundo Maya', una de las culturas históricamente más importantes de la República Mexicana y países vecinos.

La 'cabeza olmeca' tiene un slogan muy significativo; 'Símbolo de Tabasco en el mundo' porque efectivamente ese hallazgo accidental acontecido hace casi cinco décadas, apenas en el año 1970, en el rancho de La Cobata, muy cercano al yacimiento arqueológico de Tres Zapotes, le dieron a Tabasco un distintivo sello único.

Entonces, la Cabeza olmeca de La Cobata o 'estatua número uno', es una escultura de entre los años 1200-400 a. C., esculpida por los olmecas, un pueblo que se desarrolló en Mesoamérica durante el Preclásico Medio (1200-800 a. C.), concretamente en la parte sureste del estado de Veracruz y el oeste de Tabasco. Las 'cabezas colosales', esas grandes esculturas fueron hechas con basalto y tenían una altura de entre 2,4 y 3,6 metros, como se pueden apreciar en el parque de Villahermosa, capital del estado de Tabasco, donde se conservan algunas de las 17 halladas en dos de las principales ciudades olmecas: La Venta y San Lorenzo.

Se considera que la cabeza olmeca de la Cobata es la única que podría representar a una persona, ya que el resto de éstas podrían ser de guerreros o jugadores de pelota, al menos eso asemejan por un tipo de casco que cubre las cabezas de esas figuras esculpidas en basalto y que muestran insoslayables rasgos africanos. Curiosamente, algunas personas han optado por opinar que se trata de seres extraterrestres y que esos 'cascos' podrían mostrar sus grandes adelantos, comparativos a los terrestres de aquella época.

Lo que sí podemos afirmar, es que en la actualidad Tabasco es una entidad moderna, tal como lo muestra el Aeropuerto Internacional de Villahermosa 'Carlos Rovirosa Pérez', que ocupa el décimo segundo de importancia a nivel nacional. Abundando, a Tabasco se puede llegar por aire, por las vías ferroviarias, por carretera y también por la vía marítima.

Otra muestra de su modernidad es el 'Parque Tabasco', sede de la feria más grande de la República Mexicana que cuenta con una extensión de 180 hectáreas, 56 de ellas son instalaciones. Sitio que se halla ubicado a sólo media hora del Aeropuerto y a 20 minutos de la terminal de autobuses.

La industria restaurantera de Tabasco es realmente impresionante, entre ella se pueden encontrar, en la ciudad capital, platillos de la gastronomía italiana, argentina, venezolana, brasileña, española, japonesa, china y demás de fama internacional.

No obstante, otra de sus riquezas gastronómicas culturales son las populares comidas jalisciense, neoleonesa y michoacana. Y por supuesto no pueden faltar las regionales, exquisiteces yucatecas, veracruzanas y oaxaqueñas. No podemos dejar de mencionar el famoso 'pejelagarto', una singular especie acuática, misma que preparan o guisan en la cocina tabasqueña de diferentes maneras.

El actual presidente de México, Andrés Manuel López Obrador, nació el 13 de noviembre de 1953 en Tepetitán, Tabasco, una de las dos 'villas' pertenecientes a la ciudad de Macuspana, que es la cabecera del municipio homónimo. Éste es un lugar bellísimo en el cual permean la industria petrolera, la agricultura, la ganadería y la pesca. Obviamente sobresale la actividad de los campos petroleros como los de Tepetitán, el Fortuna Nacional, el Vernet y el Sarlat.

Son muchísimas cosas que se pueden mencionar respecto a Tabasco, a Villahermosa, su ciudad capital, que es hermosa, pujante, industrial y turística. Lo mismo que a las impresionantes zonas arqueológicas como las de Comalcalco, Tenosique, Balancán, La Venta y otras más.

El Parque Ecoturístico de Huimanguillo. El pueblo mágico que es Tapijulapa. Jalpa de Méndez, sitio histórico donde nació el coronel Gregorio Méndez Magaña, defensor de la intervención francesa a Tabasco. Cunduacán, lugar reconocido por su producción de cacao, y por figurar en los libros de historia de la época de la Conquista.

De igual manera está el municipio de Paraíso, famoso porque a él llegaron incursiones piratas como las de Laureen Graff, más nombrado como 'Lorencillo'. También, como su nombre lo indica, las playas de Paraíso son eso y no otra cosa, un verdadero remanso, un paraíso. No podemos pasar por alto Oxolatán, bordeado por el río del mismo nombre, cuya reserva ecológica es una de las más apreciadas; así como la riqueza arquitectónica de conventos que fueron edificados allí, pero que ahora ya no funcionan como tales, sino como museos.

Las riquezas de Tabasco están en sus recursos, como los petrolíferos y gasíferos. Los hídricos. Los minerales, como pétreos, arenas, arcilla, azufre, grava, caliza y yeso. Suelos (siembra) principalmente de cacao, coco, frijoles, arroz, maíz, caña de azúcar, así como frutos, primordialmente plátanos y papayas.

Su paisaje tropical, a pesar de la tala y quemas clandestinas, aún mantiene unas espectaculares flora y fauna. Entre la flora se encuentran la palmera real, orquídeas y varias especies de cactus y helechos. También hay árboles frutales como tamarindo y naranjos, así como maderas preciosas. Animales silvestres propios de esta región son jaguares, ocelotes, pelícanos, quetzales, loros, colibríes, monos araña, ardillas, iguanas, ciervos, osos hormigueros y jabalíes. También existe una gran variedad de serpientes venenosas y no venenosas.

El estado de Tabasco tiene amplias biosferas protegidas. De igual forma, dan cuidado extremo a las especies animales en peligro de extinción. Sí, Tabasco es un paraíso.

TURISMO

Villahermosa

Parque Museo La Venta. Está a un lado de la laguna de las Ilusiones, lo característico de este museo es que está al aire libre, de ahí que también sea considerado parque. Ideado por el poeta tabasqueño Carlos Pellicer, está conformado por piezas descubiertas en el sitio de La Venta en 1925 y que el poeta logró rescatar. En el parque se conservó la flora y fauna típica de la región, para darle un toque más realista a las monumentales piezas expuestas de la cultura olmeca.

Museo Regional de Antropología Carlos Pellicer Cámara. Inaugurado en 1980 en el tercer aniversario de la muerte del poeta Carlos Pellicer, el museo alberga 770 piezas arqueológicas de la región principalmente de la cultura olmeca y maya, haciendo evidente la grandeza de las civilizaciones prehispánicas. Durante su recorrido podrán ver piezas en barro, estuco, hueso, metal, piedra y concha, de los asentamientos La Venta, Jonuta, la Isla de Jaina y otros.

Zona Arqueológica de La Venta. Este centro representa el apogeo de la civilización olmeca y se encuentra en medio de una zona pantanosa a un lado del río Tonalá. Habiendo sido un importante centro político-religioso, en el recorrido podrán observar 10 diferentes complejos arquitectónicos. Lo más sobresaliente es una enorme construcción de tierra cónica con 34 metros de altura. Además, tiene un gran acervo escultórico, ofrendas en jade y masivas.

Zona Arqueológica de Comalcalco. En náhuatl el nombre significa 'el lugar de la casa de los comales' y quizá se deba a los ladrillos utilizados en su arquitectura y que asemejan los comales usados en México. El lugar fue un sitio provincial de Palenque, no obstante sus 160 kilómetros de distancia entre uno y otro, lo que nos indica la expansión de los mayas. Podrán ver la Gran Acrópolis, el sistema de Parque Hundido, el Palacio y templos hechos de palma, madera, barro y conchas.

Reserva Ecológica Villa Luz. Otra reserva ecológica más del Estado, en medio de una gran belleza es un lugar idóneo para estar en contacto con la naturaleza. Recorriendo la selva se encontrarán con cascadas, aguas sulfurosas e incluso grutas. En medio de la reserva también se encuentra La Cueva de Villa Luz, una de las 3 cavidades importantes en el mundo con Sardina Ciega, y el río Oxolotán, que podrán recorrer en lancha. Si el camping es lo suyo, hay zonas designadas.

El Capitán Beuló II. Primero fue un medio de transporte del gobernador llamado El Jahuactal, después un centro de salud flotante conocido como Mensajero de la Salud, finalmente se convirtió en barco recreativo adoptando el nombre del capitán que lo propuso, Luis Beuló. Aunque ésta es una réplica pues el original ya se retiró y se encuentra en el Museo Papagayo, sobre el barco podrán dar recorridos turísticos visitando puntos importantes de la zona. El barco tiene a bordo restaurante y música.

Museo Interactivo Papagayo. Dentro de este museo encontrarán más de 130 exhibiciones permanentes en las que, a través del juego, los pequeños desarrollarán su capacidad intelectual y adquirirán muchísimo conocimiento científico y tecnológico. El museo está dividido en 5 salas; Piensa, Imagina, Vive, Juega y Cuida; cada una de las cuales aportará algún tema de conocimiento ligándolo a su vez con la vida cotidiana de los niños.

DRUPA Museo Interactivo del Chocolate. Visiten la más reciente hacienda productora del cacao. Mediante un recorrido conocerán el proceso de la semilla del cacao hasta su transformación en chocolate. El museo no sólo se especializa en dar a conocer este proceso en 3 diferentes salas, sino que ustedes como visitantes también podrán participar en la cosecha de la hacienda y preparar su propia bebida.

Yumká. El nombre significa 'duende que cuida de la selva y los animales'. Lo que más se valora en este centro, es la importancia de la naturaleza y la necesidad de preservarla como patrimonio natural. En sus 101 hectáreas de área natural protegida, es justo lo que Yumká hace que trascienda en sus visitantes. Entre su selva, orquidario, laguna y zoológico, podrán pasar un día de convivencia familiar a bordo del zoofari, caminando o en su área de juegos.

Eco Parque Agua Selva. En la selva de Huimanguillo, a 125 Km de Tuxtla Gutierrez y 140 Km de Villahermosa, se encuentra este parque ecoturístico con 35 hectáreas de extensión. Es un sitio ideal para estar en contacto con la naturaleza de la región, observar su variada flora y fauna y visitar la única zona arqueológica zoque que está abierta al público en México. Hay cascadas, arroyos, pozas, jardines botánicos y actividades de aventuras como tirolesa, cañonísmo, vía ferrata y caminatas en el arroyo de aguas cristalinas. Cuenta con servicio de hospedaje, alimentos, guía y los recorridos turísticos. Ideal para la práctica del turismo de naturaleza y de aventura.

Grutas de Coconá. Fueron descubiertas por mera casualidad por los hermanos Rómulo y Laureano Calzada en 1876, son sin duda unas de las cavernas más hermosas en Tabasco. A lo largo de casi 500 metros de trayecto divididos en 8 salones, verán una gran cantidad de estalactitas. Aunque no es muy grande, tiene una laguna que se ve desde los andadores y con 35 metros de profundidad alberga peces de las cavernas.

Agua Blanca. La leyenda dice que éste río se formó debido al llanto de la princesa Iztac-Ha. La belleza de sus cascadas es única, y éstas forman pozas naturales en donde, según la temporada, se puede nadar. Al estar en medio de la selva se presta para que los amantes de la naturaleza den largos paseos. También pueden visitar la gruta de Ixtac-Jaá y, para su comodidad, el lugar tiene asadores, vestidores y restaurantes.

Reserva de la Biosfera Pantanos de Centla. Considerada la zona de humedales más importante de Norteamérica y la décima quinta a nivel mundial, es ahora área protegida y un lugar con increíbles paisajes que deben visitar. En un paseo en lancha podrán observar algunas de las 484 especies vegetales, 52 especies de peces, 27 de anfibios, 68 de reptiles, 255 especies de aves y 104 de mamíferos. Inicien su visita en el Centro de Interpretación.

Hacienda La Luz. Con casi un siglo produciendo chocolate gracias al doctor Otto Wolter, en la Hacienda la Luz podrán dar un recorrido en su enorme propiedad de 50 hectáreas para comprender el proceso de la elaboración de uno de los alimentos favoritos del hombre. El tour les mostrará desde el sistema del cultivo de cacao, hasta los trabajadores produciendo chocolate artesanal. En el sitio también está el Museo del Chocolate con exhibición de herramientas antiguas.

Casa Museo Tomás Garrido. En medio de la Reserva Ecológica Villa Luz, se encuentra lo que fue la casa de descanso del ex gobernador de Tabasco, Tomás Garrido Canabal, y que ahora se ha convertido en un bonito museo. La casa en sí no es muy extensa, pero su construcción de dos plantas y teja francesa la hacen bastante agradable. En su interior se exhiben piezas arqueológicas de la cultura zoque, etnia de Oaxaca, Chiapas y Tabasco; así como artesanía típica de la región.

Museo de Historia de Tabasco. En un edificio construido en 1889 que fue residencia, comercio, oficinas públicas, hotel y casa de huéspedes, al que comúnmente se le conoce como Casa de los Azulejos, se encuentra ahora este museo. En él se conservan objetos, documentos y testimonios históricos del siglo XIV hasta el XX. Las 400 piezas que podrán admirar se encuentran divididas en 9 salas, una de las cuales está dedicada exclusivamente a esta casa.

Balancán

Zona Arqueológica Moral – Reforma. Perteneciente al grupo de ciudades de la cuenca del Usumacinta, lo que más sobresale del lugar son sus 6 estelas y 4 altares de piedra caliza, algunas de las cuales narran la historia política del lugar. Estas estelas, así como otras piezas más, las podrán ver en el Museo Dr. José Gómez Panaco. Sin embargo, esto no le resta majestuosidad al sitio arqueológico, que cuenta con grandes plazas rodeadas de altas estructuras.

Cascadas de Reforma. Un excelente lugar para practicar senderismo, paseo en lancha o kayak, cuando visiten estas cascadas gozarán de un hermoso paisaje ya que sus aguas caen formando pozas naturales que con la selva que las rodea lo convierten en un lugar casi mágico. También podrán admirar la flora y fauna local, ya que la vegetación es abundante y las especies animales son varias. Definitivamente quedarán satisfechos en su visita a estas maravillosas cascadas.

Museo de Balancán Dr. José Gómez Panaco. Ubicado en lo que fue una casa construida a finales del siglo XIX y la única de dos pisos de la época, este museo abrió sus puertas en 1985 para exhibir 1,112 piezas arqueológicas pertenecientes a la cultura maya. El museo recibe el nombre de este personaje cubano, cuya labor al rescate arqueológico fue de suma importancia. Tanto por las piezas como por el inmueble que las alberga, vale mucho la pena que lo visiten.

Tenosique

Zona Arqueológica Pomoná. Gracias a las piezas arqueológicas encontradas en este sitio, Pomoná tiene una valiosa aportación a la historia del pueblo maya también debido a los monumentos con inscripciones que narran las relaciones políticas con señoríos como Palenque o Piedras Negras. Aquí encontrarán colinas con construcciones dispersas y podrán visitar uno de los 6 conjuntos arquitectónicos en donde les maravillarán la Plaza Central y los 13 edificios que lo rodean.

GASTRONOMÍA

La gastronomía tabasqueña es el reflejo fiel del suelo y agua del Estado, de la creatividad e inventiva de sus habitantes, demostrando plenamente en la mesa internacional con la invención del chocolate, cuya elaboración continúa siendo básicamente la misma que se practicaba en el Tabasco prehispánico. La cocina regional tabasqueña es variada y extensa gracias a las antiguas recetas mayas y chontales, a la gran cantidad de vegetales, frutas y animales existentes en la entidad, así como a las plantas o hierbas (achiote, chaya y muste, perejil, epazote, cilantro, chipilín, chile amashito, hoja de plátano o de tó) que le dan delicioso y singular olor, color y sabor a los guisos típicos de la región. Seguramente por el aislamiento en el que vivieron durante muchos años, los tabasqueños organizaron su dieta a base de maíz y frijol, cultivados por ellos desde tiempo inmemorial, y de los comestibles silvestres, vegetales y animales, que espontáneamente les ofrecía la Naturaleza.

Es su cocina un tanto exótica, donde podemos encontrar platos como pejelagarto asado, tamales de chipilín, tortuga en salsa verde, la torta de iguana, la barbacoa de pescado, el robalo a la tabasqueña, frijoles negros con cerdo salado.

Referente a los dulces, hay que destacar el de papaya-zapote, también conocida como mamey, el dulce de guapaque (fruto de sabor agridulce), el pan de plátano y la tortilla de coco.

En lo concerniente a las bebidas típicas de Tabasco hay que destacar el lliztle, un aguardiente a base de caña, uva, durazno o pera, el balché, elaborado con la corteza del árbol del mismo nombre, se deja fermentar y se endulza con miel o anís, además de la tanchuca, que es una bebida de anís, maíz y chocolate macerados y hervidos.

Conforme a la tradición, en Tabasco se ingieren o se ingerían alimentos siete veces al día. Estas ocasiones son el 'puntal' (cuando se abandona la cama de madrugada), el desayuno, el refrigerio, el aperitivo, la comida, la merienda y la cena. Aun antes que salga el sol, si se ha de ir a trabajar al campo, se bebe un café 'de puntal' acompañado por un totoposte (tortilla delgadísima, de unos 30 cm. de diámetro, elaborada con masa de maíz muy fina y manteca de cerdo).

ARTESANÍAS

En el estado de Tabasco las artesanías más representativas son las jícaras. La jícara es un fruto que se deja secar y su cáscara adquiere una dureza significativa. Después, ésta es raspada por medio de navajas para crear formas. Algunas llegan a ser realmente hermosas. También el tejido de palma es tradicional. Se pueden encontrar objetos varios hechos en base a este material. El lugar en donde más se usa este tipo de artesanía es en Tapijulapa, un pueblito pintoresco del Estado, cerca de Teapa.

Las creaciones artísticas de los artesanos tabasqueños se conforman de artículos construidos o decorados con piezas marinas. El mar que es tan generoso en sus riberas, ofrece a estos artistas la materia prima de sus obras de arte. Son capaces de hacer joyeros, collares, portarretratos, pulseras, bolsas; todo decorado con conchas, arena, caracoles, estrellas de mar o cualquier elemento marino que luzca bien a la vista y pueda ser reciclado en tan fascinante oficio.

Existe un Mercado de Artesanías donde los visitantes pueden adquirir a excelentes precios todos estos objetos.

DEPORTES

Por el momento, el estado de Tabasco tiene un representativo en la Liga Mexicana de Béisbol: Los Olmecas de Tabasco.

MÚSICA / DANZAS

La música tabasqueña surgió hace más de 3.000 años, y utilizaron principalmente instrumentos como el tambor, la flauta, las conchas de tortuga y los chinchines. Con ellos, comenzaron a surgir bailes y danzas que los indígenas crearon para agradecer a sus dioses, hacerles ofrendas o pedirles buenas cosechas. Entre las danzas más significativas están: las 'Del Juego o del Pocho', 'De los Blanquitos', 'De David y Goliat', 'Del Caballito y el Gigante', 'Del Caballito Blanco', 'De la Pesca de la Sardina Ciega' y la 'De los Pájaros'.

ESTADO DE TAMAULIPAS

El estado de Tamaulipas es una de las 32 entidades federativas de la República Mexicana. Está ubicado en el Noreste de México y colinda con el estado de Nuevo León hacia el Oeste, con el Golfo de México hacia el Este, con los estados de Veracruz y San Luis Potosí hacia el Sur y al Norte comparte una larga frontera con el estado de Texas, Estados Unidos de Norteamérica, y el Río Bravo, que separa a los dos países.

La capital de Tamaulipas es Ciudad Victoria. Otras ciudades son; Altamira, Ciudad Madero, El Mante, Heroica Matamoros, Nuevo Laredo, Reynosa, Río Bravo y Tampico, consideradas como las principales del Estado.

Tamaulipas posee una superficie de 80.175 kilómetros cuadrados y ocupa el sexto lugar en extensión territorial. Es atravesada por el Trópico de Cáncer al Sur de la capital, Ciudad Victoria, y el clima varía de acuerdo a la zona; en el Sur y Sureste es húmedo, en el altiplano y serranías es seco y en el Centro y Noroeste es semi-cálido, con lluvias escasas; la temperatura media de Matamoros en enero (15 °C) y en julio (28.5 °C), de Tampico en enero (18 °C) y en julio (28.5 °C). La precipitación anual promedio es de 891 mm., la humedad relativa promedio es de 67,5 %.

TURISMO

Ciudad Victoria

Parque Cultural y Recreativo Siglo XXI. Este espacio es un excelente área de esparcimiento para que tanto niños, jóvenes y adultos pasen un agradable día realizando diferentes actividades culturales y deportivas. Dentro de sus instalaciones se encuentra el Planetario Dr. Ramiro Iglesias Real que tiene como objetivo acercar a niños y jóvenes a las ciencias. También se encuentran el museo de historia natural Tamux, canchas, alberca, palapas, ciclopista y otras instalaciones.

Zoológico Tamatán. En lo que fue la finca agrícola del entonces presidente de la República, Manuel González, se inició en 1921 el Paseo de Tamatán. Luego pasó a tener albercas, jardines, juegos infantiles, lago y otras atracciones para finalmente en 1999 convertirse en zoológico. Ahora podrán ver animales según su región: australiana, asiática, americana y africana, además de contar con aviario y una sección de animales asombrosos.

Museo Regional de Historia de Tamaulipas. Ubicado en un edificio de finales del siglo XIX que fue asilo para niños huérfanos, el Asilo Vicentino, encontrarán ahora este museo que tiene como principal objetivo dar a conocer manifestaciones históricas tamaulipecas. Su acervo cuenta con piezas que van desde los orígenes de las culturas indígenas de la región, hasta la época moderna, entre las que se encuentran cerámica huasteca, obras de arte y objetos de la época de la Colonia.

Museo de Historia Natural de Tamaulipas TAMUX. Abrió sus puertas en 2004, éste es el lugar al que hay que acudir para conocer los orígenes y la vida del universo, la de nuestro planeta, así como la aparición y evolución del hombre. Ubicado dentro del Parque Siglo XXI, es un espacio educativo donde cualquier visitante, sin importar la edad, se maravillará de la información que ofrece. El lugar está dividido en 5 salas interactivas, cada una de ellas con temática particular.

Presa Vicente Guerrero. No sólo es una de las presas más grandes del país, sino que bajo ella yace lo que fue el antiguo Pueblo de Padilla en donde fusilaron a Agustín de Iturbide en 1824. Todavía se aprecian restos de antiguos edificios que sobresalen a la superficie. Sin embargo, lo que le da más fama a la presa y popularidad entre los pescadores nacionales y extranjeros, es la posibilidad de capturar enormes lobinas negras. En el sitio hay renta de lanchas y guías.

Zona Arqueológica El Sabinito. Esta región es fronteriza mucho antes que existiera la frontera física entre México y Estados Unidos pues por el mismo clima y ecología, se dio la frontera natural entre Mesoamérica y Aridoamérica. Esta zona arqueológica recién fue descubierta en 1987, posee una vasta extensión que incluye más de 600 estructuras. Es una verdadera joya en medio de una región casi virgin, rodeada de mucha vegetación.

Reserva de la Biosfera El Cielo. Esta reserva ecológica cuenta con cuatro tipos de vegetación: bosque tropical, bosque mesófilo de montaña, bosque de quercus y bosque de coníferas. En ella se encuentra una amplia variedad de flora y fauna. El lugar es ideal para practicar todo tipo de actividades al aire libre como kayak, senderismo, rappel, bicicleta de montaña, Etc. Sus paisajes son realmente impresionantes, así que no olviden llevar cámara porque se sentirán en el paraíso.

La Pesca

Liberación de Tortugas en La Pesca. Cada año de marzo a julio, llega a desovar en las playas Soto la Marina la Tortuga Lora, una de las especies más pequeñas de todas las tortugas marinas, aproximadamente pesan en promedio 50 kilos. Asistan al Centro de Conservación y Estudio de las Tortugas en La Pesca o en Tepehuajes, para participar en la liberación de esta especie en peligro de extinción.

Matamoros

Museo Fuerte Casamata. Usado por los militares como cerco armado, para 1960 este fuerte estaba abandonado y muy dañado debido a buscadores de tesoros. Después de varios años remodelando el edificio, abrió sus puertas como museo enfocándose en dos ejes temáticos: el origen y desarrollo de esta ciudad fronteriza; y los eventos militares que se desarrollaron en la zona. Gozarán de esta experiencia al revivir los acontecimientos históricos en este fuerte.

Casa Cross. Esta casa fue edificada por Melitón H. Cross en 1885, es uno de los edificios más bonitos de Matamoros. Su arquitectura es colonial francesa y los materiales que se utilizaron para construirla fueron traídos de New Orleans. Es la única de este tipo en el noreste de México y se amuebló con muy buen gusto, además de contar con varios instrumentos musicales y biblioteca. Tras muchos años de abandono, fue restaurada en 1982.

Museo del Agrarismo Mexicano. El único de su tipo en todo el país, se encuentra en lo que fue la hacienda Los Borregos perteneciente al general Félix Díaz, sobrino de don Porfirio

Díaz. Con esta temática tan particular, el museo exhibe artículos utilizados durante la Revolución. Además, fue en esta ciudad en donde se llevó a cabo el primer reparto agrario. A través de sus módulos, se repasa la historia desde el inicio de la Revolución hasta el Cardenismo.

Museo de Arte Contemporáneo de Tamaulipas. En un edificio construido en 1969 para apoyar a los artesanos de la localidad, abrió sus puertas en 2002 el MACT. El diseño del inmueble se le debe al arquitecto Mario Pani Darqui y cuenta con un teatro al aire libre, librería, patio central, terraza y vestíbulo. Aquí se exponen las principales manifestaciones del arte contemporáneo y se han expuesto obras de artistas de la talla de Rafael Coronel, Salvador Dalí y Jan Hendrix.

Playa Bagdad. En esta limpia playa, muy cercana a Matamoros, podrán hacer todo tipo de actividades acuáticas como pesca o nado. También podrán aprovechar sus dunas para dar paseos en cuatrimotos. El lugar cuenta con palapas y restaurantes para que disfruten su suave arena y se relajen bajo el sol. En esta playa se lleva a cabo el Festival del Mar cada Semana Santa, en donde hay representaciones artísticas, concurso de esculturas de arena y más.

Nuevo Laredo

Centro Cultural Nuevo Laredo. Éste es el lugar al que tienen que dirigirse si quieren presenciar algún tipo de evento. En su teatro, con capacidad para 1200 personas, se presentan obras, conciertos y recitales de danza. Cuenta también con un pequeño teatro experimental que tiene sus propias puestas en escena y capacidad para 400 personas. Visiten las exposiciones periódicas del Museo Reyes Meza o dense una vuelta por el paseo Uxmal para admirar réplicas prehispánicas.

Estación Palabra Gabriel García Márquez. Este espacio está dedicado al Premio Nobel de Literatura y en sus salas se llevan a cabo varias actividades como presentación de libros, teatro guiñol, recitales musicales y literarios, exposiciones de arte, por sólo mencionar algunas. El lugar cuenta también con un acervo de más de 6.000 títulos y un espacio para niños con mobiliario y literatura propia para ellos. Disfruten de una bebida en su café literario mientras leen un libro.

Reynosa

Museo Histórico Reynosa. En 1992 se restauró esta bella casa para abrir las puertas del primer Museo Histórico de Tamaulipas. La casa en sí, que data de finales del siglo XIX y principios del XX, es parte del museo y podrán admirar en él los herrajes originales en el patio trasero. Al interior encontrarán muebles antiguos, piezas arqueológicas, utensilios de agricultura y ganadería, armas antiguas, fotografías y otras piezas de relevancia histórica.

Catedral de Reynosa. Esta hermosa catedral es emblemática de Reynosa ya que ahí se han celebrado una enorme cantidad de bodas, bautizos, confirmaciones y otros eventos religiosos. La catedral, dedicada a Nuestra Señora de Guadalupe, se encuentra frente a la Plaza Principal y su estilo es neoclásico. No dejen de visitar el templo que se encuentra a un lado, ya que es lo que queda de la antigua misión franciscana que fue construida en 1789.

La Ciudad de las Familias Felices. Este parque temático infantil tiene por objetivo que los niños aprendan mediante juegos, los diferentes oficios y profesiones más representativos en una ciudad a su escala. Aprenderán entre otras cosas, cómo funciona un hospital, una estación de bomberos y de policías, una discoteca, la plaza cívica, una gasolinera, entre otros. También, como parte de la interacción, hay una cabaña chueca y juegos infantiles.

Tampico

Centro Histórico. Recientemente restaurado, el Centro Histórico es un reflejo de los días de apogeo de Tampico durante el Porfiriato y sus edificaciones tienen un marcado estilo afrancesado. En un segundo auge petrolero se vio la influencia del recién adoptado Art Nouveau en Europa. Caminen por su Plaza de la Libertad, coman en el Gran Hotel Sevilla un platillo al estilo de New Orleans, entren a su Catedral o tómense una foto frente al monumento a los repobladores de Tampico.

Laguna del Carpintero. En pleno corazón de Tampico, esta laguna cuenta con una gran variedad de flora y fauna, incluyendo al cocodrilo mexicano y aves migratorias como garzaflamencos y patos. Hay varias leyendas en relación al nombre, algunos dicen que un carpintero se suicidó al ser rechazado por la mujer que amaba, otra que ahí siempre había un pájaro carpintero y así hay muchas más. Paseen por su andador o súbanse a una lancha, pero eviten nadar entre cocodrilos.

Aduana Marítima. En un edificio de estilo inglés con hermosos detalles en hierro forjado, fue inaugurada en 1902, por instrucciones de Don Porfirio Díaz, la Aduana Marítima. Ubicada entre los ríos Támuco y Tamesí aún conserva los materiales originales, algunos traídos de Inglaterra, otros de Francia y Louisiana, Estados Unidos, con excepción del techo y el piso. Es un hermoso edificio que recientemente fue entregado al municipio para darle uso turístico.

Playa Miramar, Ciudad Madero. Si quieren disfrutar de un día completo en la playa, diríjanse a ésta ya que cuenta con más de 10 kilómetros de costa bañada con las aguas del Golfo de México. Considerada la más bella del Golfo, es el lugar ideal para relajarse bajo el sol y refrescarse entre sus olas. También es ideal si buscan practicar algún tipo de deporte acuático como buceo, kayak o windsurf.

Puente Tampico. En el año 2013 este puente cumplió 25 años y aún luce jovial y majestuoso sobre el río Pánuco. Es una excelente obra de ingeniería, su extensión es de 1543 metros y sus 2 torres alcanzan los 110 metros de altura. En ambos lados posee pasos peatonales, así que les recomendamos hacer el recorrido a pie para que se puedan detener a su gusto para ver las embarcaciones. Si pueden crúcenlo al atardecer, cuando podrán gozar de una maravillosa vista.

Escolleras, Malecón. A orillas de la Playa Miramar se encuentra este malecón en donde uno puede pasear tranquilamente a lo largo de sus 1340 metros. Es justo aquí en donde se unen las aguas del río Pánuco con las del Golfo de México, haciendo que la vista hacia los dos lados sea diferente por los tonos de azul. Si tienen suerte, podrán ver llegar a grupos de toninas, pero si no fuese así disfruten de los barcos camaroneros y los colores del cielo al meterse el sol.

Espacio Cultural Metropolitano METRO. Conocido popularmente como El Metro, en este lugar se llevan a cabo múltiples expresiones artísticas en sus diferentes secciones. Aprovechen para escuchar un concierto en el Teatro Metropolitano o el Teatro Experimental, visitar la Galería de Exposiciones Temporales, tomar alguno de sus Talleres de Artes Escénicas, visitar el Museo de las Cultura Huasteca o su Biblioteca Interactiva Pública. Cuando vayan, sin duda les tocará algún evento cultural.

Tula

Cactunieves Exóticas. Cuando visitas Tula es una tradición probar estas nieves. Aprovechando la materia prima proporcionada por la madre naturaleza en la región, los sabores son de lo más originales y variados: garambullo, nopal, granjeno, flor de bugambilia, mezquite, por mencionar sólo algunos de su vasto menú. Además, sus productos son orgánicos así que refrésquense del calor sabiendo que están consumiendo un producto 100% natural.

Iglesia de San Antonio de Padua. Este templo es uno de los principales monumentos históricos de la ciudad. Edificado en el siglo XVIII ha pasado por varias remodelaciones, sin embargo, es sólo la segunda iglesia más antigua del Estado. En 1889 compraron el reloj que se encuentra en la torre y fue hecho por los mismos relojeros que hicieron el Big Ben de Londres. Entre quienes aportaron dinero para su adquisición estuvo Carmen Romero Rubio, esposa de don Porfirio Díaz.

Taller de Antonio Reyna. Tula es considerada la cuna de la cuera tamaulipeca, con sus chamarras de cuero con flequillo. Antonio Reyna Hernández es uno de los principales artesanos en hacerlas. Han vestido sus prendas personajes como Lalo González 'El Piporro' y Cornelio Reyna. Igual muchos tríos huastecos y grupos norteños utilizan sus cueras, faldas, blusas y chaparreras. En su taller ustedes podrán llevarse una de estas típicas prendas y portar una tradición de tercera generación.

GASTRONOMÍA

La gastronomía de esta región es rica y variada, en la que destacan productos como el maíz, carnes donde hay que mencionar al famoso cabrito, la carne seca, cerdo, pollo y venado, y los pescados y mariscos donde se encuentran la negrilla, el robalo o el huachinango.

Entre sus platos típicos hay que destacar el cabrito al pastor, cabrito al horno, parrilladas, gorditas rellenas, tamales de cerdo, asado de puerco, carne asada a la tampiqueña, carne seca con huevo. Además se elaboran excelentes platos con pescados y mariscos como los cebiches, sopas de mariscos, las jaibas rellenas, salpicón de jaiba, camarones elaborados de muy diferentes maneras como por ejemplo escabeche de camarón o camarones en su jugo.

Los postres también tienen su lugar en la mesa tamaulipeca. En cuanto a los postres destacan el pemole, que son rosquillas de harina de maíz, gorditas endulzadas con piloncillo, el camote con piña, las frutas cristalizadas y la cocada con piña y nuez. Mermelada de nopal, mezquitamal, pemoles estilo Canoas, pepitorias, adepitas, champurrado de maíz de teja y miel seba.

Bebidas típicas de esta región son el agua de Huapilla y el mezcal de San Carlos; en fin, lo dulce y los líquidos que no deben faltar en las buenas comidas. Así que recuerde, en cuanto a gastronomía se refiere al llegar a Tamaulipas hay que pedir el Guayín, las Chochas de Sotol o la Flor de Pita con Huevo que se sirve en el desayuno; si se llega pasado el mediodía, de entrada pida empanadas de nopal, siga con asado de puerco, mole de papas con camarón o cabrito en su sangre, y en la noche, hay que saborear tamalitos revueltos o un trozo de cecina. Como ve, este Estado tiene mucho que ofrecer para que se divierta en grande.

ARTESANÍAS

El estado de Tamaulipas cuenta con importantes comunidades que se especializan en la manufactura de objetos diversos, utilizando distintos materiales como barro, madera, gamuza, fibras vegetales y elementos marinos, entre otros. La artesanía tamaulipeca se nutre de la necesidad e imaginación de quienes dan forma y vida a estos productos los cuales se llegan a adquirir por su calidad y belleza.

Son artesanías elaboradas particularmente en las Sierras del Sudoeste, las siguientes: alfarería, barricas de madera, carretas de madera para yuntas, cestería de caña de otate, silla de madera y de montar, talabartería, corte y confección de la cuera tamaulipeca, productos artesanales con piel delgada y manejable, productos artesanales con baqueta, tejidos de ixtle o lechuguilla, tejidos de maguey, tejidos de ixtle de sotol, tejidos de ixtle de somate, tejidos de rosita y tejidos de tule. Entre dicha artesanía resaltan los trabajos de hierro forjado como muebles, candeleros, candiles, rejas y balconería. La principal artesanía son reatas de cerda y cuero. Indudablemente que hay que resaltar las hermosas y pintorescas chamarras tamaulipecas.

DEPORTES

El estado de Tamaulipas tiene en su equipo de fútbol Correcaminos de la Universidad Autónoma de Tamaulipas, un muy probable representativo en la Primera División puesto que casi siempre está luchando por dar el gran paso desde la División de Ascenso. Tiene en la misma Liga al Tampico-Madero que, con ese nombre y hace décadas, llegó a estar en la Primera División.

MÚSICA / DANZAS

En Tamaulipas el Huapango es el rey de sus sones. Los músicos ataviados con sus chamarras tamaulipecas de flecos, acompañan bailables como la polka, la redova, el chotis (o chotís), la picota (palo alto o columna) y la huasteca. Su música se ejecuta con el acordeón, bajo sexto, saxofón y contrabajo, los cuales hacen que ésta resulte inconfundible. Los zapateados y las cuadrillas son los bailables más cotizados en este Estado.

Las principales culturas de la época prehispánica en México fueron las de los aztecas (mexicas), mayas, olmecas, zapotecas, totonacas, toltecas, teotihuacanos, mixtecos, chichimecas, tlaxcaltecas y purépechas o tarascos.

Sin embargo, hasta hoy perduran 38 más: los yaquis, tarahumaras, pimas, seris, mayos, huicholes, tepehuanos, coras, chatinos, mazahuas, chontales, amuzgos, mixes, tlapanecos, triquis, ixcatecos, ojitecos, huaves, tepehuas, huaxtecos, otomíes, nahuas, jonas, mazatecos, cuicatecos, mames, matlazincas, popolocas, lacandones, zoques, tzeltales, choles, tzotziles, quichés, polomanes, lencas, pipiles y nicaraos.

No obstante, suponen que en la actualidad deben existir más de 60 etnias indígenas en la República Mexicana.

ESTADO DE TLAXCALA

El estado de Tlaxcala es una de las 32 entidades federativas de la República Mexicana. Está ubicado en la región Este del país, limitando al Norte con el estado de Hidalgo, al Norte, Este y Sur con Puebla y al Oeste con el Estado de México. Tlaxcala es uno de los estados más pequeños, con sólo 4.016 kilómetros cuadrados de territorio. Sin embargo, está conformado por 60 municipios. Fue fundado el 9 de diciembre de 1856. En tiempos prehispánicos, Tlaxcala fue una de las naciones que logró mantener su independencia ante el Imperio Mexica. Hasta hoy sigue mostrando parte de su nacionalismo prehispánico. La ciudad colonial de Tlaxcala fue fundada sobre la prehispánica en 1520 por Hernán Cortés.

Sus principales actividades agrícolas son el cultivo de maíz, cebada, frijol, calabaza, tomate. Dentro de las principales exportaciones podemos encontrar reses para la explotación de carne, leche y toros de lidia; puercos, caballos, cabras, pollos, guajolotes y colmenas. En la actividad frutícola destacan los cultivos de durazno, manzana, pera y ciruelo.

La altitud media es de 2,230 msnm, dando como resultado un clima templado-subhúmedo en la parte cento-sur del Estado, semifrío- subhúmedo al norte y frío en las cercanías del volcán Malintzin.

TURISMO

Tlaxcala

Palacio de Gobierno. Es una impresionante obra colonial edificada durante la segunda mitad del siglo XVI, donde originalmente se ubicaban las casas reales y la alcaldía del lugar. Si la belleza de su fachada con estilo plateresco les encanta, visitar la parte interior les dejará aún más sorprendidos. Los murales realizados por Desiderio Hernández Xochitiotzin en la segunda mitad del siglo XX narran la historia de la región.

Catedral de Nuestra Señora de la Asunción. El antiguo Ex Convento Franciscano, fue edificado en el siglo XVI. Considerada hoy una de las más antiguas y hermosas, por ser único en su tipo al tener su torre campanario separado del conjunto conventual y conservar en su interior un techo artesonado estilo mudéjar; anexo a ésta se encuentra el convento de San Francisco.

Museo de la Memoria. En un edificio construido a finales del siglo XVI y que funcionó como cofradía franciscana de la Santa Cruz de Jerusalén, se encuentra este pequeño museo que nos narra la historia y transformación de Tlaxcala a través del tiempo. Para ello, el museo cuenta con 5 salas: La República de naturales, El mundo material, Las devociones, La memoria y La diáspora, que les resumirán temas relacionados con los primeros pobladores y la Conquista.

Museo Regional Tlaxcala. Reabrió sus puertas en agosto de 2014, este museo se ubica en lo que es el Ex Convento Franciscano de Nuestra Señora de la Asunción. Para la construcción del inmueble participaron muchas manos indígenas y se construyó entre 1537 y 1542. Después de ser convento, cuartel militar, hospital y cárcel, fue inaugurado como museo. Ahora podrán disfrutar de 9 salas exhibiendo pinturas de caballete, cerámica y lítica.

Capilla Abierta. También llamada Capilla del Rosario o El Humilladero, es una de las capillas abiertas más bellas del país y fue construida en 1528 por los franciscanos. Está conformada por tres arcos y cuenta con una bóveda de estilo gótico. Se cree que es una de las más antiguas de su tipo y aquí se llevaron a cabo los primeros encuentros entre franciscanos y tlaxcaltecas. Ya sea por un interés histórico o religioso, no dejen de visitarla.

Basílica de Nuestra Señora de Ocotlán. Fue construida en 1541 luego del milagro de la aparición de la Virgen María a Juan Diego Bernardino, cuando ésta le pidió su construcción. De ahí que sea uno de los principales centros de peregrinaje en el país. Una de las máximas expresiones del barroco churrigueresco, este templo está lleno de simbolismos y arte religioso, destacándose la figura de Nuestra Señora de Ocotlán que, según dicen, cambia de color entre el rojo y el pálido.

Museo de Arte de Tlaxcala. Se encuentra situado en una antigua casona de 1898, anterior propiedad del poeta y dramaturgo Miguel N. Lira, quien fue un amigo muy cercano de Frida Kahlo. Hoy en día, el museo exhibe la tendencia de las artes plásticas contemporáneas tanto de artistas nacionales como internacionales, pero lo que más llama la atención son las 6 obras, poco conocidas, de la época temprana de Frida Kahlo realizadas en 1972. El sitio tiene 5 salas de exposiciones temporales, así como un centro de documentación, investigación, análisis y registro de las artes visuales en Tlaxcala.

Tranvía Turístico (SECTUR). Otra forma de disfrutar del maravilloso Centro Histórico de Tlaxcala, es tomando su

Tranvía Turístico con guía, el cual, en un recorrido de 25 minutos aproximadamente, les paseará por los principales atractivos. Verán la Catedral, Palacio de Gobierno, los Portales, Casa de Piedra, Plaza de la Constitución, la Plaza Xicohténcatl con su mercado orgánico los fines de semana, Museo de la Memoria, Museo Regional y la Plaza de Artesanías.

Mercado Alternativo Tlaxcala. Todos los viernes, en el parque de San Nicolás, podrán disfrutar de una gran cantidad de productos que han sido cosechados y elaborados de forma responsable. Además de conseguir todo tipo de comestibles de la mejor calidad, el mercado también busca crear consumidores responsables, es decir, consumir más justo, más ético y menos. Quesos, verduras, frutas, carnes, huevos, salsas, tortillas, son unas de las cosas que podrán disfrutar.

Zona Arqueológica de Cacaxtla / Xochitécatl. Tal parece que este lugar fue la capital del pueblo olmeca-xicallanca, del cual realmente se sabe muy poco pero que se cree que se establecieron en la zona alrededor del año 400. El lugar es conocido por la excelente conservación de sus pinturas murales, en donde resaltaban los colores rojo, azul, amarillo, negro y blanco, y representaban características de la cultura maya. Las figurillas encontradas en Xochitécatl, muestran el ciclo de la mujer.

Museo de Sitio de Cacaxtla. Este enorme museo guarda los materiales de las temporadas de campo que se iniciaron desde 1975 hasta el rescate arqueológico de 1998. Exhibe 240 objetos de la cultura olmeca-xicalanca, que habitó la región entre 200 y 850 d.C. Los más importantes son 2 urnas policromadas con representaciones de tres personajes mitológicos, además de 2 ofrendas, una de las cuales estaba distribuida para formar un mascarón de Tláloc, el dios de la lluvia. El acervo se compone de restos óseos, como cráneos con deformaciones; restos de utensilios de piedra y hueso, como agujas, puntas de proyectil, cuchillos y navajas; figuras de barro con representaciones humanas y otras para uso doméstico, como vasijas, ollas y fragmentos de pintura mural.

Apizaco

Basílica de la Misericordia. Con un estilo neogótico, esta iglesia se terminó de construir en el año de 1961 en parte gracias a Mario Moreno 'Cantinflas', quien donó dinero para que se terminaran de construir las torres. Cuenta con 3 naves de piedra labrada y algunos creen que está inspirada en el Templo Expiatorio de la Sagrada Familia de Barcelona. Las celebraciones de Nuestra Señora de la Misericordia se llevan a cabo los días 12 de mayo.

Museo Casa de Piedra. En un edificio que se construyó en 1916 como sede de los trabajadores de Ferrocarriles Nacionales de México, se alberga este museo que a través de sus exposiciones nos cuenta parte de la historia de Apizaco y su ferrocarril. Para ello cuenta con documentos originales, como el nombramiento del primer presidente municipal o los planos originales de la Basílica de la Misericordia. Un pequeño museo que tendrán que visitar y recorrer sus 12 salas.

Tlaxco. Este pueblo mágico ofrece, para los amantes de la naturaleza, bellísimos paisajes como bosques, arroyos y pequeñas cascadas. Es famoso también por su riqueza arquitectónica presente en la Parroquia de San Agustin de Hipona, una de las más conservadas en el Estado, en su interior tiene un retablo tallado en madera y laminado en oro, que al parecer data del siglo XVIII. Además del reciente descubrimiento del yacimiento de pinturas rupestres, ubicadas a kilómetro y medio de la comunidad La Ciénega, conocidas como Pinturas Rupestres La Gloria.

Huamantla

Museo Nacional del Títere, MUNATI. Albergado en una casona del siglo XVIII, en este simpático museo podrán observar los títeres y muñecos utilizados y coleccionados por los hermanos Rosete Aranda, quienes fueron famosos titiriteros durante el siglo XIX, al grado de ser invitados al Palacio Presidencial por el mismo Benito Juárez. El museo cuenta con 8 salas en donde podrán ver las más de 500 piezas traídas de Alemania, Francia, Italia, Indonesia y Pakistán, entre otros países.

Parque Nacional La Malinche. Declarado Parque Nacional en 1938, estos espectaculares bosques son ideales para realizar actividades al aire libre. En su extensión de más de 45 hectáreas podrán hacer largas caminatas a través de sus espesos bosques de coníferas, escalar los casi 4,500 metros del volcán e incluso hospedarse en alguna de las cabañas de la zona o acampar. Es ideal para estar en contacto con la naturaleza, respirar aire puro y pasar un día agradable.

Museo Taurino. Éste es el primer museo de Huamantla, aquí harán un recorrido por la historia taurina del país a través de sus colecciones de carteles, fotografías, cabezas de toros, trajes de luces, hierros, esculturas y maquetas entre las que se encuentran la Monumental Plaza de Toros México y El Relicario de Puebla, por mencionar algunas. El lugar también cuenta con videoteca y biblioteca, y se organizan eventos tales como 'tablaos flamencos', conferencias y más.

Museo del Pulque. Si lo que quieren es saber acerca del pulque, la Hacienda Soltepec es la ideal para mostrarles esta actividad centenaria que le dio gran relevancia a Huamantla en la época de la Conquista. En algún momento la hacienda producía esta bebida emblemática, y con los años los propietarios se dieron a la tarea desarrollar un museo en el antiguo tinacal de la Hacienda, con el objetivo de revalorizar el pulque. Este breve espacio situado a un costado de la fechada principal, contiene los elementos con que se elaboraba la bebida, una antigua barra dentro del museo, se sirve pulque a los visitantes, además de observar fotografías clásicas de otros tiempos, de los usos y costumbres del pulque y sus productores.

Sábados Mágicos. Todos los sábados se elabora, a partir del mediodía, un colorido tapete en el callejón Margarita Maza con aserrín de múltiples colores. La gente llega para ver su proceso de elaboración, así como el resultado colorido. Al finalizar hay cohetes y danzas de matachines. Esta costumbre toma más fuerza el 14 de agosto cuando se realizan varios tapetes para la famosa Noche que Nadie Duerme como parte de los festejos a la Virgen de la Caridad.

Nanacamilpa

Santuario de las luciérnagas. Como dato, las luciérnagas no viajan para llegar a los bosques de Tlaxcala, de Nanacamilpa, ésta es una especie que vive de manera permanente allí, sólo que en el mes de julio, la época de su apareamiento, se iluminan para hacerse notar. En México, la cantidad de especies de luciérnagas registradas son 164, de las cuales 84 son endémicas. Esta especie permaneció protegida durante muchos años hasta que en el año 2012, el gobierno del Estado hizo una fuerte campaña para dar a conocer al público este impresionante espectáculo natural, sin imaginar la cantidad de personas que llegarían convocadas por las luciérnagas.

Zona Arqueológica de Tecoaque. Fue una importante ruta comercial durante el Clásico Temprano, se dice que fue en este lugar en donde capturaron la caravana española liderada por Pánfilo de Narváez, quienes tenían la orden de capturar a Hernán Cortés. En el sitio se han encontrado huesos de españoles, negros y mulatos, que confirman esta historia. Los monumentos más importantes de Nanacamilpa son la Plaza Superior, la Plaza Inferior y la Zona Habitacional.

Santuario de las Luciérnagas. Durante la segunda semana de junio y hasta los primeros días de agosto podrán ver un espectáculo de luces naturales en el Bosque de las Luciérnagas. Como si fueran árboles de navidad adornados con luces, estos maravillosos animales adornarán las más de 200 hectáreas de bosques de coníferas, encontrando aquí un excelente lugar para reproducirse. En cuanto a espectáculos naturales, pocos son más sorprendentes que éste, así que déjense llevar por él y aprovechen al máximo la experiencia.

Tlaxco

Hacienda Xochuca. Una hacienda que produce el Néctar de los Dioses, podrás caminar entre las magueyeras mientras escuchas una explicación sobre la elaboración del pulque. También podrás experimentar el capado del maguey, la extracción del mixiote y agua miel, recorrer la casa, tlatloyo y degustar pulque y agua miel. Es una forma de revivir el pasado a través de esta bebida milenaria que era tomada exclusivamente por nobles, sacerdotes y reyes antes de la Colonia.

Quesería La Vaquita. Desde hace 20 años Pablo Albuquerque y su familia, realizan quesos artesanales. Conoce el proceso de la elaboración de estos quesos y adquiere alguno de los 14 diferentes tipos, como tenate, asadero, adobado, canasto, y ranchero, además de otros productos lácteos.

Taller Escuela de Platería. Este taller fue fundado por la maestra Eva Martínez en 1985. Los 150 principales modelos de aretes que trabaja este Taller, son obra de su trabajo de investigación y recopilación en los viajes que realizó para estudiar algunas tradiciones en comunidades de 10 estados del centro del país. El taller rescata modelos antiguos de joyería mexicana de los siglos XVIII, XIX y XX trabajados de manera artesanal, que podrán apreciar como también adquirir. En el lugar se imparten cursos, en los que los alumnos aprenderán el oficio de la orfebrería.

GASTRONOMÍA

La actual gastronomía tlaxcalteca es una herencia milenaria de sus antepasados prehispánicos, enriquecida con importantes ingredientes españoles, que dan forma a una multitud de sabores, aromas y colores que son una auténtica delicia. El alimento por excelencia en esta región ha sido el maíz, al cual se le confería un origen divino; tal vez por ello, los antepasados llamaron a su tierra Tlaxcallan, en honor a la tlaxcalli, nombre náhuatl de la que hoy conocemos como 'tortilla de maíz'.

Debido al bloqueo comercial de los mexicas sobre los tlaxcaltecas, éstos carecían de sal para sazonar sus platillos, por lo que en sustitución utilizaron el tequesquite. Hoy, se siguen sazonando algunos alimentos con éste, lo que les da un toque especial. El arte culinario de la región se ha enriquecido con la abundancia de hierbas y plantas como cilantro, perejil, epazote, pápalo quelite, quintoniles, verdolagas, huauzontle, pipitza, miltomate, cebolla de rabo, chile, calabaza y nopal, del cual fue condimento muy importante uno de sus frutos; el xoconoxtle. Los insectos también forman parte de las delicias gastronómicas de Tlaxcala, como los chapulines, chinicuiles (gusanos rojos de maguey), los escamoles (larvas de hormiga) y el ahuaxtle (huevecillos de mosco). Abundan también los charales, los ajolotes, los acociles (pequeños camarones de río) y los peces de río. Las flores como las de yuca, la de zompantle o colorín, la de calabaza y la jamaica, también forman parte de esta gastronomía.

Con la masa del maíz se elaboran los tlatloyos (o tlacoyos) con frijol o ayocote, a los que agregan chile y epazote, tamales, atoles, pozoles y los indispensables tlaxcales. También del maíz se obtiene el sabroso huitlacoche (que es su hongo). Barbacoa de carnero en mixiote de maguey. También se puede degustar la carne de res o de cerdo en pulque, algunos pipianes de pollo (con alguna influencia poblana) y el famoso mole que es preparado en variadas poblaciones con diferentes fórmulas y condimentos, como el llamado mole prieto, que se sirve con puré de carne de cerdo. El 'Pollo Tocatlán' y el 'Pollo Calpulalpan' son delicias con el sello de la cocina tlaxcalteca.

Para cerrar con broche de oro, se recomiendan los distintos tipos de arroz con leche, los buñuelos con requesón y miel de piloncillo, los dulces de pepita, el pan de fiesta, los muéganos de anís y canela de Huamantla y las famosas alegrías. Si bien los tlaxcaltecas ya consumían dulces elaborados con semillas de amaranto y aderezados con miel de hormigas silvestres, no fue sino hasta la Colonia que conocimos la miel de abeja y la caña de azúcar, cuyas mieles o melazas dieron origen al piloncillo mexicano.

En este rubro el rey de las bebidas es el pulque, el cual mezclado con frutas de la estación se convierte en los exquisitos 'curados'; aunque también encontrará en algunas poblaciones el vino de capulín, que es un poco dulce; y para los que no consumen alcohol, hay una gran variedad de atoles y aguas frescas.

ARTESANÍAS

En este renglón Tlaxcala tiene bastones y artesanías de madera. Sarapes, gabanes y saltillos, en los textiles. Máscaras e imágenes religiosas talladas en madera. En la alfarería, el barro cocido y el barro bruñido. En ropa y blancos están los bordados y el pepenado. Las famosas alfombras de aserrín. La platería. La fabricación de salterios y otros instrumentos de cuerdas. Cestería. Loza de Talavera. Mobiliario de hierro fundido y campanas y cazos de cobre. Labrados en cantera y mármol. Imaginería en cartón y papel maché dan vida a los alebrijes. Las figuras creadas con hoja de elote. Los artículos ornamentales a base de ónix. La elaboración del popotillo, y la fabricación de artificios pirotécnicos.

DEPORTES

El estado de Tlaxcala no tiene, por el momento, representación en ningún deporte profesional. Sin embargo, ha sido cuna de grandes novilleros y toreros que han figurado en 'la fiesta brava'; lo mismo que algunos boxeadores sobresalientes.

MÚSICA / DANZAS

En Tlaxcala la música es producida por bandas cuyos elementos tocan guitarras, violines y trompetas. Con sus alegres interpretaciones ellos acompañan, por ejemplo, 'La Danza de los Cuchillos' y 'La Danza de Camadas'.

ESTADO DE VERACRUZ

El estado de Veracruz es una de las 32 entidades federativas de la República Mexicana. Su territorio comprende una larga franja de tierra de bordes irregulares delimitada por el mar y montañas. Tiene una extensión territorial de 71,699 kms². Colinda con 7 estados de la República Mexicana: al Norte con Tamaulipas, al Sur con Oaxaca y Chiapas, al Oriente con el Golfo de México, al Poniente con San Luis Potosí, Hidalgo y Puebla y al Sureste con Tabasco. El estado de Veracruz está conformado por 212 municipios.

Tres culturas autóctonas poblaron al territorio del hoy estado de Veracruz; los huastecos, los totonacas y los olmecas, que a decir de algunos investigadores, fueron una vasta comunidad de pueblos emparentados étnica y culturalmente. El área ocupada por los huastecos abarcaba desde el sur de Tamaulipas, parte de San Luis Potosí, Querétaro, Puebla e Hidalgo y por el sur el río Cazones. Los restos más antiguos de esta cultura se han encontrado en la zona del río Pánuco.

El traje típico de la mujer es el 'jarocho' y consta de una blusa, manto y una falda, blancas todas, ésta última es ancha y bordada con coloridas flores. La blusa del traje es con el cuello con corte en V. La parte baja de la blusa lleva un encaje deshilado, conjunto de flecos que cuelgan de los bordes inferiores y son de colores llamativos, naranjas, amarillos o rojos. Los zapatos son blancos, igual que la blusa y la falda. Encima de la falda lleva un delantal de terciopelo negro, éste adornado con flores bordadas y encajes. El traje es rematado con un rebozo, manto o chal de seda, que las mujeres se colocan sobre la cabeza o sobre los brazos.

TURISMO

Veracruz

Fuerte de San Juan de Ulúa. La construcción de este fuerte está estrechamente ligada con la fundación de la ciudad, el 22 de abril de 1519. Ubicado en el islote frente al puerto, funcionó como abrigo y muelle para los galeones que llegaban de España y también para defender a la ciudad de ataques piratas. También tuvo un breve periodo como prisión. Ahora es un museo cuyas piezas y muros les contarán una parte importante de la historia no sólo de Veracruz, sino de todo México.

Casa Museo de Agustín Lara. Se le conoce también como la 'Casita Blanca' y entre sus muros habitó el gran músico y poeta mexicano, Agustín Lara. En sus 8 salas verán el desarrollo artístico del Flaco de Oro, las mujeres más importantes en la vida del compositor y sus etapas más significativas en Veracruz. El museo también cuenta con unas salas para exposiciones temporales en donde se muestra la obra de varios artistas, especialmente pintores y fotógrafos.

El Malecón. Es el lugar ideal para hacer un paseo y disfrutar de la actividad portuaria de Veracruz, recorran su malecón mientras la brisa del mar les acaricia la cara. Visiten algunos de sus restaurantes a probar la rica gastronomía regional y refrescarse con un agua fresca. Durante su recorrido también encontrarán algunas artesanías típicas de la región. Si buscan un regalito, espérense a pasear por el malecón.

Acuario de Veracruz. En 1992 abrió sus puertas y a la fecha han pasado por ellas millones de visitantes, siendo una de las principales atracciones del puerto. El lugar cuenta con varias exhibiciones del mundo marino que les dejarán maravillados, como el tiburonario, la pecera arrecifal, el manatiario, por mencionar algunas. También cuenta con un par de kioscos en donde aprenderán mucho sobre la vida marina a través de sus exposiciones interactivas.

Baluarte de Santiago. Para proteger la ciudad de ataques, se comenzó a construir una muralla en el siglo XVI que la rodearía y que estaría compuesta por nueve baluartes. El Baluarte de Santiago, construido en 1635, es el único que aún se mantiene en pie. Además de la imponente construcción, el lugar también tiene un museo en donde podrán disfrutar de objetos de la época virreinal. Recuerden que al lugar también lo conocen como 'El Polvorín'.

Museo de la Ciudad. El edificio que alberga este museo es en sí una pieza que vale la pena admirarse. Su reja de bronce, el patio central, la escalera tipo imperial, el gran vitral, estas son parte de su encanto. El museo recuenta la historia de tan importante puerto y, al ser uno de los pasos primordiales de los españoles al centro de México, también es parte de la historia nacional. A diferencia de casi todos los museos, éste cierra los días martes.

Tardes de Danzón. Fue por este puerto y la península de Yucatán que el danzón, cuyo origen es cubano, se introdujo a México; de ahí que hasta el día de hoy su tradición siga estando muy arraigada en esta ciudad jarocha. Los jueves y sábados alrededor de las 7:00 de la tarde, podrán disfrutar viendo a parejas bailar el danzón. Si se les antoja, también pueden pararse para unirse al baile pues no se requiere invitación especial para hacerlo.

Cañonero Guanajuato C-7, Museo Naval Interactivo. El Cañonero Guanajuato fue un barco de guerra que sobrevivió a la Segunda Guerra Mundial, después de 65 años al servicio de la Armada Mexicana, se convirtió en el primer Museo Naval Interactivo, el cual ofrece recorrido guiado por oficiales retirados de la Marina Mexicana, los cuales les llevarán a conocer las 16 áreas que conforman el buque. La popa alberga su restaurante Bocamar, donde se puede apreciar la hermosa vista al Río Jamapa.

Aquático Inbursa. Parque de diversiones didáctico y acuático de clase mundial, considerado el más grande en su tipo en América Latina. Ofrece atracciones innovadoras, tales como el Aqua Play multinivel con 4 toboganes y juegos interactivos, Río Lento, MasterBlaster, Boomerango, SuperBowl, Alberca de Olas, Wizzard de Carreras, zona infantil con 5 toboganes, canchas de voleibol, asadores, vestidores y áreas verdes. Así que no se pierdan visitar la más reciente atracción en el puerto jarocho.

Museo Histórico Naval. En el edificio que ocupó la Escuela Naval de Veracruz que abrió sus puertas en 1897, se inauguró este museo que cuenta con 18 salas dedicadas a temas relacionados con la navegación. El edificio en sí tiene mucha historia, puesto que fue bombardeado por los norteamericanos en 1914. Desde la época prehispánica, la conquista de México y hasta el Porfiriato, encontrarán piezas y fotografías que les narrarán la historia naval mexicana.

Tlacotalpan. Éste es un hermoso pueblo cuyas construcciones fueron pensadas para resguardar a la gente de la lluvia y el calor, al recorrerlo sentirán la gran paz que en él se respira. Les recomendamos ir a la Plaza Zaragoza, a un lado de la cual encontrarán la Iglesia de San Cristóbal y la Capilla de Nuestra Señora de la Candelaria. Disfruten también de su Plaza Hidalgo, la Casa Museo Agustín Lara, la Casa Rafael Murillo y prueben el delicioso caldo de mariscos.

Laguna de Mandinga. Es un lugar tradicionalmente de pesqueros, los cuales ofrecen agradables paseos en lancha, donde les enseñarán cómo se pesca en la región, además podrán observar las aves migratorias que llegan a este mágico lugar lleno de manglares. También, este sitio es conocido por su variedad de restaurantes, los cuales ofrecen lo mejor de la comida veracruzana. Y no olviden apreciar los atardeceres.

Xalapa

Museo de Antropología de Xalapa. Creado en 1937, en la larga historia del MAX la colección ha ido aumentando al grado de contar hoy día con miles de piezas que abarcan 30 siglos y cubren las culturas establecidas en la parte central del estado de Veracruz. El lugar cuenta con 2 salas para exposiciones temporales que cambian de forma constante. Los fines de semana se llevan a cabo actividades para niños y jóvenes, no dejen de preguntar por ellas.

Catedral. Aunque fue construido a mediados del siglo XVII, ha sufrido tantos cambios que ahora su estilo es ecléctico y queda muy poco de la iglesia original. Una de sus torres está incompleta, la otra porta un reloj que fue traído de Inglaterra. El interior fue saqueado en 1977, de ahí que queden pocas imágenes y arte sacro para admirar. Lo que sí tiene, es una capilla dedicada a San Rafael Guízar y Valencia, quien fue beatificado por Juan Pablo II.

Galería de Arte Contemporáneo. En un edificio del siglo XVIII que albergaba a quienes pasaban por la ciudad, esta galería es una de las más importantes de la ciudad ya que ofrece múltiples actividades artísticas como cursos, talleres, diplomados; además de contar con exposiciones permanentes y temporales relacionadas con arte contemporáneo. Los Jueves de Libros están dedicados a la literatura, así que si les gusta leer no desaprovechen la oportunidad.

Jardín Botánico Francisco Javier Clavijero. Son 38 hectáreas las que comprende este jardín, 30 de las cuales son bosque y el resto cuenta con exposiciones botánicas. Fundado en 1975, su objetivo es el estudio, protección y difusión de las plantas de la región de Xalapa y para ello exhibe cerca de 6,000 ejemplares pertenecientes a 700 diferentes especies. En una completa armonía natural, durante su visita gozarán de sus enormes jardines e incluso pueden comprar algunas de estas plantas.

Museo Interactivo de Xalapa. También conocido como el MIX, es el espacio ideal para que las familias que lo visiten aprendan sobre las ciencias, el arte y la tecnología, siempre en un ambiente divertido. La idea es que en un contexto dinámico con exposiciones interactivas, sus visitantes pasen un agradable rato en familia. El lugar también cuenta con sala IMAX y planetario, por lo que les recomendamos revisar los horarios de las proyecciones.

Callejones de Xalapa. Por como se construyó esta ciudad, quedan muchos callejones que la atraviesan y que están envueltos en leyendas y datos mágicos. Como el Callejón del Perro, cuya historia relata que un matrimonio y su perro fueron encontrados asesinados, pero gracias a un pedazo de tela en el hocico del can capturaron al asesino. Es sólo un ejemplo de otras leyendas. Otros callejones son: El Jesús te Ampare, el del Diamante, el de la Perla, por mencionar muy pocos.

Parque Ecológico Macuiltépetl. Es el lugar ideal para pasar un día entero en contacto con la naturaleza y realizando actividades deportivas. Dentro de sus instalaciones podrán visitar los vestigios de un volcán, un mausoleo de personajes ilustres que consiste de una pirámide construida durante los cuarentas y también hay juegos infantiles para los pequeños. Es el espacio perfecto para que pasen un agradable día de campo con su familia y amigos.

Pinacoteca Diego Rivera. El lugar cuenta con 3 salas: la Sala Principal, la Jorge Cuesta y la Teodoro A. Dehesa. En la primera es en donde se ha conjuntado la colección de Diego Rivera, pero también deben visitar las otras, ya que encontrarán exposiciones temporales de la más fina calidad. Si lo desean, pueden optar por un recorrido guiado en donde les explicarán lo más relevante sobre las obras presentadas y su autor.

Naolinco. Este pueblo es famoso ya que es sede de una de las fiestas más importantes de la región, en la cual los hombres se ponen máscaras para escenificar una batalla campal, mejor conocida como la negreado, de igual forma, en este lugar se realiza la tradicional danza de los Santiago y de los Moros y Cristianos, las cuales se llevan a cabo en el mes de septiembre. No olviden visitar una de sus tradicionales tiendas en las cuales podrán comprar productos de piel hechos a mano por la gente local.

Córdoba

Museo de la Ciudad. Ubicado en el ahora conocido como Portal de la Gloria, antes era la casa del poeta Jorge Cuesta. Dividido en 6 salas, 4 de ellas están dedicadas a la arqueología y podrán ver muestras de las culturas olmeca, maya, huasteca, teotihuacana y totonaca. También cuenta con una sala de historia y una más para exposiciones temporales. Es el museo más importante de la ciudad, no deben perdérselo por la belleza de su sede y lo interesante de sus salas.

Museo del Café. En su interior se ubica una zona agronómica con 33 plantas de 11 variedades de café que se cosecha en la región, así como una choza en la cual se muestra cómo se trataba el café a principios del siglo pasado. También cuenta con 2 salas donde se exhibe herramientas para el trabajo del café, así como una compilación litográfica y fotográfica, entre otras cosas.

Ex Hacienda de San Francisco Toxpan. Esta hacienda data del año 1690, la cual fue un ingenio azucarero. Actualmente es el Centro Cultural San Francisco Toxpan, donde se llevan a cabo talleres, cursos, conciertos, obras de teatro, proyección de películas y exposiciones. Sin duda tienen que conocerla para saber su historia.

Ex Hacienda de Guadalupe. Con más de tres siglos, esta hacienda es uno de los monumentos más representativos del estado de Veracruz. Anteriormente fue un lugar donde se traficaba con esclavos traídos de Cuba y África. Hoy es un lugar enigmático lleno de historia y lugar donde se cosecha el café arábico. Actualmente se ofrecen recorridos guiados para conocer desde la cosecha hasta el tostado del café, también hay degustación y talleres.

Huatusco

Casacadas de Tenexamaxa. Un hermoso lugar cuyo nombre significa 'lugar del suelo calizo' los 40 metros de altura de estas cascadas les dejarán maravillados. La leyenda que rodea la zona es que durante las noches se baña el diablo y se llega a escuchar su fuerte voz. Sin embargo, muchos aseguran que es el efecto del golpe del agua al caer. Sea cierto o no, el espectáculo es de una gran belleza, convirtiéndose en un lugar ideal para el paseo del fin de semana.

Los Tuxtlas

Reserva de la Biosfera de la Tuxtlas. Los Tuxtlas albergan una enorme biodiversidad debido a su posición geográfica y a la configuración de su terreno. Es una de las zonas más lluviosas del país, lo que da lugar a una compleja red hidrológica; se pueden contar hasta 15 tipos diferentes de vegetación, unas 2,697 especies de flora, 566 de aves, 193 de mamíferos, 120 de reptiles y 46 de anfibios. Además, el lugar es un sitio clave para las especies de aves migratorias de Norteamérica. Dentro de la Reserva se pueden realizar varias actividades de ecoturismo, sugerimos contactar un operador.

Museo Regional de San Andrés Tuxtla. Este museo exhibe piezas arqueológicas de las culturas más antiguas de Mesoamérica, la Olmeca. Aquí se encuentra una destacada pieza, el Señor de Matacapan, escultura que se encontró en la comunidad del mismo nombre. Fue reconstruida por el INAH y se exhibe en la sala principal del museo. También, en este lugar podrán conocer más sobre la historia del tabaco en la región.

Salto de Eyipantla. Es el lugar en donde dicen que habitó Tláloc, su nombre en náhuatl significa 'salto de tres chorros'. Para admirar esta cascada podrán bajar los 244 escalones en donde, desde su base, tendrán una vista privilegiada. Si prefieren evitar el total de 488 escalones en ir y venir, quédense en el puesto de observación y gocen de los 60 metros de caída. Ahí mismo encontrarán restaurantes y tiendas de artesanías que complementarán su visita.

Laguna Encantada. Se le conoce así a esta laguna porque durante la temporada de lluvias baja su nivel de agua y cuando hace mucho calor sube, pero eso sí; con poca o mucha agua siempre gozarán de un hermoso espectáculo natural. Rodeada de selva, sobre este espejo de agua también verán pescadores en busca de mojarra o topote. Cada primer viernes de mes es visitada por chamanes ya que es un lugar de ritos. Como podrán ver, hay muchos motivos para ir a este lugar.

Museo de Sitio Tres Zapotes. Abrió sus puertas en los años setentas, las salas de este museo exhiben las colecciones de monumentos olmecas que fueron encontradas en Tres Zapotes. A la entrada les recibirá un enorme jaguar que viene de Santiago Tuxtla, en donde además se descubrió la primera cabeza colosal en 1862. La privilegiada situación geográfica se refleja en las piezas que verán, ya que contaban con arcilla para cerámica y basalto como materia prima de sus esculturas.

Playas. Tranquilidad y mucho que disfrutar es justo lo que ofrecen estas playas del estado de Veracruz. Les brinda la opción de practicar el turismo alternativo y de aventura en sus ríos, cascadas, cuevas, islas y acantilado. Podrán practicar rappel, recorridos en lancha, paseos a caballo y mucho más. Las playas más visitadas son Montepío, Toro Prieto, Hermosa, Los Órganos, Punta Puntilla, Roca Partida, Puerto Balzapote y Costa de Oro.

Orizaba

Pico de Orizaba. Con 5,610 metros, el Citlaltépetl o Montaña de la Estrella, como también se le conoce, es la elevación más alta de México. A las faldas de este gran volcán podrán realizar actividades al aire libre como ciclismo, camping, observación de flora y fauna. Pero por supuesto, es un gran reto para quienes gustan del montañismo. Hay varias rutas con diferentes dificultades, pero si prefieren quédense abajo porque tendrán mucho que hacer.

Teleférico. Desde arriba gozarán de una espectacular vista de la ciudad y la hermosa naturaleza que la rodea. Saliendo desde el Parque el Pichucalco y llegando al Cerro del Borrego, podrán ver sobre las alturas el ecoparque y las ruinas de la fortaleza francesa. Mantengan bien abiertos los ojos y la cámara lista, porque todo el trayecto les parecerá impresionante.

Paseo del Río y Reserva Animal. Este paseo cruza la ciudad de norte a sur, recorriendo una distancia de casi 5 kilómetros sobre la rivera del río Orizaba. Podrán disfrutar de puentes, arboledas, juegos infantiles y asadores, pero lo que más llama la atención de este lugar es la reserva animal que se encuentra aquí, la cual cuenta con más de 35 especies animales como: jaguares, llamas, cocodrilos, monos y muchos más.

Museo de Arte del Estado. El edificio que alberga este museo originalmente fue el Oratorio de San Felipe Neri para después pasar a ser albergue de soldados, hospicio, hospital y finalmente convertirse en el museo que es hoy. En su interior podrán admirar más de 600 obras de arte que se remontan a finales del siglo XIX. Su colección más reconocida es la de Diego Rivera y las obras representativas de la plástica veracruzana.

Parque Nacional Cañón del Río Blanco. Este lugar cuenta con la Cascada del Elefante, quizá no sea muy grande ya que su caída sólo recorre 20 metros, pero sin duda les regalará un hermoso paisaje. Para gozar al máximo la vista, les recomendamos bajar por el paseo de los 500 escalones desde donde tendrán una vista panorámica hacia el cañón y la cascada. Ahí mismo se encuentra la tirolesa más alta del Estado, con una altura de 120 metros, y conformada por dos vías de 288 y 270 metros de largo.

Cañón de la Carbonera. Este cañón se ubica en el municipio de Nogales, el cual cuenta con una longitud de 8.5 kilómetros y una profundidad de 200 a 750 metros, la reserva cuenta con 24 cascadas, 12 manantiales y 4 cavernas, ideal para los amantes de la aventura, se requieren por lo menos 36 horas para un recorrido amplio. Este lugar es ideal para prácticas como el cañonismo, senderismo y rappel.

Poza Rica

Barra de Cazones. Aunque en Barra de Cazones hay pocos habitantes, en años recientes se han volcado al turismo, por lo que no les será difícil encontrar algún lugar en donde alojarse o comer un rico platillo de mariscos. Las playas de este pequeño pueblo son muy agradables y tranquilas, ideales para nadar, bucear o practicar snorkel. Ya sea que lo consideren para pasar unos días o para disfrutar de sus playas durante el día, el paseo será muy agradable.

El Tajín. La ciudad prehispánica más importante de la costa norte de Veracruz, fue la antigua capital de la cultura totonaca. Su monumento más sobresaliente es la Pirámide de los Nichos que está decorada con 365 nichos. Además, cuenta con el mayor número de juegos de pelota; un total de 17. Dentro de la Zona Arqueológica se encuentra un museo de sitio donde podrán admirar objetos tallados de los totonacas y conocer uno de los rituales más famosos del lugar; el juego de pelota. En marzo se lleva a cabo la Cumbre Tajín en el cercano Parque Takilhsukut, para que estén pendientes de las actividades y grupos que se presentarán allí.

Castillo de Teayo. Lo primero que verán a su llegada a este municipio es una gran pirámide de 11.5 metros de alto, es una construcción de la cultura Tolteca la cual se ubica en medio de la plaza principal del pueblo. A un costado de la pirámide se encuentra el museo de sitio, el cual alberga esculturas y lápidas encontradas en la zona.

Parque de Las Américas. Al lugar también se le conoce como el Cerro del Abuelo que, después de haber pasado por una reciente remodelación, verdaderamente gozarán al visitarlo. Lo que más sobresale es la espectacular vista de la ciudad, desde donde podrán contemplar las lumbreras y los pozos petroleros. En el lugar, como quizá lo intuyan por su nombre, encontrarán monumentos y banderas que conmemoran la unión de los países del Continente Americano.

Papantla

Centro Histórico. Un pintoresco pueblo que no se deben perder por sus bellos monumentos y sus ricas tradiciones. Les recomendamos empezar en el Parque Israel C. Téllez, nombrado así por la pintura mural que verán en su kiosco. Visiten la Catedral de la Asunción que contiene hermosos retablos en su interior. Dense una vuelta por la Plazoleta de la Vainilla, la que tiene una fuente que narra su origen. Y todos los viernes en la tarde en casi cualquier lado, ¡habrá danzón!

Monumento al Volador. Diseñada por Teodoro Cano, esta escultura es un homenaje a los hombres que desde tiempos prehispánicos arriesgan su vida en este rito de la fertilidad. El monumento consta del caporal de la cuadrilla, quien toca la flauta y el tambor. Desde donde se encuentra ubicado, tendrán la oportunidad de gozar de una vista panorámica del centro de Papantla. Así que tienen dos motivos para visitarlo.

Voladores de Papantla. No pueden ir a esta zona sin presenciar este gran espectáculo. Sobre un poste de 30 metros verán a cuatro hombres-pájaro caer mientras el caporal, sobre una plataforma de madera a lo alto, toca la flauta y el tambor. El rito está relacionado con la fertilidad de la tierra y se lleva a cabo desde tiempos inmemoriales. Aunque ya la reproducen en varios lugares del país, ustedes podrán presenciarla en El Tajín con un escenario único y en el Centro Histórico.

Parque Temático Takilhsukut. Este lugar alberga el Centro de Artes Indígenas, que fue declarado Patrimonio Cultural de la Humanidad. Fue creado para la enseñanza y conservación de la cultura Totonaca. Allí podrán aprender de sus tradiciones y costumbres y realizar varias actividades que se imparten en las casas de enseñanza. Se recomienda visitarlo en sábado, ya que ese día es cuando hay más actividades.

MÉXICO LINDO ¡DESPIERTA!

Zona Arqueológica de Cuyuxquihui. Esta zona arqueológica que se encuentra ubicada al sur de Papantla es casi desconocida. Cuenta con estructuras piramidales construidas tras del abandono de El Tajín, cubiertas por la vegetación y rodeadas por árboles con algunos fragmentos de pinturas sobre los muros, además de un gran juego de pelota.

Tlacotalpan

Plaza Zaragoza. Esta es la Plaza Principal de pueblo, en el centro luce un quiosco dorado y en los alrededores se encuentran las edificaciones más importantes como la Parroquia de San Cristóbal, el Santuario de Nuestra Señora de la Candelaria, la Plazuela Agustín Lara, el Palacio Municipal y la Casa Artesanal Rafael Murillo, los cuales son dignos de visitar.

Templo de la Candelaria. Este templo llamará su atención por los tonos pasteles tanto del interior como del exterior. Por fuera su construcción es más bien sencilla, pero adentro observen la bóveda y cúpula que fueron hechas con piedra de coral. Al interior alberga la imagen catalana de Nuestra Señora de la Candelaria, quien es la patrona del pueblo. Si quieren vivir de lleno la experiencia, visiten el lugar el 31 de enero cuando se celebra a la patrona.

Museo Salvador Ferrando. Situado en una casa típica del siglo XIX, la cual fue propiedad del pintor tlacotalpeño Salvador Ferrando. Al cruzar su puerta de madera, conocerán una colección importante de su obra, donde plasmó a la gente y paisajes típicos de la localidad. También exhibe algunos objetos y antigüedades coloniales.

Mini Zoológico / Museo. En este lugar se exhiben cocodrilos capturados por su fundador Pío Barrán hace más de 30 años, así como garzas, pelícanos, tortugas y loros que habitan en jaulas o deambulan por el patio de la casa. Además, cuenta con objetos y antigüedades que el mismo Pío ha coleccionado durante toda su vida.

Tuxpam

La Playa. En este sitio contarán con 42 kilómetros de extensión para disfrutar al máximo de una de las playas más tranquilas de México. Ya sea que disfruten a la sombra de una palapa, o se den un chapuzón en sus aguas, el lugar es ideal para pasar un lindo día en familia. Además, todo el año cuenta con un clima adecuado para la playa. Y, por supuesto, tendrán una rica variedad de platillos a base de mariscos que deben probar.

Isla Lobos. Este paraíso mexicano les regalará los atardeceres y amaneceres más espectaculares que jamás hayan presenciado, así como todo un mundo submarino digno de descubrirse. Alejada de todo tipo de contaminación urbana, es el espacio ideal para caminar entre sus palmeras y relajarse en sus playas. El lugar también cuenta con un faro que sirve como guía a las embarcaciones que pasan por aquí dirigidas al Océano Atlántico.

Los Arrecifes. Aquí podrán observar verdaderos jardines multicolores llenos de fauna marina. Los que se recomiendan visitar son el arrecife Tuxpan, Enmedio y Tanhuijo los cuales ofrecen la oportunidad de practicar el snorkeling y el buceo.

Parque Reforma. Sin duda es un sitio único del centro, en el cual podrán gozar de una tranquila tarde acompañado por unas ricas bebidas típicas de la ciudad como el Timbakey, el Soni,

MÉXICO LINDO ¡DESPIERTA! 391

Horchatas, Raspados de frutas naturales, entre otros. Además, podrán observar el espectáculo de agua y luces que ofrecen las fuentes danzarinas.

Manglares. En este lugar podrán apreciar las 4 especies de mangles que existen en todo el país; rojo, negro, blanco y botánico, siendo uno de los pocos lugares en todo el mundo donde se encuentran juntos estos 4 tipos. Además, aprecien la vegetación impresionante que alberga la laguna de Tampamachoco y observen su gran variedad de fauna que la habita.

Museo de la Amistad México – Cuba. Este museo fue inaugurado por el presidente Fidel Castro en 1989. Allí se exhiben fotografías, bustos, uniformes y otros objetos relacionados con la Revolución Cubana. También cuenta con 3 salas, de las cuales una de ellas es para la proyección de películas y documentales, así como una biblioteca y salón de usos múltiples.

Parke Loko. Es un parque de diversiones que ofrece una variedad de actividades para toda la familia. Cuenta con las tradicionales albercas y toboganes, pero si lo suyo es lo extremo, éste es el lugar perfecto ya que cuenta con tirolesa, gótcha y muro para escalar. En la taquilla, pregunten por los paquetes.

El Huerto del Bambú. Es un Parque Ecoturístico en el cual se llevan a cabo actividades como camping, kayak y rituales en temazcal, pero el atractivo principal del lugar es conocer las diferentes variedades de bambú que ahí se cultivan, también cuenta con talleres de composta y escultura de barro. No olviden visitar su restaurante y probar su comida casera acompañado de un pan recién salido del horno.

Tamiahua. Es la población pesquera ubicada a la orillas de la inmensa laguna que lleva el mismo nombre. Lo primero que hay que hacer al llegar es dar un paseo en lancha por su barra y esteros, posteriormente visiten el pueblo en el cual encontrarán una gran variedad de restaurantes donde podrán disfrutar de platillos típicos preparados con pescados y mariscos, les recomendamos probar el tradicional 'tamiahuero'.

Álamo Temapache. Este municipio se distingue por su importante actividad citrícola, no olviden visitar algún naranjal de la zona y la monumental figura del trabajador. También conozcan la Iglesia de Temapache la cual fue construida en el siglo XVI y es una de las más importantes de la zona, igual les recomendamos que conozcan la Hacienda La Noria y la Cascada del Salto.

GASTRONOMÍA

El estado de Veracruz tiene una gran riqueza en su mar, lagunas y ríos, de ahí que en su gastronomía predominen los platillos elaborados con pescados y mariscos. Sin embargo, también tiene una gran variedad de comidas con diferentes ingredientes. Entre éstos ustedes encuentran el huachinango a la veracruzana. Mojarras y otras especies fritas al mojo de ajo. Camarones enchipotlados. Jaiba en chilpachole. Caldo largo y una gran variedad de ceviches. Por ser su cocina tradicional y original, el pato a la veracruzana y el mondongo a la veracruzana, son dos guisos muy distintos, sabrosos y aromáticos.

Estos platillos se pueden acompañar con los famosísimos 'toritos', bebidas a base de fruta y leche condensada. Otras bebidas típicas de Veracruz son el habanero, mezcla de aguardiente de uva y caña; vino de naranjas fermentadas; el jobo, hecho a base de ciruelas de árbol fermentadas, o el mosco, licor de naranja.

Y un buen consejo, no deje de probar el helado de pétalos de rosa, los garbanzos enmielados, el camote endulzado, las Gollorías o el Marquesote.

El estado de Veracruz es uno de los principales productores de café en la República Mexicana, primordialmente el que se cultiva en Huatusco. Exquisito en su sabor y aroma, el café es una de las principales bebidas en toda la región.

Principalmente en el puerto de Veracruz está el famoso Café de la Parroquia y ahora también sus sucursales, pero cuya esencia parte de su casa matriz cuyas labores comerciales se remontan al año 1808, sí, un negocio con 219 años de vida y donde se conserva el tradicional 'tintineo' de la cuchara en el vaso que inició con la campana de los tranvías que pasaban enfrente del establecimiento de Independencia para que le sirvieran su café. Es por ello que cuando el cliente pide un café lechero deberá de dar un pequeño golpecito al vaso para que le puedan servir su leche. La Parroquia de Veracruz ha sido lugar de muchos acontecimientos así como también una visita obligada de grandes personalidades; pero lo que más lo enriquece es que puede ser visitada por cualquier persona, desde los presidentes hasta los vendedores de billetes de lotería, sin distinción alguna.

ARTESANÍAS

Las artesanías que tiene la región de Veracruz son muy variadas y las hay de diferentes materiales. En el puerto ustedes encontrarán vistosas artesanías elaboradas con conchas y caracoles que dan forma a bellos collares y aretes; también están los objetos decorativos hechos de hojas de palma y cocos. En textiles destaca el deshilado, el bordado en punto de cruz y ganchillo que realizan las mujeres creando bellos vestidos, mantillas, servilletas, manteles. Artículos de palma y jarciería.

Las manos de los artesanos crean curiosas figuritas con la vainilla, y verdaderas obras de arte en alfarería, instrumentos musicales y artículos de carey. Entre vidrio soplado, juguetes, sombreros de palma y muebles de bejuco, siempre hay algo para llevarse como un buen recuerdo de su visita al puerto.

DEPORTES

Los Tiburones Rojos de Veracruz son el estandarte deportivo de esta entidad, actualmente militan en la Primera División del fútbol mexicano. En cuanto al béisbol, en la Liga Mexicana de este deporte tienen a sus Rojos del Águila de Veracruz.

MÚSICA / DANZAS

En ésta región, el son jarocho es la principal manifestación de la fiesta veracruzana cuyo origen se dice, es una mezcla de aires españoles influenciados por ritmos africanos ya que quienes lo practicaban eran mulatos, marineros y las personas de pueblos que convivian con ellos. Es un género musical que originalmente se ejecutaba con jarana y requinto (y también, dicen, con flauta) y que con el tiempo, se les unieron el violín y el arpa. En algunas comunidades el son y el fandango (su baile) fungen todavía como fuertes elementos de unión social. Lo más conocido de Veracruz es 'La Bamba' un tema que se hizo universal hasta en películas y del que siguen surgiendo versiones.

ESTADO DE YUCATÁN

Yucatán (del maya yucateco u-yuk-a-tan: no conozco tu lengua) es uno de las 32 entidades federativas de la República Mexicana, se localiza al Sureste de la Península de Yucatán. Colinda al Norte con el Golfo de México, al Este con el estado de Quintana Roo y al Suroeste con el estado de Campeche. Posee la economía más desarrollada del Sureste mexicano y en sus tierras se alza la Pirámide de Kukulkán, declarada Nueva Maravilla del Mundo en 2007.

Antes de la llegada de los españoles a la región, la península del Yucatán era una de las más prósperas de la cultura maya y aún conserva algunas ruinas arqueológicas con más de mil años de antigüedad. Las ciudades mayas del área continuaron su crecimiento después del colapso de las ciudades de la zona maya central y de ellas algunas seguían siendo habitadas a la llegada de los europeos. Otras, como Izamal y Mérida (la capital del estado, llamada Jo' en idioma maya yucateco) son importantes centros urbanos en la actualidad.

Yucatán como Estado fue uno de los últimos en incorporarse de pleno a la federación mexicana. De hecho, en el siglo XIX algunas corrientes separatistas promovieron la República de Yucatán, la cual tuvo una vida efímera. Durante el porfiriato el territorio del Estado fue dividido para crear el Territorio Federal que ahora ocupa el estado de Quintana Roo. Actualmente tiene 106 municipios entre los que destacan Maní, Motul, Muna, Progreso, Tekax, Ticul, Tizimín, Umán y Valladolid.

En el Norte del estado de Yucatán se encuentra la playa llamada Progreso; y al Norte de ésta se halla un conjunto de islas llamado Arrecife Alacranes donde se encuentran millones de especies de flora y fauna así como 34 especies de corales; este parque nacional ha sido declarado Patrimonio de la Humanidad por la UNESCO.

Curiosidades: Según una leyenda, en el año 1527 soldados que estaban bajo las órdenes del conquistador Francisco de Montejo, caminaban por el campo cerca de Chichén Itzá, que era el corazón del Nuevo Imperio maya, cuando se cruzaron con un hombre al que preguntaron ¿cómo se llamaba el lugar en donde estaban? Y el hombre les respondió: Yucatán ('No soy de aquí'). Creyendo los soldados que ese era el nombre del sitio, se le quedó así: Yucatán.

Al traje típico lo llaman 'Terno' es de tres piezas que son, 'el jubón', una solapa cuadrada que va sujeta al cuello del 'hipil', el que a su vez llega hasta las rodillas de 'la mestiza' y por último 'el fustán', un medio fondo que se ajusta a la cintura con una pretina, debajo del 'hipil'. Se acompaña con un colorido rebozo que contrasta con el 'terno'. Los bordados a mano 'chuy cab' (en maya), 'punto de satín' (en español) son parte que la elaboración de éstos se lleve hasta seis meses, pues cada vestido debe ser único y por lo tanto una 'obra de arte'.

TURISMO

Mérida

Gran Museo del Mundo Maya. Ubicado en una impresionante estructura arquitectónica inspirada en el árbol de la ceiba, el museo está dedicado a la influencia cultural más importante y grande de la península yucateca, la maya; así como las transformaciones que dicha cultura sufrió con la llegada de otros individuos durante la Conquista. Aprenderán sobre las tradiciones, ritos, etnología, costumbres y mucho más, referente a los mayas.

Museo Regional de Antropología Yuacatán / Palacio Cantón. Está situado en un inmueble de principios del siglo XX perteneciente al general Francisco Cantón, el edificio es imponente y majestuoso con un estilo denominado Beaux Arts que fue común durante el Porfiriato. En sus salas se exhiben los aspectos más importantes de la cultura maya; sus primeros pobladores, cosmovisión, relaciones comerciales, constitución como Estado, por mencionar algunos. Un espacio lleno de historia que no se pueden perder.

La Plaza Grande. En un ambiente totalmente colonial, la Plaza Grande presta sus jardines para que caminen entre ellos o se sienten bajo la sombra de sus árboles en alguna de sus bancas. Rodeada de la catedral, algunas sedes de gobierno y múltiples comercios, es una excelente área de esparcimiento para niños, jóvenes y adultos. Cobra vida principalmente los días domingo, cuando se cierran las calles del centro y la gente se concentra en ellas y sus parques.

Paseo Montejo. Fue alguna vez la zona residencial más sobresaliente de Mérida, ahora el Paseo Montejo es un lugar comercial que goza de cierto apogeo. Las impresionantes mansions de la Blanca Mérida habitadas por familias de abolengo durante el siglo XIX, se convirtieron en restaurantes, hoteles, tiendas, museos y otro tipo de comercios para su deleite. Recuerden que el domingo encontrarán un mercado de arte y la vialidad se cierra para ciclistas.

Zona Arqueológica de Chichén Itzá. Es la ciudad prehispánica maya más sobresaliente, cuando llegaron los españoles era el centro de culto y peregrinación más reverenciado de la Península de Yucatán. Sigue siendo un centro sagrado para los mayas. Estratégicamente establecida entre dos cenotes, un día no será suficiente para visitar los múltiples edificios que la componen. Les recomendamos que hagan la visita con un guía, ya que es vasto el territorio y la información.

Zona Arqueológica de Uxmal. Una parada más de la Ruta Puuc, Uxmal cuenta con varias imponentes edificaciones rodeadas de una espectacular naturaleza. La más sobresaliente de ellas es la Casa del Adivino con 35 metros de altura. Pero también El Convento, que es probable haya sido utilizado como escuela para curanderos, astrólogos y sacerdotes. Admiren también la Casa de las Palomas, el Palacio del Gobernador, el Cuadrángulo de las Monjas, por mencionar unas.

Zona Arqueológica de Dzibilchaltún. Este sitio es famoso por su Templo de las Siete Muñecas, el palacio, cenote y museo con más de 700 piezas. Durante los equinoccios se aprecia a Chaac, el Dios de la lluvia.

Tour del Henequén. La Hacienda Sotuta de Peón es el lugar donde se puede presenciar el proceso del agave para la obtención de la fibra natural que los mayas llamaban sosquil, 'henequén'. Al recorrer la Hacienda, vivirán un verdadero viaje en el tiempo, transportados en plataformas de madera tirados por 'mulas' conocidos como 'truck', sobre rieles. Conocerán el proceso, paso a paso, de la transformación del henequén, de planta a fibra y de fibra hasta el producto terminado, ver la maquinaria antigua que ha sido rescatada de los estragos del tiempo y reconstruida para su proceso operativo, así como la oportunidad de detenerse a observar la forma que los trabajadores peinan la fibra para convertirla poco a poco en cuerdas de diferente grosor.

Cenote San Ignacio. Localizado en el poblado de Chocholá a 20 minutos de Mérida, tomando la carretera a Campeche, se encuentra el Cenote San Ignacio o Tuunich Ha (en maya significa agua en la piedra) resguardado en el interior de una gruta. El sitio no sólo ofrece la visita al cenote, sino también hay un restaurante con comida típica de la región, albercas, camastros, palapas de descanso, vestidores y baños con regaderas. El lugar ideal para pasar el rato con la familia.

Grutas de Calcehtok. Una excelente opción para los que gustan de la aventura, la gran extensión de estas grutas que son aptas para escalar, arrastrarse y explorar pasadizos subterráneos. Incluso los paseos se dividen en principiantes, intermedios y avanzados, así nadie prescindirá de visitar este maravilloso lugar. Al interior también podrán ver las piezas arqueológicas mayas que se han encontrado, así como huesos de humanos y venados.

Ex Convento y Parroquia de San Francisco de Asís, Umán. Construido en el siglo XVIII, la presencia de la Parroquia es majestuosa por la esbeltez y altura de sus paredes que le dan el sello monumental de fortaleza o índole típica de todas las edificaciones erigidas por los frailes franciscanos. Del Ex Convento, ubicado a la izquierda del templo, sólo se conserva parte de su fachada y restos de una capilla.

Celestún. Éste es el lugar ideal si les gusta gozar de la vasta naturaleza de la zona. Pueden visitar sus diferentes manantiales: Baldiosera, para nadar y bucear; Cambay, que es un ojo de agua dulce; Tambor, en donde verán a los flamencos más rosas del mundo. También pueden visitar el rancho Real de Salinas, los bosques petrificados Tampetén y Punta Ninum, así como El Palmar, que es una reserva en donde viven aves migratorias o el faro con mayor altura de Yucatán.

Progreso

Parque Nacional Arrecife Alacranes. Constituye una área natural protegida de gran importancia ya que conforma la estructura coralina más grande del Golfo de México. Está formado por 5 islotes: Isla Pérez, que es el más grande del conjunto; Isla Blanca o Chica; Isla Muertos o Desertora; Isla Pájaros, e Isla Desterrada. Las salidas para visitar el parque son desde Puerto Progreso pero se necesita un permiso para poder ingresar a alguna de las islas. Se pueden realizar algunas actividades como el snorkel, buceo y la fotografía.

Izamal

Centro Cultural y Artesanal. Administrado por una cooperativa, aquí podrán conocer, admirar, comprar y aprender sobre la artesanía que distingue a la cultura maya de la península e incluso de otras zonas del país. Al visitar sus salas, verán piezas elaboradas en materiales como madera, plata, papel, piedra, cuernos de toro, por mencionar algunos. Podrán comprar huipiles, hamacas, portarretratos y muchas cosas más. Tómense un café en el patio central de este edificio colonial.

Zona Arqueológica de Izamal. Es un importante centro religioso y ceremonial de los mayas, el lugar también es conocido como Ciudad de los Cerros y Ciudad de las Tres Culturas, debido a la unión entre la época prehispánica, la colonial y la actual. Con sus típicas construcciones monumentales, se sentirán pequeños ante estas imponentes obras arquitectónicas. Además, es considerada incluso más antigua que Chichén Itzá y Uxmal, por lo que no deben perderse de visitarla.

La Capilla de Indios. El objetivo principal de estas capillas que se establecieron a lo largo de la Península de Yucatán, era que el sacerdote hiciera una visita a ellas cuando no podía ubicarse de forma permanente. En particular la de Izamal que fue construida a un lado del templo, debido a la segregación racial de la época. Como resultado de 'la época de oro del henequén', esta pequeña capilla en donde alguna vez oraron los mayas, es parte de un parador turístico.

Ex Convento de San Antonio de Padua. Construido sobre una gran pirámide en el siglo XVI, en este espacio se conjugan dos épocas de la historia Mexicana; la prehispánica y la colonial. Su atrio es el más grande del mundo después del de San Pedro en El Vaticano, haciéndolo una visita obligada en la península. Su interior también es digno de admirarse pues aún conserva pinturas murales del siglo XVI y su altar principal está dedicado a la Virgen de Izamal.

Taller de Hamacas. Desde hace décadas, don Agustín Kanatún se dedicaba a tejer hamacas que hoy son muy famosas, tanto en México como a nivel internacional. Para trabajar alguna, don Agustín utilizaba un bastidor vertical de madera para tejer hilos de distintos colores y poco a poco crear una. Éstas pueden ser de algodón o nailon y se pueden encontrar desde las pequeñas para bebés hasta tamaño matrimonial.

Sisal

Fuerte de Santiago. El puerto de Sisal fue el principal del país durante el siglo XVI y hasta principios del XX, cuando pasó a ser Puerto Progreso. Durante la época colonial fue construido el Fuerte de Santiago, cuyo objetivo era proteger al puerto de ataques piratas. Su faro distintivo fue añadido en 1845. Ahora es un encantador pueblo pesquero en el cual podrán visitar su fuerte, ver el faro, caminar en su muelle y visitar la exaduana que ahora es Centro Cultural.

Ticul

Zona Arqueológica de Kabah. Conservando su nombre prehispánico, esta zona es mencionada en el Chilam Balam de Chumayel. Considerado un importante centro político dentro del desarrollo de la región Puuc, destaca por su ubicación estratégica ya que era un lugar de confluencia de actividades en la región. Por ser muy extensa consideren las siguientes edificaciones en su visita ya que son las más sobresalientes: Arco Triunfal, Gran Pirámide, Grupo del Palacio y el Codz Poop.

Zona Arqueológica de Labná. Su nombre en lengua maya significa 'casa vieja o abandonada' y se ubica en la región Puuc, este asentamiento probablemente dependía de alguna capital regional. Su extensión no es muy extensa, pero destaca su arco debido a su perfección y ornamentación. También sobresale El Palacio, en donde sobresale el templo de las columnas. Cada una de las edificaciones cuenta con una placa con información sobre ella.

Uxmal

Choco – Story Uxmal. Justo en donde los mayas descubrieron la transformación del cacao al chocolate, podrán disfrutar este museo que les narrará la importancia histórica y folclórica del cacao. Probar un deliciosa bebida de chocolate utilizando recetas

Valladolid

Plaza Principal. Su trazo original data de 1552, aunque ha sido modificada con el paso del tiempo. Y es un excelente lugar para tomar un descanso entre recorridos turísticos ya que no sólo sus bancas, árboles y pasajes son agradables, también podrán admirar desde ahí el Palacio Municipal, la Iglesia de San Servacio y su distintiva fuente que es un monumento a la mestiza vallisoletana. Y, por supuesto, disfrutar de los restaurantes que hay a su alrededor.

Ex Convento de San Bernardino de Siena. Está ubicado en el barrio de Sisal y es el edificio más emblemático de la ciudad. Construido por los franciscanos, desde ahí hicieron gran parte de su labor de conversión de los mayas al cristianismo. Incluso, fue ahí en donde estuvo preso el famoso pirata Lorencillos. En este lugar también se concibió el principio de la gran obra científica mexicana, el Catálogo Botánico de Fray Bernardino de Valladolid.

Zona Arqueológica de Ek Balam. Según los hallazgos, el nombre Ek Balam significa 'jaguar negro' y fue hasta hace muy pocos años que se descubrió esta zona arqueológica; sin embargo, es uno de los asentamientos más importantes del Clásico Tardío. Dentro de sus 15 kilómetros cuadrados, encontrarán más de 40 edificios en una zona amurallada, destacando entre sus estructuras Las Gemelas, el Palacio Oval y la Casa Blanca de la Lectura.

404 MARY ESCAMILLA

Casa de los Venados. Aunque es una residencia privada, sus propietarios abren las puertas para los turistas puesto que poseen la colección de arte popular mexicano más grande en manos de particulares. Con más de 3,000 piezas en posesión de los estadounidenses John y Dorianne, vale la pena visitar esta joya colonial. Diario organizan tours a las 10:00 de la mañana en donde no se requiere reservación y la cuota que les cobrarán está destinada a centros de beneficencia.

Cenote Zací. En maya, Zací significa gavilán blanco, y así se llamaba la urbe sobre la cual se fundó la actual Valladolid. Este cenote es uno de los más grandes a cielo abierto en la península y la vegetación que lo rodea es espectacular. Utilizado desde épocas prehispánicas como aprovisionamiento de agua, hasta el siglo XX se convirtió en sitio turístico. Aprovechen y báñense en sus cristalinas aguas, disfruten de sus paisajes y relájense con el sonido de las aves.

Cenote X'kekén. También se le conoce como Dzitnup y tiene la particularidad que se encuentra dentro de una caverna subterránea. Teniendo el sol como único acceso una pequeña entrada natural, cuando sus rayos pegan sobre el agua turquesa gozarán de un gran escenario natural para nadar. Su nombre significa cerdo en maya y lo recibe porque un campesino lo descubrió cuando fue a buscar a su cerdito. Así que podemos agradecer al chanchito por caer en él.

Calzada de los Frailes. Con una reciente restauración, esta calle les mostrará encantadoras fachadas coloniales y el típico adoquinado de la época, motivo que por sí solo hace que valga la pena recorrerla. Pero su visita también es importante porque construida desde el siglo XVI para comunicar al barrio de Sisal con el centro de Valladolid, esta avenida tiene mucha historia que contar. Así que dense una vuelta al pasado y disfruten de esta belleza, legado de los franciscanos.

Centro Regional de Artesanías Zací. Gran parte de la belleza deslumbrante de Yucatán se debe a su artesanía, de ahí que no pueden irse de Valladolid sin visitar este centro artesanal en donde podrán apreciar una gran selección de los productos más sobresalientes. Admiren sus artículos en madera, cuero y paja, pero sobre todo, los distintivos huipiles bordados. Al ser atendido por los artesanos, obtendrán información sobre la elaboración de las piezas.

Museo de San Roque. Ubicado en un edificio del siglo XVI que en sus orígenes fue claustro, capilla e iglesia para después pasar a ser el primer hospital de Valladolid, fue en 1985 que se estrenó como museo para contarnos la historia de Yucatán, principalmente la de Valladolid. Con magníficas piezas arqueológicas, como esa cabeza de serpiente tallada en piedra de Ek Balam, artesanías, documentos y más, aprenderán sobre la historia regional.

GASTRONOMÍA

Los deleites culinarios de la cocina típica yucateca están hechos de una exquisita mezcla de ingredientes y sabores traídos por los españoles durante la Colonia y más tarde, con aportaciones caribeñas y del medio oriente. Durante algún tiempo la Península de Yucatán fue considerada tierra de difícil acceso, pues los pocos caminos existentes la aislaron del resto de México; pero al tener puertos, se desarrollaron tratos comerciales y culturales con Europa, New Orleans y Cuba principalmente, lo que influenció a los yucatecos con muchos aspectos de estos lugares, conformando así, una de las gastronomías más reconocidas de México y el mundo.

La cocina yucateca mantiene su fama internacional debido a la inigualable conjunción de condimentos y especias tales como la pepita de calabaza, el orégano, la cebolla morada, la naranja agria, el chile dulce, la lima, el achiote, el chile xcat, el habanero y el cilantro, que combinados le dan ese sazón tan especial a la comida de esta región, que alguna vez fue conocida como 'la Tierra del faisán y del venado' por utilizar estas especies como ingredientes principales de los manjares que se preparaban. Actualmente, han sido sustituidos por cerdo y pavo, agregando diversos condimentos.

Estos son platillos a probar si ustedes visitan Yucatán. Definitivamente la cochinita pibil, los panuchos, los papadzules, el poc-chuc, el queso relleno, pescado Tikinxic, entre muchos otros. Para beber qué tal una deliciosa horchata de arroz, un agua de chaya con limón o una de lima, de naranja agria o de pitahaya. Para quienes gustan un aperitivo, el Xtabentún o 'licor de los dioses' será sin duda una excelente opción.

ARTESANÍAS

El Estado da una gran importancia a la fabricación de artesanías. Las laboriosas manos de los yucatecos han creado objetos de notable belleza y brillante colorido, cuyos usos son variados: decoración, uso doméstico; así como el vestido regional, y objetos que sólo se producen para las festividades populares religiosas. Como ejemplos del primer tipo son los molcajetes de piedra, comales, ollas, vasijas, platos, cántaros y jarras de barro. Y otros que se utilizan en la elaboración de hilos y telas, o las flautas o silbatos que semejan animales, huesos o carrizos huecos, con boquillas sobrepuestas. Otros tipos de artesanías son los vestidos de las yucatecas, que son llamados huipiles, los cuales son realizados con bordados de colores en forma de flores, con técnicas como son el hilo contado, pero sin olvidarnos de las famosas guayaberas de exportación a muchas partes del mundo, algunas que son usadas por los políticos mexicanos. También elaboran hamacas multicolores, con hilos de seda o de cáñamo. Existen artesanías un poco menos antiguas como son la talabartería en la cual se trabaja sobre la piel del ganado, para elaborar zapatos, bolsas, billeteras, cinturones, y otros productos más.

DEPORTES

Para la afición emeritense los deportes no pasan desapercibidos, de ahí que tengan en la Liga Mexicana de Béisbol a los Leones de Yucatán. Y como representativo en la División de Ascenso del fútbol mexicano, a los Venados de Yucatán.

MÚSICA / DANZAS

El término jarana, entendido como 'alboroto', se refiere al principal baile de las fiestas populares de Yucatán. Auténtica muestra del mestizaje artístico, la jarana atrae y conquista; ya sea por la cadencia y elegancia de los pasos, por la alegría de la música, o por la actitud solemne de los bailadores que zapatean sobre el suelo. La música, estrepitosa y sonora, está generalmente a cargo de una típica orquesta jaranera, integrada por dos clarinetes, dos trompetas, dos trombones, un güiro y los timbales.

México cuenta con un tipo de geografía turística como la que se puede observar en cualquier otra parte del mundo. Tiene de todo; océanos, mares, lagunas, ríos, montañas, volcanes, desiertos, bosques, selvas, pantanos, humedales y manglares. Una increíble variedad de climas, las mejores playas, cenotes sagrados, corales, zonas arqueológicas de diferentes culturas, pueblos mágicos, zonas protegidas y por supuesto, grandes urbes.

Para quienes hacen turismo deportivo, México también tiene los elementos para que los practiquen, lo mismo en tierra, que en agua o aire; rappel, montañismo, campismo, alpinismo, hípica, maratones. Surfeo, navegación, pesca, buceo y otras más. Paracaidismo, parapente, etcétera.

En síntesis, México es poseedor de una inmensa riqueza de Recursos Turísticos.

ESTADO DE ZACATECAS

El estado de Zacatecas es una de las 32 entidades federativas que conforman a los Estados Unidos Mexicanos. Zacatecas, del náhuatl: zacatlco, 'habitantes de la tierra donde abunda el zacate'. Éste es un Estado localizado en la región Norte-central de México. Limita al Norte con el estado de Coahuila, al Noroeste con el estado de Durango, al Oeste con el estado de Nayarit, al Noreste con el estado de Nuevo León, al Este con el estado de San Luis Potosí y al Sur con los estados de Jalisco y Aguascalientes. La capital es la ciudad de Zacatecas. Tiene 58 municipios y sus principales actividades económicas son la minería, la agricultura y el turismo.

Al noreste de Zacatecas predomina el clima seco desértico y semidesértico. Junio es el mes más caliente y enero el más frío. La temperatura media anual es mayor de 18 °C. Al año, cae en promedio de 400 a 500 mm. de lluvia, principalmente en verano. Hay algunas heladas desde fines de noviembre hasta marzo. En la parte Norte del Estado predomina el clima seco semidesértico, en la parte noroeste el clima seco y templado con temperaturas 'asciladas' es decir, que cambian de repente, en el centro el clima es un poco más seco pero en verano muy templado y en el sur su clima es templado todo el año.

El Estado es conocido por sus grandes depósitos de plata y otros minerales, su exquisita arquitectura colonial en la capital y en otras ciudades. Su importancia durante la Revolución Mexicana también le es reconocida e incluso desde aquella época compusieron una pieza musical que lleva el nombre de 'La Marcha de Zacatecas'.

TURISMO

Zacatecas

Catedral de Zacatecas. Una representación muy valiosa de la arquitectura churrigueresca mexicana, fue edificada por mineros durante el siglo XVII y es sin duda la obra religiosa más representativa de la ciudad, adquiriendo el título de catedral en 1862. El inmueble está labrado en la típica cantera rosa de la zona y su fachada principal cuenta con tres cuerpos sostenidos por un trío de columnas con una cruz como remate. En total son 2,394 metros cuadrados de belleza.

Museo Virreinal de Guadalupe. El museo está compuesto por el acervo que llegó a atesorar el Colegio de propaganda FIDE de Nuestra Señora de Guadalupe entre los siglos XVIII y principios del XX. Sus puertas abrieron en 1917, siendo el primer museo del Estado. El museo, que se conserva en las mismas instalaciones del colegio fundado en 1707, cuenta con 27 salas en donde se exhibe este valioso acervo así como artículos de la vida de los franciscanos.

Museo Arqueológico de Sitio La Quemada. Se inauguró en 1995 para albergar piezas arqueológicas encontradas en la región. Las tres culturas de las que encontrarán explicaciones y piezas son de Loma San Gabriel, Chalchihuites y Malpaso; entre lo que podrán ver hay cerámicas muy elaboradas y herramientas líticas, así como una maqueta del Templo de los Cráneos. Destaca su arquitectura y diseño que fueron integradas al entorno natural, conviviendo así en armonía.

Cerro de la Bufa. El lugar se encuentra a 2.567 metros sobre el nivel del mar ofreciéndoles una de las mejores vistas de la ciudad y sus alrededores. Su nombre se lo dio Juan de Tolosa y significa en aragonés 'vejiga de cerdo'. En 1914 fue testigo de la última batalla de la Revolución. Pueden subir a disfrutar la hermosa vista y visitar la capilla construida en 1728. También se ubica el observatorio meteorológico de Zacatecas y la Plaza de la Revolución Mexicana.

Museo Francisco Goitia. En un edificio que se construyó en 1948 como la Residencia Oficial de los Gobernadores, tras una remodelación pasó a ser museo en 1978 teniendo como objetivo primordial dar a conocer la obra de famosos artistas zacatecanos. Con más de 170 obras de artistas de la talla de Rafael Coronel, Manuel Felguérez, Francisco Goitia, Julio Ruelas y más, el museo ha cumplido. Disfruten también los bellos jardines que se encuentran alrededor.

Museo Zacatecano. Este edificio funcionó desde 1810 como Casa de la Moneda, para después ser oficina de una compañía inglesa y luego oficinas gubernamentales. Exactamente dos siglos después da un giro convirtiéndose en museo. Desde 2010 sus salas exhiben más de 150 piezas de arte huichol en donde sobresale un mural de 2.40m x 3m hecho enteramente de chaquira. También encontrarán 70 imágenes del mundo huichol, documentos históricos, monedas y más.

Zig Zag Centro Interactivo de Ciencias. Este proyecto inició en 2005 al ser desarrollado por el Papalote Museo del Niño. Su objetivo es que los más pequeños logren interesarse en las ciencias y la tecnología a través del juego. Energía, ondas, fluidos, electromagnetismo y mucho más, son los temas que atraerán a los niños y jóvenes de una forma totalmente interactiva. Un lugar ideal para que sus pequeños se diviertan y aprendan de forma simultánea.

Callejoneadas. Si están en Zacatecas no se pueden perder una tradicional callejoneada; pues visitarán calles y callejones siguiendo al tamborazo, un conjunto musical que anima en los bailes. Encabezando este movido recorrido, un burrito carga barricas de mezcal para que ustedes, de su jarrito colgado al cuello, puedan deleitarse con esta bebida.

Las Quince Letras. Abrió sus puertas en 1900 y por ahí han pasado celebridades como Carlos Monsiváis o Antonio Pintor, quien hizo un mural dejando la primera obra de arte plasmada en el lugar. Ahora el bar cuenta con obras de artistas reconocidos como Coronel, Felguérez, Ismael Guardado, por mencionar sólo algunos. Disfruten de un mezcal, cerveza o del arte, pero no dejen de ir a uno de los lugares más tradicionales de esta capital.

Fresnillo

Plateros. Aquí se ubica el Santuario del Santo Niño de Atocha, el tercero más visitado en el país. Su iglesia barroca con su puerta labrada en la típica cantera rosa de la región, vale la pena ser admirada. El ir y venir de peregrinos también es motivo de asombro. Pero sin duda tendrán que visitar el santuario y ver la figura de este Niño Jesús, le pidas o no un milagro.

Plaza del Obelisco. También se le conoce como el Jardín del Obelisco, ya que al centro se encuentra dicho monumento que se construyó en 1833 y que fue inaugurado por el entonces presidente de México, Antonio López de Santa Anna. Además de contar con un reloj solar, ofrece datos geográficos de Fresnillo, por ejemplo, que la distancia al Polo Norte es de

7,424 kilómetros. El lugar es agradable para caminar y sentarse en alguna de sus bancas a descansar.

Museo Ágora José González Echeverría. Originalmente se construyó este edificio como parte de la Escuela Nacional de Minas aunque sólo funcionó como tal durante muy pocos años. Después de ser cuartel militar y albergue para niños, se convirtió en Casa de la Cultura. Ahora podrán visitar el museo que cuenta con 9 salas dedicadas a diferentes personajes originarios de Fresnillo como Manuel María Ponce y Francisco Goitia.

Museo de Minería. Siendo Fresnillo una ciudad minera casi en su totalidad, este museo cuenta una parte fundamental de su historia y del trabajo de mineros durante varias generaciones. Lo que más sobresale al interior son las grandes maquinarias que alguna vez trabajaron en las minas y que nos llevan a un viaje al pasado industrial. Entre sus piezas que más llaman la atención, está el primer aparato de Rayos X utilizado en el Hospital de la Compañía de Fresnillo.

Mina Proaño. Esta mina lleva casi cinco siglos siendo trabajada, desde 1961 por el Grupo Peñoles, y es una de las minas productoras de plata más grandes del mundo. Aunque sólo una parte está abierta para ser visitada, es una gran experiencia recorrer los túneles subterráneos que han sido trabajados a lo largo de tantos años. El recorrido termina en un mirador desde donde podrán ver toda la ciudad de Fresnillo.

Jerez

Edificio de la Torre. Uno de los edificios más bellos de Jerez, fue construido en 1894 en un terreno donado por don Pantaleón de la Torre para que se construyera una escuela de primeras letras.

Luego, pasando a manos del municipio, fue inaugurado como escuela en 1896 y sobresalió por su majestuosidad. Ocupado como tal hasta 1966, ahora es Casa de la Cultura que alberga la Biblioteca Municipal y es uno de los íconos más reconocidos en la ciudad.

Teatro Hinojosa. Data de la época porfiriana, es de estilo isabelino, parecido al Teatro Ford de Washington, D.C. El edificio es una joya arquitectónica, que reúne características únicas como su acústica, eufonía y resonancia; así como su estructura mozárabe. Cuenta con un aforo de 469 espectadores en las localidades de luneta, plateas, palcos y galerías. Sostiene en su techumbre arcos torales, entre los que destacan el de proyección, el de la boca del escenario y el de retención de fondo, así como bella madera oscura tallada en su interior.

Museo Interactivo Casa Ramón López Velarde. Jerez vio nacer al reconocido poeta Ramón López Velarde y este museo se encuentra en la casa en donde pasó sus primeros años. Los muebles que se encuentran al interior buscan recrear el cuarto del escritor y también podrán ver fotografías, documentos y objetos personales de la familia. Remodelado en 2009, ahora el museo es interactivo y cuenta con sensores que activan narraciones, olores, sonorizaciones y audiovisuals.

Nochistlán

Centro Histórico. En este encantador pueblo al sur de Zacatecas podrán pasear a través de sus calles que son un reflejo de su historia Colonial. Nuño de Guzmán llegó a tierras zacatecanas en 1530, y en 1532 el poblado fue fundado como Guadalajara. Visiten su Parroquia a San Francisco de Asís, el Jardín Moreno, la Casa de los Ruiz, el Jardín de Mártires del 64, entre otros.

Lo típico del lugar es la talabartería y de ésta podrán adquirir distintos artículos.

Templo de San Sebastián. Ubicado en el barrio del mismo nombre, resalta este templo por el color amarillo de su fachada. Aunque no se tiene el dato exacto de cuándo fue construido, sí se sabe que fue a mediados del siglo XVII y es quizá el más visitado por los turistas. Aquí también es hogar del famoso Güerito de Nochistlán quien es responsable de las tradicionales fiestas del pueblo que se llevan a cabo a mediados de enero entre comidas típicas, danzas y tambora.

Acueducto. Comenzando su obra a finales del siglo XVII y concluyendo en 1793, sus arcos se han vuelto distintivos del Pueblo Mágico de Nochistlán. Ahora podrán apreciar esta impresionante obra de ingeniería cuyo objetivo era llevar agua de los yacimientos de la mesa de agua al poblado. Cuando está anocheciendo los arcos se iluminan ofreciendo un hermoso espectáculo que vale mucho la pena presenciar.

Pinos

Centro Histórico. Fundado en 1594 este pueblo está muy ligado a la historia minera de Zacatecas y formaba parte del Camino Real de Tierra Adentro. En su Centro Histórico encontrarán testimonios de esta época dorada a través de sus monumentos como la Parroquia de San Matías, la Capilla Tlaxcalita o la Iglesia de San Francisco. Caminen en su Jardín Hidalgo y disfruten las típicas gorditas de horno acompañadas de un mezcal.

Museo Comunitario IV Centenario. Este pequeño museo contiene piezas arqueológicas de los primeros pobladores de la región. En sus salas también encontrarán piezas de arte y fotografías que les harán partícipes de la rica historia de Pinos. Con el mismo objetivo se exhiben algunos documentos originales. Al visitarlo comprenderán mejor la trascendencia y la importancia de Pinos en la localidad.

Ex Hacienda La Pendencia. La primera hacienda productora de mezcal en el Estado, su proceso de producción se sigue llevando a cabo de manera artesanal. En el lugar pueden hacer recorrido para conocer dicho proceso. No sólo eso, las instalaciones en sí valen la pena visitarse pues la finca data del siglo XVII y antes era un centro agrícola y ganadero. Y por supuesto, no se vayan sin degustar su tradicional mezcal o llevarse a casa algunas botellas.

Barrio La Cuadrilla. Dos son las ventajas que tendrán al visitar este barrio; por un lado, una vista privilegiada de Pinos ya que se encuentra en una parte elevada. Por el otro, podrán ver la tradición minera de la zona en donde todavía se elevan algunas chimeneas como guardianas de la región y quedan restos de haciendas como La Purísima y Candelaria. Muy cerca del centro de Pinos, no se pierdan esta valiosa excursión.

Teúl

Centro Histórico. Caminar por este pequeño poblado es como hacer un viaje al pasado, justo durante la Colonia. Entre su hermosa Presidencia Municipal, los típicos portales, el jardín principal con su distintivo kiosco, el Curato y el Teatro Parroquial, pasarán unas agradables horas en un excelente ambiente. Recuerden que la zona es mezcalera, así que no se vayan de Teúl sin disfrutar esta bebida.

Museo Parroquial. Ubicado a un lado del Templo de San Juan Bautista y administrado por la misma parroquia, este museo se encuentra abierto todo el año para que puedan gozar de su sencilla distribución. Cuenta con varias piezas prehispánicas provenientes del Cerro de Teúl y nos narra con el resto de su acervo la historia de la vida cotidiana y religiosa de la ciudad. Sin duda es un encantador museo que saca el máximo provecho de las piezas que contiene.

Templo de San Juan Bautista. La iglesia más importante de toda la zona, lo que la distingue es su única torre y los detalles en la fachada labrados en cantera que, aunque son muy sencillos, le dan un aire de elegancia. Aunque su construcción duró muchos años y no fue terminada sino hasta 1888 por falta de fondos, se nota que cada detalle en ella se trabajó con esmero y la iglesia se conserva en perfecto estado.

Santuario de Guadalupe. Es una de las construcciones más antiguas de Teúl, fue fundado por los franciscanos y primero funcionó como hospital de indios y poco a poco fue dando el giro a capilla, de ahí que sea sumamente sencilla en su construcción. Aunque el lugar ha pasado por algunas remodelaciones, sigue siendo hermoso y mantiene esa esencia histórica que distingue a varias de las construcciones virreinales de Teúl.

Mezcales Aurelio Lamas. Ésta es una empresa familiar que lleva más de 90 años de experiencia en la producción de mezcal. Allí podrán visitar las instalaciones para aprender sobre la elaboración de esta bebida tan popular. El lugar cuenta con una taberna rústica en donde podrán degustar sus diferentes productos. Sin duda es un paseo que no se podrán perder y, por supuesto, del que podrán salir con cuantas botellas de mezcal deseen.

GASTRONOMÍA

La gastronomía de Zacatecas es amplia y variada, es una cocina rica en sabores y aromas, se basa principalmente en productos como carnes, el maíz, el chile, el jitomate, frutas y los frijoles.

Entre sus platos típicos destacan el asado de boda, que se elabora con lomo de cerdo troceado y frito, aderezado con una salsa de chiles anchos rojos, dorados en manteca, que se acompaña con rebanadas de cebolla cruda y sopa de arroz; la birria de carnero, el pozole rojo, las enchiladas, la carne adobada, filete de res a la tampiqueña y las gorditas rellenas de guisado. ¡Todas exquisitas!

En lo referente a los postres destacan las cocadas jerezanas, melcochas, ates (pasta dulce) de guayaba y membrillo, jamoncillos de leche, miel de tuna, así como los tradicionales dulces de camote, biznaga, chilacayote y calabaza.

La bebida típica es el mezcal, además no debemos olvidar que esta región tiene amplios sembradíos de la vid, por lo tanto produce vinos de mesa reconocidos internacionalmente; excelentes vinos tintos, blancos y rosados, ideales como acompañamiento en las comidas.

ARTESANÍAS

En Zacatecas se desarrollan varias ramas de artesanías populares, que conjugan las tradiciones indígenas con las aportaciones españolas, entre las principales actividades se pueden citar los hilados y tejidos de Villa García, en Jerez se elaboran hermosas sillas de montar y sus diferentes accesorios, trabajos en piedras preciosas y semipreciosas, labrado en cantera rosa, pirograbado en cuero, muebles de madera confeccionados a mano, trabajos de piel, de peluche, de madera, muebles en miniatura, trabajos en macramé, figuras de yeso, en chaquira, herrería, artística, alfarería, balconería y serigrafía.

DEPORTES

Los zacatecanos aficionados al fútbol tienen en sus Mineros de Zacatecas, de la División de Ascenso, la promesa de muy pronto verlos en la mismísima Primera División profesional.

MÚSICA / DANZAS

En Zacatecas, destaca el conjunto llamado 'Tamborazo Zacatecano', típico de Jerez y Villanueva. Este agrupamiento musical consiste más o menos en una dotación casi arbitraria de los elementos principales de una banda tradicional estilo europeo, es decir; instrumentos de aliento y percusión. Consta de 2 o 3 clarinetes, 2 o 3 trompetas, 2 saxofones tenores, un redoblete, una tarola y una tambora o bombo, con la ausencia de instrumentos en el plano de las armonías y el bajo (sexores y tuba).

CIUDAD DE MÉXICO

La Ciudad de México es una de las 32 entidades federativas de los Estados Unidos Mexicanos, oficialmente su nombre es Capital de México. Está ubicada en el Valle de México, a una altitud media de 2,240 msnm. Colinda al Norte, Este y Oeste con el Estado de México y al Sur con el estado de Morelos. Tiene una superficie de 1,495 km2, y se divide administrativamente en 16 delegaciones. Su población es de 9 millones de habitantes aproximadamente. No obstante, cuando se considera también a la población habida en la Zona Metropolitana del Valle de México, esa cantidad aumenta a 21 millones.

La Ciudad de México o CDMX consta de 16 delegaciones políticas que son: Azcapotzalco, Coyoacán, Cuajimalpa de Morelos, Gustavo A. Madero, Iztacalco, Iztapalapa, Magdalena Contreras, Milpa Alta, Álvaro Obregón, Tláhuac, Xochimilco, Benito Juárez, Cuauhtémoc, Miguel Hidalgo y Venustiano Carranza.

No hay consenso científico sobre la fecha de la fundación de la ciudad de México-Tenochtitlan, pero pudo ocurrir a inicios del siglo XIV, ya que correlaciones realizadas en el periodo colonial situaron la fundación por los mexicas el 13 de marzo de 1325, en el centro del lago de Texcoco con el nombre de México-Tenochtitlan.

Casi dos siglos más tarde, el 13 de agosto de 1521, los mexicas fueron derrotados por los conquistadores españoles con la toma de la ciudad de México-Tenochtitlan, acontecimiento que marcó el inicio de la época colonial.

En 1535 se creó oficialmente el Virreinato de la Nueva España, y se estableció la nueva Ciudad de México construyéndose sobre lo que fue la antigua México-Tenochtitlan, reconocida por una cédula real de 1545 como Muy Noble, Insigne, Muy Leal e Imperial Ciudad de México por Carlos I de España. En ese momento fue declarada capital del virreinato y funcionó a partir de entonces como centro político, financiero y administrativo de los territorios del Imperio español en Norteamérica, Centroamérica, Asia y Oceanía. El dominio español sobre la ciudad capital llegó a su fin al concluir la Guerra de Independencia en 1821, con la entrada del Ejército Trigarante a la ciudad.

La Ciudad de México, como la gran urbe que es, cuenta con 12 millones de visitantes por año, tiene 305 millones de arribos aéreos anualmente porque es mundialmente conocido. Algunos de sus principales puntos de interés son el Ángel de la Independencia, la Basílica de Nuestra Señora lcde Guadalupe, la Catedral Metropolitana, la Torre Latinoamericana, el Monumento a la Revolución, el Palacio Nacional, el Palacio de Bellas Artes, el Castillo de Chapultepec, los Canales de Xochimilco, y los más recientes son los modernos edificios, enormes estructuras, que conforman las Zonas Financieras de Paseo de la Reforma y la de Polanco.

TURISMO

Bueno, comenencemos porque la Ciudad de México o CDMX, tiene en la Torre Latinoamericana una vista panorámica desde donde pueden observar la ciudad capital en sus 4 puntos cardinales. Muy cerca de ésta se halla la Plaza de la Constitución (nombrada así por la Constitución de Cádiz promulgada en 1812) o El Zócalo, como popularmente le llaman, que es una plancha de cemento armado con una superficie casi rectangular de aproximadamente 46,800 m² (195 metros de ancha por 240 metros de larga) situada enfrente del Palacio Nacional (donde atiende el Presidente de la República). A su izquierda está la Catedral de México (la atiende un obispo católico) y, a su derecha el edificio de Gobierno de la Ciudad (donde atiende el alcalde de CDMX). También allí está la Tesorería, otras oficinas gubernamentales y comercios, en su mayoría joyerías.

En el corazón de la Ciudad de México se pueden apreciar los hallazgos de lo que fue el Templo Mayor de los mexicas, mismos que quedaron enterrados bajo los edificios virreinales por capricho de los conquistadores en su afán de sepultar la grandiosidad de la cultura y la arquitectura construida por sus habitantes. Allí encontrarán el Museo del Templo Mayor, el que exhibe en 8 salas un cúmulo de figuras, en su mayoría monolíticas, las que nos permiten comprender más sobre sus ritos, comercio, costumbres, política y mucho más. No olviden observar la pieza estelar del museo; la gran escultura circular que representa a la diosa de la luna, Coyolxauhqui, ya que con esta gran pieza se iniciaron las excavaciones con las que se dieron a conocer sus enormes riquezas.

En el Zócalo y sus alrededores, cada año se celebran los eventos históricos de la nación mexicana: El Grito de Dolores o el Grito por la Independencia, el 15 de septiembre, al que acuden miles de personas para recordar a los héroes que nos dieron patria y libertad (de España) y el presidente en funciones sale al balcón principal para exaltar esa épica lucha. El 16 de septiembre, el desfile militar ligado a la gesta heroica, es celebrado junto con miembros del Ejército, la Marina y las Fuerzas Armas de la nación. El 24 de febrero es el Día de la Bandera y en El Zócalo con todos los honores se celebra al lábaro patrio.

Pero no sólo se celebran en ese sitio eventos políticos nacionales o locales, económicos o eclesiásticos; allí se rememora también el Movimiento Estudiantil de 1968, mismo que fue reprimido por el gobierno del entonces presidente Gustavo Díaz Ordaz, provocando un número indeterminado de muertos en la llamada 'Matanza de Tlatelolco', misma que arrasó con ciudadanos inocentes y estudiantes, quienes habitaban allí o quienes se hallaban realizando una protesta. Así que en El Zócalo y en la Plaza de las Tres Culturas de Tlatelolco, cada año se recuerda esa infausta fecha.

En años recientes, el gobierno de la Ciudad de México, ocupa ese gran espacio de El Zócalo para realizar conciertos gratuitos masivos con grandes artistas, eventos deportivos que van desde la presentación de autos deportivos y sus fabulosos arrancones; torneos de bateo entre beisbolistas profesionales de renombre y partidos de este deporte, funciones boxísticas con grandes púgiles, así como partidos de fútbol. También lo acondicionan para deleitar a la ciudadanía con albercas de olas, o con pistas de hielo, para quienes deseen patinar en ese elemento.

Los días 6 de enero es la 'Partida de la Rosca de Reyes', donde una gigantesca rosca es confeccionada por profesionales de la panadería y es repartida gratutitamente entre la gente. Este evento provoca otro posterior ya que la rosca lleva ocultos unos muñequitos de plástico y si al cortar un trozo de la rosca aparece alguno de ellos, el afortunado se verá comprometido a hacer o a comprar tamales para el 'Día de la Candelaria' que es los días 2 de febrero. En esa fecha el gobierno en conjunto con los productores de ese tradicional guiso, obsequian tamales solos o 'guajolotas' (un tamal dentro de un bolillo o telera) y atole a los participantes de la comunidad. También han preparado un tamal colosal que comparten con las personas de manera gratuita.

O sea que a la Plaza de la Constitución o El Zócalo, las autoridades capitalinas le dan múltiples usos y todos en beneficio de los ciudadanos.

Muy cerca de ahí, está el Museo de Cera que contiene las figuras más emblemáticas de México en su historia, la política, los deportes, en lo artístico y otras nacidas de la imaginación de quienes las confeccionan.

Pero la Ciudad de México posee no solamente lo descrito anteriormente, ya que ella tiene para diversión de sus visitantes una gran cantidad de teatros en las que se representan desde las obras clásicas, contemporáneas, musicales, comedias cómicas y hasta del popular burlesque exótico y picaresco. Para los amantes de la música hallarán estadios o auditorios en los que se llevan a cabo conciertos de diferentes géneros, así como bares y centros nocturnos que brindan esa clase de espectáculos; otros más en donde se practica el baile, algunos con música regional mexicana y los más con ritmo tropical, cumbia, salsa, merengue, hip-hop, reggaetón, rock and roll, twist, mambo y todos los que ustedes puedan imaginar. 'Quien no conoce Los Ángeles no conoce México', esto se refiere a un salón de baile ubicado en la colonia Guerrero, aunque ahí se baila pero no venden bebidas alcohólicas.

Y bueno, para los amantes a trasnochar está la Plaza Garibaldi o Plaza del Mariachi, un sitio en donde la música es el ingrediente principal con los tradicionales mariachis, los jarochos y sus jocosos sones, el romanticismo de los tríos, la bella música andina, así como otros géneros como el de los norteños o las llamadas bandas sinaloenses o jaliscienses. En la Plaza Garibaldi encontrarán ustedes sitios donde bailar, restaurantes con platillos típicos, las bebidas más variadas, tequilas, mezcales, margaritas, rones, toda una gama de ellas, sin faltar los famosos ponches preparados a base de frutas y 'un piquete' de su bebida alcohólica preferida. En el lugar hay también un mercado en donde hallarán un sinnúmero de comidas típicas. De hecho, en la Plaza del Mariachi pueden ustedes tomar sus tragos preferidos durante toda la noche. Aunque esto tiene un límite y a determinada hora de la mañana hacerlo se convierte en delito.

¿Desean ustedes hacer compras? La Ciudad de México tiene a su disposición grandes centros comerciales o Malls con tiendas al alcance de todos los bolsillos, tiendas departamentales populares u otras exclusivas, súper mercados y los tradicionales 'tianguis' en los cuales se expenden desde frutos y legumbres, huevos, productos lácteos, cortes cárnicos de aves, de res, de cerdo y de bovinos. Claro, además de comidas preparadas, encontrarán las auténticas y tradicionales como el menudo, el pozole, la birria, la barbacoa y el mole, además de caldos y sopas aguadas o secas, diferente tipo de arroces etc.

TURISMO

Una breve guía de los mejores sitios para visitar cuando vayan a la Ciudad de México les sugiere; el Centro Histórico de la Ciudad de México, el Palacio Nacional, el Templo Mayor, la

Alameda Central, el Palacio de las Bellas Artes, el Paseo de la Reforma, el Monumento a la Independencia (El Ángel), la Catedral Metropolitana de la Ciudad de México, la Basílica de Santa María de Guadalupe, Xochimilco, la Casa de los Azulejos, el Museo Casa Estudio de Diego Rivera y Frida Kahlo, el Museo Nacional de Antro, entre muchos otros más.

Paseos obligados para los visitantes a la Ciudad de México son la Basílica de Guadalupe, el enorme y moderno templo católico erigido para celebrar a la madre espiritual, Nuestra Señora de Guadalupe (Virgen de Guadalupe), Reina de México y Emperatriz de América (y Filipinas). Ésta se encuentra en las faldas del cerro del Tepeyac, donde cuentan las leyendas que allí, se le apareció la Virgen de Guadalupe en cuatro ocasiones al indio Juan Diego Cuauhtlatoatzin, la primera el 12 de diciembre de 1531. Es la celebración católica más grande de México.

Ir a Xochimilco es una experiencia única porque allí podrán hacer un recorrido sobre 'trajineras' unos lanchones que son construidos con tablones de madera, de manera artesanal y otras con elementos más modernos y en diferentes tamaños, acordes al uso que se les vaya a dar. Las 'trajineras' o 'chinampas' bellamente adornadas con arcos formados con flores y en su mayoría se leen en ellos nombres de mujeres, una tradición que han conservado al menos durante 100 años. Las 'chinampas' son conducidas por expertos lugareños quienes, apoyándose en una enorme vara, provocan el impulso y guían la embarcación de excelente manera transitando por los extensos canales cuyas aguas son sólo para navegar; mientras que en medio de su paseo a bordo ustedes podrán escuchar las notas de diferentes géneros musicales, desde tríos hasta los del mariachi. Además, durante el mismo trayecto ustedes pueden deleitarse con famosas comidas de la región, la mayoría de ellos preparados con frutos de las múltiples y generosas hortalizas que hay en Xochimilco y sus alrededores.

Para visitar el Bosque, el Castillo, el Zoológico y el Lago de Chapultepec, deben darse un buen tiempo para lograr conocerlos todos.

El Bosque es uno de los pulmones oxigenantes de la Ciudad de México, pero además de extenso es muy bello.

El Castillo tiene en sí una enorme riqueza histórica y bien vale la pena recorrerlo todo acompañado por los guías que les darán los pormenores de lo que hay en cada sala.

El Lago. Si desean remar por unas horas, en el lago rentan lanchas para que ustedes mismos las conduzcan. En algunas épocas del año, montados en la lancha, ustedes podrán disfrutar de alguna película de las que proyectan en ese lugar.

El Zoológico. El enorme y bien acondicionado Zoológico de Chapultepec, donde ustedes podrán disfrutar de todas las especies de animales que existen en los continentes del mundo.

Para quienes gozan de apreciar la arquitectura colonial, la Delegación Coyoacán es el lugar perfecto con sus vetustas pero hermosas casas, grandes residencias, sus calles empedradas que le dan un toque especial al sitio y en las que al caminar por ellas, les permitirá acercarse a la bohemia que hay en sus plazas, sus bares y restaurantes. Coyoacán es famoso por sus museos, sus galerías de arte, sus viveros y sus tradiciones como los Días de Muertos, los que se vuelven un tipo de carnaval con personas disfrazadas y en el que realizan un concurso de 'catrinas y de catrines'. Ahí también se lleva a efecto la Feria del Tamal al que acuden más de medio centenar de expositores y se hallan alrededor de un centenar de variedades de los exquisitos tamales.

Coyoacán encierra mucha historia ya que desde su creación a orillas del lago de Texcoco, se asentaron en él los poderes en plena reconstrucción de Tenochtitlán y la época de la Colonia. En años posteriores, muchos hechos históricos siguieron sucediendo en este bello barrio.

La Ciudad de México posee y conserva una gran cultura que se ve reflejada en su enorme cantidad de museos que van desde los de Historia hasta los de Arte y Chocolate. Aquí enlistamos los de CDMX y también otros de distintas entidades de la República Mexicana.

Las existentes en la Ciudad de México:

Biblioteca Miguel Lerdo de Tejada. Biblioteca.
Capilla Alfonsina. Biblioteca.
Centro Cultural de España. Museo de Arte.
Centro Cultural Estación Indianilla. Museo de Arte.
Centro Cultural Isidro Fabela. Museo de Artes Aplicadas.
Centro Cultural y Social Hidalguense.
Centro de Cultura Casa Lamm.
Colección Andrés Blaisten. Artes Visuales.
Fonoteca Nacional. Archivo Histórico.
Fundación Cultural Antonio Haghenbeck y de la Lama, Institución de Asistencia Privada (Museo Casa de la Bola, Museo Hacienda de Santa Mónica, Museo Hacienda de San Cristóbal Polaxtla). Artes Decorativas.
Galería de Historia Museo del Caracol. Museo de Historia.

ILM – Instituto de Liderazgo en Museos A. C. Centro de Cultura.

Instituto del Derecho de Asilo – Museo Casa de León Trotsky A. C. Museo de Historia.

Instituto Mora. Biblioteca.

Laboratorio Arte Alameda. Museo de Artes Aplicadas.

Museo Archivo de la Fotografía: Casa de la Memoria Metropolitana. Fototeca.

Museo Casa Carranza. Archivo Histórico.

Museo de Arte Carrillo Gil. Museo de Arte.

Museo de Arte Moderno. Museo de Arte.

Museo de Historia Natural. Museo de Ciencias.

Museo de la Ciudad de México. Museo de Historia, Arte y Tecnología.

Museo de la Mujer. Museo de Historia.

Museo de la Policía Federal. Museo Temático.

Museo de la SHCP Antiguo Palacio del Arzobispado. Museo de Arte.

Museo de las Constituciones. Museo de Historia.

Museo de los Ferrocarrileros. Museo Temático.

Museo del Chocolate. Museo Temático.

Museo del Ejército y de la Fuerza Aérea. Museo de Historia, Arte y Tecnología.

Museo del Estanquillo. Centro de Cultura.

Museo del Objeto del Objeto. Museo Temático.

Museo del Palacio de Bellas Artes. Museo de Arte.

Museo del Telégrafo. Museo Temático.

Museo del Tequila y el Mezcal. Museo Temático.

Museo Diego Rivera – Anahuacalli. Museo de Arte.

Museo Dolores Olmedo. Museo de Arte Popular.

Museo Franz Mayer. Artes Decorativas.

Museo Frida Kahlo. Archivo Histórico.

Museo Interactivo de Economía. Museo Temático.

Museo Mural Diego Rivera. Museo de Historia.

Museo Nacional de Arte. Museo de Arte.

Museo Nacional de Historia, Castillo de Chapultepec. Museo de Historia.

Museo Nacional de la Revolución. Museo de Historia.

Museo Nacional de las Culturas. Museo de Antropología.

Museo Nacional de las Intervenciones. Archivo Histórico.

Museo Nacional de San Carlos. Museo de Arte.

Museo Panteón de San Fernando. Museo de Historia.

Museo Soumaya. Museo de Arte.

Museo Tamayo. Museo de Arte.

Museo Tecnológico Comisión Federal de Electricidad.

Museo Universitario Arte Contemporáneo. Museo de Arte.

Museo Universitario de Ciencias y Arte. Museo de Arte.

Palacio de la Escuela de Medicina. Museo Temático.

Palacio Nacional. Museo Nacional.

Papalote Museo del Niño. Museo Temático.

Sala de Arte Público Siqueiros. Museo de Arte.

The Anglo Mexican Foundation. Centro de Cultura.

Universidad del Claustro de Sor Juana. Instituto Cultural.

Universum Museo de las Ciencias. Museo de Ciencias.

Museos en otras entidades de México:

Museo Amparo. Museo de Arte. Puebla.

Museo Arocena. Museo de Arte. Coahuila.

Museo de Arte Abstracto Manuel Felguérez. Museo de Arte. Zacatecas.

Museo de las Artes. Museo de Arte. Jalisco.

Museo del Vidrio. Museo de Arte. Nuevo León.

Museo Modelo de Ciencias e Industria. Estado de México.

Museo Nacional del Virreinato. Archivo Histórico. Estado de México.

GASTRONOMÍA

Pero especialmente, la Ciudad de México es 'La Capital Mundial de los Tacos y sus salsas' (la mayoría picosas). Tacos los hay desde chicharrón seco o guisado, carnitas de cerdo con sus variedades de maciza, cachete, oreja, nana, buche, cuerito, achicalada y los exquisitos chamorros.

De las reses se ocupa todo para hacer tacos, la cabeza entera de la que se consumen los cachetes, los labios, los ojos y los sesos. Los intestinos y vísceras, de los que se desprenden la ubre, el nenepil y el cuajar. De hecho la carne de las reses es utilizada en trozos, filetes, bistecs, como el suadero, los cortes de arrachera, e inclusive la longaniza o el chorizo de res. La cecina la hacen de carne de cerdo, de res y de venado, los clientes degustan la que más les atrae.

La ciudad capital no está exenta de tener en sus taquerías guisos regionales tales como la cochinita pibil y los panuchos, del estado de Yucatán. Los tacos más famosos de longaniza, chorizo y cecina, indudablemente son del Estado de México y los Tacos Árabes en su capital, Toluca. Las barbacoas de hoyo con más renombre así como su consomé, son las del estado de Hidalgo y del Estado de México, con una variante que son las 'flautas'; tortillas de maíz rellenas con barbacoa deshebrada que luego enrollan y fríen hasta quedar doraditas y crujientes. El estado de Michoacán se jacta de preparar las mejores carnitas de cerdo, las tostadas de cueritos y las 'quesadillas' de sesos. El estado de Puebla es la cuna del mole y los chiles en nogada, además, 'las cemitas poblanas' gozan de mucha popularidad entre los poblanos y los capitalinos.

Taquerías las encuentran por toda la ciudad y con diferentes especialidades, sin embargo, unos de los más tradicionales son los 'tacos de canasta' que principalmente son de papa con chorizo, frijoles refritos, chicharrón guisado, mole verde y adobo. Toman ese nombre porque los vendedores los transportan dentro de grandes canastas en las que se mantienen calientes durante horas, merced a la forma como forran con pliegos de papel de estrasa el interior de esas famosas canastas. Comúnmente, los tacos de canasta se acompañan con chiles en vinagre y/o variadas salsas de las cuales sobresale el 'guacamole'.

Siendo México un país rico en mares, lagunas y ríos, también lo es en la pesca, de manera que principalmente es en el mercado de La Viga en donde se encuentran los mejores y frescos pescados, ostiones, camarones, jaibas, pulpos, etcétera. En ese sitio y otros más, los dueños de restaurantes y marisquerías adquieren los productos que más tarde expenderán en sus locales; pescados fritos, filetes empanizados, pescado zarandeado, tacos de pescado y de camarones, cocteles, ceviches, campechanas y un sinnúmero más de exquisitos platillos.

En los mercados es fácil encontrar tacos de nopales (cactus) preparados de diferentes formas, fritos o en ensalada. También hallarán 'charales' (pescaditos) guisados; dorados, fritos o mezclados con caldillos de jitomate o con salsas de diferentes chiles. La gastronomía de la Ciudad de México es vasta e incalculable, porque además por ella se han extendido restaurantes con especialidades tales como la comida china, tailandesa, española, brasileña, argentina, peruana, colombiana, italiana, etc., por eso no es extraño hallar 'ristros' al aire libre en varias partes de la ciudad capital.

Punto y aparte son las cantinas y cervecerías, en las que aparte de vender bebidas alcohólicas tienen por costumbre repatir 'botanas' gratuitas entre los parroquianos que acuden a ellas. Estas van desde los tradicionales cacahuates salados, frituras, caldo de camarón, trozos de pescado frito, papas en vinagre y una gran variedad de guisados. Por supuesto que también cuentan con la venta de platillos que la clientela se sirva ordenar.

ARTESANÍAS

Siendo la Ciudad de México un receptor de personas llegadas del interior de la República que emigraron a ella en la búsqueda de una vida mejor a base de trabajo, los visitantes encontrarán en varias partes Mercados de Artesanías en los que venden todo tipo de utensilios artesanales de todas las partes de México; para vestir, para el hogar, juguetes, recuerdos (souvenirs), etcétera, elaborados con diferentes elementos, como el barro, la madera, las piedras, los metales, el vidrio, el algodón, el henequén y muchos otros más.

DEPORTES

La actividad deportiva en la ciudad capital no se detiene, en la Liga Mexicana de Béisbol tienen en los Diablos Rojos del México y su nuevo estadio como representante. En cuanto al fútbol profesional, en la Ciudad de México hay 3 equipos: Las Águilas del América, que juegan en el Estadio Azteca. Los Pumas de la Universidad Nacional Autónoma de México, que juegan en el

Estadio Olímpico México 68, y La Máquina de Cruz Azul, que probablemente jugará en el Estadio Azteca mientras construyen un estadio propio. De igual manera, hay ligas de básquetbol y voleibol tanto de mujeres como de hombres. El fútbol americano en México es uno siempre en crecimiento, en lo concerniente a la Liga Mayor lo practican estudiantes del Instituto Politécnico Nacional, de la Universidad Nacional Autónoma de México y de otros centros educativos, éste no es profesional. En categorías inferiores exiten infinidad de equipos y ligas a lo largo y ancho de la ciudad capital. También hay equipos femeniles de fútbol americano. En febrero del 2016 y contando con 4 equipos, nació la Liga de Fútbol Americano Profesional LFA.

En la Ciudad de México existe la Plaza de Toros México desde 1946, es la más grande de la República Mexicana y la de mayor aforo de todo el mundo con 42.000 lugares. De hecho hay plazas de toros en todos los estados de la República. Muchos consideran a la Fiesta Brava como un deporte, pero muchos más sólo como un espectáculo. En fechas recientes se han sucedido múltiples protestas en contra de las corridas de toros por considerarlo brutal. Sin embargo, las temporadas se vienen dando y los turistas acudiendo a presenciarlas.

La lucha libre y el boxeo son de los deportes favoritos para los mexicanos, arenas las hay en toda la República, pero en la Ciudad de México existen 4 cosos principales o quizás más para la realización de estos espectáculos; la vetusta Arena Coliseo, que guarda toda una historia de la 'época de oro del boxeo mexicano' y, por supuesto, también de lucha libre. La Arena México, que abrió sus puertas en la década de los años 50's y llegó a albergar no sólo box, lucha y básquetbol, ya que también en ella se ralizaban espectáculos de patinaje sobre hielo y hasta funciones circenses. El Palacio de los Deportes, al que se le dieron diferentes usos deportivos, puesto que fue edificado para la Olimpiada de 1968, pero también fue utilizado para montar convenciones y diversas actividades en su interior, lo mismo que espectáculos musicales. Y la Nueva Arena Ciudad de México que también ha acogido boxeo, lucha libre y básquetbol, pero además presenta conciertos de todos géneros musicales, eventos sobre hielo y automovilísticos, tecétera.

MÚSICA / DANZAS

La cosmopolita Ciudad de México, como dijimos antes, ha sido receptora de millones de personas llegadas del interior de la República, motivo por el cual ha adoptado la música de todos los estados de la nación. De igual manera, muchos extranjeros han venido de sus países y se quedaron a vivir aquí, también ellos nos compartieron su música y sus bailables. De manera que en la Ciudad de México se escucha y se baila desde música regional hasta géneros caribeños y los que se van creando día a día. Sin embargo, en la gran urbe predominan los centros de baile en que la música tropical, el rock and roll y el hip hop, son los más atrayentes.

Pero la música es muy apreciada y por ello las radios y las televisoras cuya señal se produce en la Ciudad de México se escuchan y se ven en toda la República Mexicana y más allá de nuestras fronteras. En cada estado de la nación azteca hay una orquesta sinfónica, orquestas típicas y escolares, así como deslumbrantes compañías de danza que llevan su arte al interior de la nación y al extranjero.

Dentro de esta modernidad, lo que nunca se ha perdido es ver a los autóctonos danzantes bailando en los atrios de la Basílica de

Guadalupe o la Catedral Metropolitana, lo mismo que en tantas iglesias que hay en las 16 Delegaciones de la ciudad, y en los festejos que se realizan en cada una de ellas. Sin olvidar que en cada escuela a los alumnos y alumnas se les dan clases de baile y por ello muchos de ellos llegan a formar parte de algún ballet o ballet folclórico.

México lindo despierta, que estás bendecido y lleno de riquezas. Estamos unidos contigo.

GUÍA DE EXCELENTES SITIOS PARA VISITAR

-En Toluca, capital del Estado de México, su Catedral, el Nevado de Toluca, el Zoológico de Zacango, Calixtlahuaca, las Pirámides de San Juan Teotihuacan, allí se hallan las Pirámides del Sol y de la Luna, asimismo, el zoológico de Reino Animal está en esa área. En Valle de Bravo, la Gran Stupa Bon para la Paz Mundial, las Cascadas Velo de Novia, Santuario Piedra Herrada. En Malinalco, el Museo Vivo, su Zona Arqueológica, el Convento Agustino del Siglo XVI, el Museo Luis Mario Schneider. En Villa del Carbón, La Presa del Llano. En Chalma, su iglesia, donde los creyentes bailan para recibir favores de Cristo Creador. En Ixtlahuaca de Rayón, el Bioparque Estrella México. En Acolman, el Convento de Acolman. En Tenango del Valle, las ruinas de Teoltenango. En Ameca Meca, El Paso de Cortés, en la falda del volcán Popocatépetl.

-En Oaxaca, Monte Albán, Las Hadas, Playa del Carmen, Valle de Mitla y sus cascadas donde el agua hierve, Mazuntle, Puerto Ángel, Puerto Angelito, Bahías de Huatulco.

-En Baja California Sur, Los Cabos.

-En Guanajuato, San Miguel de Allende, el Festival Cervantino, el Cristo del Cubilete.

-En Chihuahua, Las Barrancas del Cobre.

MÉXICO LINDO ¡DESPIERTA! 439

-En San Luis Potosí, Las Pozas de Xilitla, la Huasteca Potosina, El Sótano de las Golondrinas, El Real del Catorce.

-En Chiapas, Palenque, las Cascadas de Agua Azul, El Cañón del Sumidero, Palenque (la joya del esplendor del Mundo Maya).

-En Yucatán, las Pirámides de Chichen Itzá, sus Cenotes Sagrados.

-En Acapulco, Guerrero, la famosa Quebrada y sus valientes clavadistas.

-En Nayarit, las Islas Marietas, Sayulita.

-En Michoacán, la Reserva de la Biosfera de la Mariposa Monarca, el lago de Pátzcuaro, el lago de Janitzio, la Iglesia Sepultada, el volcán Paricutín.

-En Coahuila, sus manantiales y dunas de yeso de Cuatro Ciénegas.

-En Querétaro, La Peña de Bernal.

-En Quintana Roo, el Museo Subacuático de Arte, Hullbox.

-En Tamaulipas, la Biosfera del Cielo.

-En Jalisco, La Feria Nacional del Tequila.

-En Sonora, la Reserva de la Biosfera El Pinacate y el Gran Desierto de Altar.

-En Veracruz, los Rápidos de Jacomulco, Chachalacas.

-En Puebla, su famoso Safari, el Exconvento Franciscano.

-En Morelos, en Tepoztlán está el Museo Nacional del Virreinato, Arcos del Sitio.

-En Hidalgo, el pueblo mágico de El Oro de Hidalgo.

-En Guerrero está Taxco, una ciudad platera por excelencia.

EPÍLOGO

Queridos lectores, espero que este libro: México Estamos Unidos, les haya abierto el apetito por conocer algún o algunos estados de la República Mexicana, o algún sitio turístico de los que les hemos expuesto. Pero también para que nos conozcan a los mexicanos, por nuestra calidez, hospitalidad, disponibilidad y cordialidad con las cuales recibimos a los visitantes, locales o extranjeros.

Debo comentarles que, el complemento de la información que aparece escrita en este libro, la recabé personalmente en los viajes que realicé por los principales puntos turísticos de México, mismo que fui compilando durante años.

También personalmente, por mi espíritu aventurero, por mi interés literario, por conocer más respecto a las culturas y tradiciones de otras naciones, he conocido países de todos los continentes del mundo.

Es por lo anterior que quise plasmar en este volumen lo que verídicamente presencié y por lo cual me siento voz autorizada para afirmar que México posee, en su bendito territorio, todo lo que podemos esperar y hallar en cualquiera otra nación del orbe. De verdad, ¡México es único!

En cada uno de los estados cuenta con mucho mas diversiones que no están escritas en este libro, asi como hermosos zoológico, centros de entretenimiento, catedrales, templos **y mucho mucho mas!!!**

Dra. Mary Escamilla

*Escritora, guionista y compositora
* Doctora en Naturopatía y Filosofía
* Consejera de Salud Natural
*Licenciada y Especialista en Adicciones
* Ministro ordenado del Evangelio

Mary Escamilla es una dama México-Americana autora de 23 libros con diferentes temas y títulos. Ha escrito seis guiones de películas y tiene en su haber más de tres mil temas de canciones, algunos de ellos grabados por cantantes solistas o agrupaciones musicales de fama internacional.

Mary Escamilla es doctora en Naturopatía, graduada del Trinity College of Indiana; doctora en Filosofía y Herbología de la Progressive Universal Life Church de Sacramento, California; certificada en Iridiología y Herbología en la International School of Natural Health; certificate in Instruction Food Handling Education and Safety Training in Los Angeles County Department of Health Services; certificate in the Course of Instruction Designed to Assist Interested Participants in Learning how to Improve the Diets of Their Families in University of California; certificada en Iridiología del International Institute of Health Recuperation, de Miami, Florida, y es miembro activo del Naturopathic Board USA.

Ella es miembro distinguido de 'Who is Who?', el libro del National Register's Executives and Professionals, que reconoce a personalidades destacadas en el ámbito empresarial; asimismo, es miembro de la International Chamber of Commerce, California. Además es la fundadora de Mary's House Foundation, una organización altruista sin fines de lucro (non profit organization) la cual apoya a niños maltratados o abandonados por sus padres.

Ha sido consejera de salud por más de 20 años en la prensa escrita, así como en sus programas de radio y televisión, cuyas recomendaciones y consejos nutricionales tienen como objetivo enseñarle al público en general cómo lograr una mejor forma de vida. Su información ha cambiado el estilo de muchísima gente respecto a cómo llevar una alimentación más sana y una comida rápida con aprovechamiento de todos los nutrientes.

Mary Escamilla ha recibido innumerables galardones por parte de la comunidad en la que se desenvuelve, reconocimientos de organismos gubernamentales, privados y medios de prensa. Su imagen es ampliamente conocida por sus apariciones en promociones, en medios escritos, radio y televisión, así como por las múltiples entrevistas que le han dedicado distintos canales de televisión locales e internacionales.

CRÉDITOS

Algunas partes de los textos que aparecen en el libro México Estamos Unidos, los tomamos como referencia para acoplarlos a nuestro propio estilo de redacción. Sin embargo, cumpliendo con la honestidad y ética de los escritores, agradecemos a quienes han puesto a disposición del público en general sus páginas de Internet, páginas virtuales y datos de oficinas del Gobierno de México, para que su información sea utilizada por terceras personas y de esta manera se extienda su propagación.

Por lo tanto, agradecemos sinceramente a quienes nos proporcionan esa enorme posibilidad de documentarnos oportunamente.

*Secretaría de Turismo de la Ciudad de México
*SECTUR, Secretarías de Turismo de los 31 estados de la República Mexicana
*INAH, Instituto Nacional de Antropología e Historia
*SIC MÉXICO, Sistema de Información Cultural
*Zonaturistica.com
*Wikipedia
*Pueblosmexico.com
*Posta.com
*Danzas Mexicanas
*Balletsalma.com
*Danzas de Durango
*Mexicotravelclub.com

*Prezi.com
*Folkloredelasregiones.com
*Sanluispotosi.com
*Portada e Ilustracion:
Edmundo Anchietta

De un mal Ciudadano

Un mal Presidente

No juzguemos

Para no ser juzgados

Mejor trabajemos

Todos juntos

Como pueblo unido

Que nunca sera vencido…!!!